新格局 新榜样 新力量

中国地方经济高质量发展先进案例与经验启示

众诚智库咨询顾问（北京）有限公司 著

電子工業出版社
Publishing House of Electronics Industry
北京 • BEIJING

图书在版编目（CIP）数据
新格局　新榜样　新力量：中国地方经济高质量发展先进案例与经验启示 / 众诚智库咨询顾问（北京）有限公司著. —北京：电子工业出版社，2023.1
ISBN 978-7-121-44778-5

Ⅰ. ①新…　Ⅱ. ①众…　Ⅲ. ①区域经济发展－案例－中国　Ⅳ. ①F127

中国版本图书馆 CIP 数据核字（2022）第 249166 号

责任编辑：缪晓红
印　　刷：北京市大天乐投资管理有限公司
装　　订：北京市大天乐投资管理有限公司
出版发行：电子工业出版社
　　　　　北京市海淀区万寿路 173 信箱　　邮编：100036
开　　本：720×1 000　1/16　印张：22　　字数：320 千字
版　　次：2023 年 1 月第 1 版
印　　次：2023 年 1 月第 1 次印刷
定　　价：100.00 元

凡所购买电子工业出版社图书有缺损问题，请向购买书店调换。若书店售缺，请与本社发行部联系，联系及邮购电话：（010）88254888，88258888。

质量投诉请发邮件至 zlts@phei.com.cn，盗版侵权举报请发邮件至 dbqq@phei.com.cn。

本书咨询联系方式：010-88254760。

推荐序一

我们已经步入了一个大时代！经济结构的全面调整、社会体系的剧烈变化、国际政治体系的全面重构，构成了这个大时代的核心内容。比如，经济领域就呈现出了如下多方面断裂性的变化。

一是 2008 年美国金融危机引发的全球经济萧条。全球陷入“长期停滞（secular stagnation）”。长时间处于“低增长、低通胀、高就业、低利率、低投资、低贸易、高债务”的状态，宏观经济学界一致认为，2008 年金融危机仅次于 1929—1933 年世界经济危机。

二是新冠肺炎疫情大流行导致的经济大停滞。新冠肺炎疫情的暴发使得全球经济出现比 2008 年更严重、持续性更强的深度回落。同时，石油期货指数、金融价格等很多经济变量出现超常的变化。

三是在信息化浪潮之后开启的数字经济时代。AI、5G、生物技术等各类新技术开始涌现，这些技术特征与传统农业社会和工业社会都呈现出完全不同的特点，如边际收益递增、零边际成本和多元共享等。

四是世界开始步入的百年未有之大变局。金德尔伯格、吉尔平、克莱斯勒等人提出的超级霸权周期似乎已经全面开启，格雷厄姆·艾利森重提的“修昔底德陷阱”似乎都在随后的中美贸易冲突和俄乌战争中得到印证。百年未有之大变局步入加速演化期，不断改变经济运行的政治社会环境，进而对经济体系构建逻辑产生冲击。

《中华人民共和国国民经济和社会发展第十四个五年规划和2035年远景目标纲要》提出，“十四五”时期推动高质量发展，必须立足新发展阶段、贯彻新发展理念、构建新发展格局。这是我国在当今时代形势下做出的战略选择，这一战略导向是全国各级政府发展地方经济的方向指引。但如何全面深入有效地贯彻落实国家战略，对地方政府而言，需要在把握经济演进趋势的基础上，重新探索产业发展规律、重新审视乃至重构经济体系及其内在逻辑，这项任务极具挑战性。

《新格局 新榜样 新力量——中国地方经济高质量发展先进案例与经验启示》一书从科技创新、数字经济、新兴产业、产业转型升级、招商引资和区域协调6个方面解码经济高质量发展，纵贯城市、区/县及园区，横穿中国实现第一个百年奋斗目标前后时空，理论与案例相结合，宏观与微观相结合；从大处着眼，从小处着手；总结过往，绸缪未来。这本书注重实践性、可借鉴性和可读性，契合地方经济发展决策者与各部门拓展工作思路的需要。同时，本书也能够为参与中国经济发展的专家学者、研究机构、企事业单位等提供理论与案例参考。

刘元春
著名经济学家
国务院特聘专家
上海财经大学校长
2022年6月25日于上海

推荐序二

《新格局 新榜样 新力量——中国地方经济高质量发展先进案例与经验启示》一书是众诚智库面向高质量发展主题，融入多年地方经济发展咨询工作实践的思想与案例呈现，继往开来，生动深刻，值得品读。

当今世界正处于百年未有之大变局，新一轮科技革命和产业变革深入发展，国际环境日趋复杂，不稳定性、不确定性明显增加，国际经济政治格局复杂多变，世界进入动荡变革期。面向新环境、新形势，我国做出推进高质量发展、加快构建新发展格局的战略选择。对于各城市、园区等发展主体而言，则需要深刻认识错综复杂的国际环境带来的新矛盾、新挑战，增强机遇意识和风险意识，找准发展方向，保持战略定力，科学应变。

定战略、谋战术既要基于本地基础和条件，又要认识和把握发展规律，还要放开眼界、解放思想，善于在交流与互鉴中兼容并蓄、海纳百川，在不断汲取先进经验中创新性构建发展蓝图。在发展过程中遇到障碍、遇到问题，除了有沉着应变的智慧，还要勇于改革，破除制约高质量发展的体制机制障碍，制定与实施有利于提高资源配置效率、有利于调动企业活力的措施，趋利避害，奋勇前进。这是在“十四五”时期高质量发展要求下，摆在各地政府面前的决策与执行的双重挑战。

在《新格局 新榜样 新力量——中国地方经济高质量发展先进案

例与经验启示》这本书里，我们恰恰看到了作者对以上问题的架构性理解、深刻剖析及独到见解，并辅以不同类型城市、区县、园区的发展案例，供读者从实例中体会经济发展规律及融于其中的智慧，用“众诚智库价值品鉴”和读者进行思想碰撞，引起共鸣，如同在各地探寻高质量发展之路中的“一束光”，照亮一片新视界，引人入胜。究其原因，书中关于科技创新、数字经济、新兴产业、产业转型升级、招商引资、区域协调的每方面，都源自作者团队将多年咨询工作实践与理论相结合的冷静思考，每个案例都各具特色，从时间与空间、主观与客观、偶然与必然等不同维度，发掘案例成功背后的深层次因素。

高质量发展是一项系统性工程，绝非单一路径可以实现，需要政府部门、企业、行业协会和学术界的共同参与。而地方经济的发展举措与动态时刻受到市场主体的关注，不仅是本土企业，外资企业同样在紧密跟进各地发展能力与潜力，以快速优化在中国市场的布局。相信本书的出版能够为关注城市发展、投资、研究的各界人士提供启发和参考，希望越来越多的人因此更深入地参与到推动高质量发展建设中来。

SK 中国副总裁

原赛迪研究院副院长

2022 年 7 月 13 日于家中

自序

众诚智库之所以著此书，并非为了赢得一时的赞誉，而是想以此作为给予新时代中国高质量发展的财富。

我国进入新发展阶段，即全面建成小康社会、实现第一个百年奋斗目标之后，乘势而上开启全面建设社会主义现代化国家新征程、向第二个百年奋斗目标进军的阶段。站在新的历史方位上，以史为鉴、开创未来，为实现中华民族伟大复兴的中国梦顽强拼搏、不懈奋斗，是党和国家、各地政府、全国人民的历史使命。

外观世界历史上国家的兴衰，西班牙因为新航道的开辟成为疆域广袤的“日不落”帝国；英国因以蒸汽机为代表的第一次工业革命成为“世界工厂”，工业产值一度占据全球工业总产值的 55%；美国、德国因为以电力为代表的第二次工业革命一举超越英国，美国夺走了英国工业产值第一的宝座，并自此遥遥领先；苏联因为走上社会主义道路和相应的制度实施，工业产值一举达到欧洲第一、世界第二的位置。历史机遇的把握、科技的突破、制度的选择影响着各个大国的崛起与衰落。

内观中国百年来的发展历程，1840 年鸦片战争以后，我国历经新民主主义革命、社会主义革命和建设、改革开放和社会主义现代化建设、新时代中国特色社会主义建设，实现了从站起来、富起来到强起来的伟大飞跃，成为世界第二大经济体，实现中华民族伟大复兴进入了不可逆转的历史进程。

将中国与世界经济发展轨迹并拢到一起，我们发现，在过去的五轮科技革命中，中国错失了四轮，在第五轮的电子和信息革命中也还处于跟随者的状态。而科技革命和产业革命往往导致世界中心的转移，同时伴随着大国的兴衰和国际竞争格局的大调整。因此，当前以信息、生命、制造、能源、空间、海洋等前沿技术为代表的新一轮科技革命和产业变革，是中国建设科技强国、提升国际竞争力、实现中华民族伟大复兴目标的重要战略机遇！

与此同时，世界经济复苏动力不足，全球疫情影响广泛深远，外部环境更趋复杂、严峻和不确定；我国经济发展面临需求收缩、供给冲击、预期转弱三重压力，关键领域创新支撑能力不强，一些地方财政收支矛盾加大。在诸多问题和挑战面前，如何把握发展机遇，因地制宜，扬优势、补短板，实现质量、规模、效益、安全方面的系统化发展，是很多城市、区县、园区在苦苦探索的问题。

在这样特别而关键的新时代，作为长期从事城市经济与信息化咨询工作的智库，众诚智库意识到，除了为服务的客户出谋划策，应该为中国把握新一轮科技革命与产业变革战略机遇、面向更大范围贡献我们的思想，包括全国各地政府，以及参与中国经济发展的专家学者、研究机构、企事业单位。我们要将旁观者、参与者、实践者的所思所想、所言所行、所成所就载入专著，激荡思路、启迪智慧。因此就有了《新格局 新榜样 新力量——中国地方经济高质量发展先进案例与经验启示》这本书，希望响应国家战略，突出时代最强音，在国家构建新发展格局的战略选择背景下，以榜样传递信念和经验，激发中国地方经济高质量发展的新思路、新力量。

本书以 6 个章节构建起高质量发展的框架，科技创新是源动力，数字经济是引擎，实体经济是主体，招商引资是抓手，区域协同是路径。每章有众诚智库对相应主题的认识、总结、政策解读和思路建议，之后发掘不同类型、不同级别的城市、区县、园区的优秀实践及其背后的故事，努力使每个案例都将时代背景、客观偶然、主观决策等因素进行全面真实的呈现，让读者从真实案例中找到启发、总结规律，并以案例后的“众诚智库案例价值品鉴”和读者进行交流碰撞。

在这里特别要说明的是，书中 50 个案例的选择并不是依“成绩排名”确定，而是选择在某一方面富有代表性，对其他城市、区县、园区有更强的可借鉴性，或者更能引发深层思考的“故事”，所以可以看到，很多案例并不广为人知，也有很多案例处于中西部地区。我们将 50 个案例一一放回到时空影像中，多维度审视后发现：顺应大趋势、紧跟国家战略、充分发掘本地基础优势、永不停止创新探索的脚步、尊重经济发展客观规律、重视专业性、重视人才、注重顶层设计且能坚持一张蓝图绘到底，这是一个地方实现高质量发展的“八大秘诀”，是值得所有城市、区县、园区永无止境努力的方向。

本书立意深远，写作过程异常严谨，由拥有多年咨询服务经验和优秀专业能力的众诚智库核心团队主笔，由工业和信息化部信息技术发展司领导、国务院特聘专家、经济学家、产业专家学者指导，各先进案例的缔造者深度参与，前后历时一年半，多方面征求意见，多轮专家研讨。作者团队深入调研，获得案例的深层、细节信息，反复斟酌呈现的主线、方式，以保障内容的先进性、实践性、科学性、可借鉴性、可读性，让更多的读者能入眼、入心，有所想，有所获。

在此过程中，得到下列人士的鼎力帮助：感谢中国工程院院士李阳，著名经济学家、国务院特聘专家、上海财经大学校长刘元春，工业和信息化部信息技术发展司副司长王建伟，SK 中国副总裁、原赛迪研究院副院长樊会文的鼓励和指导；感谢中国科学学与科技政策研究会秘书长陈光、中国软件评测中心副主任杨春立、中国电子学会政策研究与国际合作中心主任王桓、北京理工大学图书馆副馆长崔宇红、经济日报高级记者黄鑫的建议；感谢陈敏、邓光耀、董学忠、金义军、李娜、李金衍、林国栋、刘金凤、刘亚奇、麻连超、梅勇、王新年、吴涛、肖炳煌、张瑞友、张彦宏、张岩平、赵书瑞、周海华、邹明波等各地政府、企事业单位人员对调研工作的大力支持；感谢电子工业出版社学术出版分社社长董亚峰、策划编辑缪晓红对图书出版工作的全力支持；最后，感谢编写团队的辛苦工作。

特别感谢杨帆，他启发我产生写这本书的想法，并全程给予极大的支持和帮助；感谢吕立平，他帮助写作团队实施调研工作；感谢潘岳，他让这本书的内容得到更好的传播；感谢季严松，他在我沉浸于写作无暇顾及其他的时刻，默默包容和承担。

这本书是基于众诚智库多年地方经济支撑实践经验，倾尽我 18 年咨询工作积淀，融互联网思维与经济发展思维于一体的理念呈现和观点总结，愿与读者共勉。

是为序。

众诚国际集团控股有限公司总裁

2022 年 7 月 15 日于飞机上

目录

CONTENTS

壹 专题一　科技创新

贰 专题二 数字经济

叁 专题三 新兴产业

专题六　区域协调

陆

■专题一

科技创新

壹

众诚视点

科技创新——中国经济高质量发展的不竭动力

自立自强，加快创新，是推进中华民族伟大复兴的必由之路。

在古代，中国是一个发明的国度，中国科技史充满灿烂辉煌。在16世纪中期以前，中国一直处于世界科技舞台的中心，“在3世纪到13世纪之间保持一个西方所望尘莫及的科学知识水平”[1]，浩如烟海的科学技术成就，为世界文明的发展做出了突出贡献，尤其在农学、天文学、数学和中医学等领域，诞生了诸如指南针、造纸术、火药、印刷术等影响世界文明进程的众多科技成果。

近代，中国长期“闭关锁国”，科技地位逐渐沦落。与此同时，欧洲成为现代科学的发源地，生产力突飞猛进，科学技术发展迅速。中国逐渐拉大了与世界先进国家的距离。

中华人民共和国成立以来，中国以科技创新托起中华民族伟大复兴的坚强脊梁。建国初期，我国就发出“向科学进军”的号召，于1956年发布《1956～1967年科学技术发展远景规划》，正式吹响我国

[1] 李约瑟. 中国科学技术史[M]. 北京：科学出版社，2018.

现代科技大发展的号角。1988 年，邓小平发出“科学技术是第一生产力”的著名论断，并提出，“中国必须发展自己的高科技，在世界高科技领域占有一席之地。”党的十八大以来，我国确立了创新驱动发展战略，将科技创新放在国家战略全局的核心位置，十九大确立了到 2035 年跻身创新型国家前列的战略目标。一代代中国人，在科技创新的路上奔赴向前、勇攀高峰。

如今，中国站在“十四五”规划开启全面建设社会主义现代化国家新征程的起点上，第二个百年奋斗目标亦遥遥在望，站在新的历史方位上，面向新的发展大局，唯有坚持创新在我国现代化建设全局中的核心地位，把科技自立自强作为国家发展的战略支撑，全面发力，面向世界科技前沿、面向经济主战场、面向国家重大需求、面向人民生命健康，深入实施科教兴国战略、人才强国战略、创新驱动发展战略，完善国家创新体系，加快建设科技强国，实现高水平科技自立自强。才能有效构建以国内大循环为主体、国内国际双循环相互促进的新发展格局，才能实现全体中国人民对美好生活向往的夙愿，才能真正在国际上占有一席之地。

论科技创新基础，我国已经进入创新型国家行列[1]。在载人航天、探月工程、深海工程、超级计算、量子信息、“复兴号”高速列车、大飞机制造等领域取得了一批重大科技成果，走到世界前列。星空之内，北斗卫星实现全球组网，赋能和造福人类；群山之中，500 米口径球面射电望远镜凝视宇宙，在星辰大海中寻找“星”踪；天空之上，C919 大型客机频频试飞，承载着中国人的“大飞机梦”；天地之间，5G 技术连接万物，新能源汽车绿色驰骋……

---

[1] 世界知识产权组织发布的全球创新指数显示，中国从 2015 年的第 29 位跃升至 2019 年的第 14 位，并在 2020 年巩固排名。国家创新能力指数连续两年进入全球前 15 位，意味着我国已经进入创新型国家行列。

在国家科技创新方向指引下，各地政府依托国家自主创新示范区、高新技术产业开发区、经济技术开发区等载体，充分发挥科创板、成果转化引导基金、众创空间等引导支撑作用，深化“放管服”改革，积极建设实验室、工程研究中心、技术创新中心等创新设施建设。2020年，中国已有17个区域进入全球创新集群百强，其中，“深圳—香港—广州”城市群排名第2，北京排名第4，上海排名第7。同时，企业创新能力持续增强，尤其在无人机、人工智能、移动通信等现代高新技术领域研发投入与创新成果突出，一批领军人才和创新团队加快涌现，青年科技人才逐步成为科研主力军。

论科技创新未来，我国科技创新形势依然严峻，任务艰巨。面对建设科技强国、实现高水平科技自立自强的战略目标，面对构建新发展格局、高质量发展的要求，面对新一轮科技革命和产业变革的机遇，必须在现有基础上，大力提升原始创新能力、创新体系整体效能、科技创新资源整合水平，优化科技创新力量布局和科技人才队伍结构，完善科技评价体系和科技生态，乘势而上，大展宏图，全面塑造发展新优势。

美国著名城市学家乔尔·科特金说：“人类最伟大的成就始终是她所缔造的城市。城市代表了我们作为一个物种具有想象力的恢宏巨作。”在中国创新驱动战略贯彻落实的过程中，城市同样是国家顶层统筹之下最主要的推进主体，无论是东部地区还是中西部地区，无论是经济发达地区还是欠发达地区，无论是老工业城市、资源型城市还是综合型城市，无论是大城市还是中小城市，无一例外地都要将创新作为地区发展的根本动力，因地制宜，走出一条适合本地区实际的创新之路，这是实现高质量发展的必由之路，刻不容缓。

创新是一个复杂的系统工程，要着眼长远，要长期积累，在顺应科技演进和产业变革趋势、遵循国家创新驱动战略指引框架下，如何“抓关键、出实效、开新局”？

一是找准创新方向，提高创新效率。每个地区的资源条件都有其自身特色，也都有一定的局限性，创新方向不能盲目跟风，要基于其主导产业和潜力产业方向针对性推进。著名经济学家缪尔达尔的城市发展积累因果理论认为，当城市发展到一定水平时，决定城市增长的不再是本地的资源禀赋，而是城市本身集聚资本、劳动力等生产要素的能力，这种能力取决于城市能否形成一种繁荣的主导产业及其派生出的新产业。而创新恰恰要依托于城市的主导产业及其派生产业，因此，各地保障科技创新有效开展的前提是找准主导产业，在此基础上找准创新方向，进而形成创新驱动主导产业发展、主导产业发展驱动城市发展的高质量发展轨道。

二是打造创新文化，厚植创新沃土。创新文化是决定创新能否在一个地区生根、发芽、开花、结果的沃土，其建设包括树立创新文化内涵、建设创新文化传播载体、开展创新文化传播等，但这里特别强调创新文化的根源——高等院校。高校是知识创新的中坚力量，原创科技和理论的重要发源地，是高新技术的生长点，是造就、凝聚人才的重要基地，因此是创新文化的无尽辐射源。国内外实践充分证实了这一点，诸如，斯坦福大学是持久创新的全球象征、美国硅谷诞生的摇篮；美国加利福尼亚州橙县的尔湾，以加州大学尔湾分校的导入为重大契机，从"加州农场"发展为"加州科技海岸"；欧洲"硅谷"索菲亚科学城，因法国第二大综合型大学尼斯大学而建，以大学院校和科研机构作为创新动力；武汉东湖高新区依托东湖地区全国第二大智力密集优势，发展为现代科技新城。当激发探索、崇尚竞争、注重交流、鼓励人才自我突破等创新文化深植于自我认知中，创新自然会插上翱翔的翅膀，飞高飞远。

三是整合创新要素，形成有机创新体系。创新是建立一种新的生产函数，即"生产要素的重新组合"，汇聚并整合创新要素是创新实施的前置条件。按照“产业先导、技术引领”原则，构筑以大学、企业、研究机构为主，以政府、金融机构、中介组织、创新平台、非营利性组织等为辅的多元主体协同互动的网络型创新模式；创造便捷、灵活、多元、开放的创新融资环境，搭建融资服务平台，汇集国内外投资机构，围绕企业全生命周期提供融资培训、不同环节融资对接服务；本地培育与柔性引进相结合，形成流动人才与常住人才有机搭配的创新人才体系。同时，注重数字化这一最具创新力的元素，推动“人才链、资本链、信息链”与技术链有机融合。

四是打造创新圈子，最大化激发创新能量。创新绝不能封闭，无论是理论创新还是技术创新都需要交流、碰撞，需要科学顺畅的交流平台。跨界融合已成为以信息技术为代表的产业发展新特征，通过突破创新主体间的壁垒，充分释放彼此间“人才、资本、信息、技术”等创新要素活力而实现深度合作，即协同创新这一科技创新组织方式的新范式比以往任何时候都更为必要。各地既要推进企业、大学、研究机构等不同类创新主体之间的协同，也要推进产业链上下游之间，围绕同一产品跨学科、跨领域，在人才与企业之间，以及国内国外研究机构与企业之间的协同创新，大力支持开放创新、集成创新和跨界融合创新。搭建交流平台、协同创新平台，形成众多创新圈子，不断碰撞出思想的火花，激发创新灵感，实现产业协同创新。

进取者的脚步，永不会停滞于既得的成就；真正的强者，敢于直面任何挑战。面对无端打压和围剿中国的一轮轮科技战，中国始终沉着应对，有“泰山崩于前而色不变”的从容，也有“栉风沐雨，砥砺歌行”的定力，以更大的力度加快推进自主创新，全中国人民众志成城，为实现民族科技振兴而努力，中国必将以科技强国之姿屹立于世界民族之林。

城市科技创新

以例为鉴，启迪智慧

合肥：坚定基础创新，“逢赌必赢”逆袭

“后劲者，以劲兵为后殿，战则用为奇兵，归则用为断后。”[1]合肥市以最具可持续性的基础创新、原生技术创新及资本撬动的产业化，实现了发展上的“快进”，形成揽巢湖入怀、滨湖北城两翼齐飞的城市发展格局。

回顾过往，合肥因为长期经济发展水平和省会城市不匹配，曾被戏称为“中国最大的县城”，2000 年的时候 GDP 仅为 325 亿元，在全国排第 82 位，2005 年排名 62 位，15 年后一跃成为二线城市，甚至是新一线城市，曾经在省内和芜湖、安庆、蚌埠等城市不相上下的这座城市，是怎么做到的？

没有历史性的支柱产业积淀，没有漫长厚重的历史，没有丰富的

[1] 引自《东周列国志》。

旅游资源，论区位，东边滁州、马鞍山、芜湖等城市距离江苏、上海更近，更有承接产业转移与接受经济辐射的优势。合肥有什么赖以跨越发展的“资本”？

带着层层疑惑，我们一点点翻开合肥市近15年的发展历程。

把握家电产业转移机遇，掘到“第一桶金”

2005年，合肥定下了工业立市的战略，试图用大招商的方式改变落后的局面，这个思路一直沿用至今，成效相当显著，而这一策略能够成功的秘诀在于以地方政府为平台，吸收民间资本，然后引导企业发展。

家电产业经过20世纪90年代的蓬勃发展，自2000年开始，产业发展格局进入激烈的动荡演进状态。日立、东芝、松下、LG、三星、A.O.史密斯等跨国家电企业纷纷宣布将加大对华投资力度或转移生产线，并大幅降价，抢占中国家电市场份额；在激烈的竞争形势下，行业内的重组和整合必然活跃，国有资本在家用电器行业的比例逐渐减少，外资的独资倾向增强，民营资本的扩张加剧；以连锁专营为基本业态的商业资本不断发展壮大，以国美、苏宁、三联为代表的“家电渠道大鳄”四处“跑马圈地”，抢占地盘；数字电视、蓝牙技术产品、MP3、数码相机等信息家电成为家电新品研发新领域；《家用电冰箱耗电量限定值及能源效率等级》标准、能效标识管理制度等“节能高效”要求明确……

产业发展的动荡期往往就是机遇期，在成本驱动下，沿海家电产业开始有了转移需求，数字化技术催生的信息家电带来新的市场机会，2005年开始，合肥市依托荣事达、美菱、天鹅等原有并不丰厚但拥有深层潜力的家电产业“家底”，紧抓这一产业转移机遇，沿海地区加速“腾笼换鸟”的同时，合肥积极“筑巢引凤”。

目标明确、思路清晰后，合肥市政府开始了大招商行动。为了搞定整机生产，招来马鞍山钢铁厂提供钢板，招来凌达压缩机项目配套格力空调，招来日本三洋电机配套洗衣机生产，引来彩虹液晶玻璃基板生产线配套彩电，还招来各类注塑件、模具厂商满足零部件配套需求，打通了整个家电上下游产业链。

惠而浦中国总裁艾小明在一次接受记者采访时表示，入驻合肥的一个重要原因就是“合肥家电产业链已经初具规模，产业集聚效应明显，各种综合成本在全球具有集中优势”，加上合肥市的物流优势与人才优势，一批批企业被招引到合肥。家电企业由 2005 年的 24 家增加到 2010 年的 150 家。

在集聚一大批知名品牌的基础上，合肥又以品牌为抓手，强化核心零部件配套能力，建立了集家电研发、生产、销售、物流及相关配套企业集群的完整产业体系，形成了“龙头企业—大项目—产业链—制造基地—产业集群”的发展模式，超过青岛、顺德，成为全国最大的家电生产基地，这也是合肥的“第一桶金”。

开启“大手笔豪赌”，不断浇铸产业竞争力

第一“赌”：新型显示产业的京东方。

在合肥洗衣机、空调、电冰箱产量迅速增长、地位逐渐巩固的时候，彩电产量却遇到了瓶颈，症结在液晶面板，而显示屏市场当年还是日韩的天下，中国的液晶电视面板大多依赖进口。

审时度势后，2008 年，合肥市政府在当年财政收入只有 300 亿元水平规模的情况下，拿出了惊人的魄力与勇气，地铁延后修建，以百亿元投资规模吸引到了京东方，又连续给予多年扶持，最终京东方成为全球显示器领域的龙头。2017 年，继京东方 6 代线、京东方 8.5 代线之后，京东方 10.5 代线这一全球首条最高世代线在合肥建成投产。

2018 年，京东方液晶电视面板出货量首次超过韩国乐金、中国台湾群创和韩国三星，排名全球第一。

合肥正式站上了全球显示产业发展的制高点，硬是蹚出了一条从无到有、从弱到强的产业发展壮大之路。

第二“赌”：集成电路产业的长鑫。

液晶面板解决了电子产品显示器这一“面子”问题，合肥又把目光转向了“里子”问题。中国在集成电路、芯片等核心元器件方面严重依赖于进口，于是合肥瞄准集成电路产业，扶持了 100 多家企业，成了全国半导体产业链最全的城市。更是在 2016 年与兆易创新合作大手笔投资长鑫存储技术有限公司，主攻存储芯片技术。

这个领域长期被三星电子、SK 海力士和美光科技三寡头霸占着，中国企业参与度很低，国产化率不足 5%。2018 年 1 月，长鑫建成全国最大的 12 英寸 DRAM 芯片晶圆生产线；2019 年 9 月，长鑫总投资 1500 亿元的 DRAM 芯片自主制造项目正式投产，量产了 19nm 工艺的 DDR4、LPDDR4 内存；2020 年 5 月，长鑫的第一个消费级 DRAM 芯片产品正式上架。我国拥有了这一关键战略性元器件的自主产能！

第三“赌”：新能源汽车产业的蔚来汽车。

2020 年 2 月，合肥市政府宣布对智能电动汽车企业蔚来汽车超过 100 亿元的投资，作为交换条件，蔚来汽车要把中国总部落户在合肥。2020 年 4 月 29 日，蔚来与合肥市建设投资控股（集团）股份有限公司、国投招商投资管理有限公司及安徽省高新技术产业投资有限公司等战略投资者签署了关于投资蔚来中国的最终协议，并与合肥经济技术开发区就蔚来汽车中国总部入驻达成协议。一年后，占地 16950 亩的 NeoPark 新桥智能电动汽车产业园区正式开工。随着 5G、物联网等技术的快速发展，以及中国碳达峰、碳中和的目标驱动，智能电动汽车正在步入发展的快车道，这一次“豪赌”能否成功？让我们拭目以待。

看似偶然的奇迹背后是政府作为的必然结果

20 世纪 60 年代末，13 所驻京高校外迁，此时的合肥政府成功邀请中科大到此“落户”，为后来的人才供应与创新实力打造奠定基础。中科大、中科院等一流院所是中国最具创新力企业——科大讯飞成长的摇篮[1]，是合肥建设综合性国家科学中心的重要依托，在合肥市基础创新、原生技术创新中发挥了关键的支撑与文化涵养作用。

经历了多年不温不火的发展，从 2005 年开始，合肥市一届届政府领导把握时机，结合合肥本地产业基础与优势条件，精准选择要聚力发展的产业，破釜沉舟地做，铆足了劲头地做，从家电整机制造到零部件，再到显示屏、集成电路、人工智能、新能源汽车，每一步都走得无比坚定，走得“准、稳、狠”。战略经济学理论认为，好的发展战略，可以获得持续发展动力，在竞争中获得领先优势，合肥以创新为基地的产业发展战略正是如此。

还有一个不得不提的重要因素，就是 2000 年以来的各届市委书记、市长在合肥的任期都在 4 年以上，其中孙金龙任书记时间长达 6 年 2 个月，这对于一个城市战略规划尤其是大变革有效落实非常重要，更可贵的是合肥市各届领导都在继承原有战略方向的基础上创新深化，做到了一张蓝图绘到底，一“茬”接着一“茬”干，不断深耕细做。

如今，受制于供应链的紧张与市场需求增量下滑，家电企业净利润下滑，合肥正以创新为驱动力，以产线智能化改造、产业高端化提档为抓手，紧扣“智能”二字，走在重塑“家电之都”辉煌的路上；正在围绕综合性国家科学中心建设，推进国家战略部署下的基础技术研发—产业变革；正在依托中国科学技术大学、科大讯飞等先进技术

[1]《MIT 科技评论》给出的“全球 50 大最具创新力企业”榜单中，科大讯飞被评为全球第六、中国第一。

研究院、国家智能语音人工智能开放平台，建设“中国声谷”持续闭环迭代的人工智能产业创新生态体系；正在研究核聚变、量子通信等前沿技术。现在种下的种子，在未来某一天，或许就会结出绚烂的果实。

众诚智库案例价值品鉴

- 审时度势，精准把握行业风向，深入发掘本地基础研究等各方面优势，精准定位产业方向，前瞻性布局，以创新引领产业，以资本吸引龙头企业，以龙头企业带动产业，以产业链聚集企业。

- 创新资本招商模式服务于招商引资战略性产业，以政府资金撬动社会投资，成立市场化运作的产业投资基金，以大手笔投资基金招引龙头或准龙头企业落户，后期再将投资所获股份脱手，以一笔投资换一个产业。

- 一届届政府领导立足当前，着眼长远，甘做铺垫工作，甘抓未成之事，以“功成不必在我”的精神境界和“功成必定有我”的历史担当，让合肥这个中部城市走在全国前列。

西安：回望大唐长安，打造硬科技之都

西安，千年古都，古称长安、镐京，它曾经比罗马更强大，比君士坦丁堡更广袤，比亚历山大更富有，奈良与京都皆以它为范本修建，它曾是13个王朝的帝都，它曾是世界的中心。

梦回大唐，举世瞩目

1400年前，大唐盛世时期，这座在世界建筑史上承载着辉煌的城市，容纳了近百万人，大度而不浮华，雄浑而不雕饰，是一座名副其实的国际化大都市。今天，海外华人的聚集区仍然以“唐人街”命名。

大唐的强盛，也将丝绸之路推向了空前的繁荣，长安，也成为中国通向世界的大门，作为丝绸之路的起点，联通着东方和西方。“古丝绸之路绵亘万里，延续千年，积淀了以和平合作、开放包容、互学互鉴、互利共赢为核心的丝路精神。这是人类文明的宝贵遗产。”[1]

西安，是首批国家历史文化名城，是世界四大古都之一，有两项六处遗产被列入《世界遗产名录》，是美国、德国、法国、俄罗斯等多国总统的到访地。以华夏文明历史文化为依托的大西安处处闪耀着中华文明的灿烂之光。

岁月轮回，漫漫复兴路

然而，因地处“南依秦岭，北临渭水，被山带河，金城千里”的

[1] 摘自习近平主席2017年5月14日在首届“一带一路”国际合作高峰论坛开幕式上的主旨演讲。

关中平原中部，易守难攻的地理优势和优良的农业经济基础这两个都城选址的优势，随着地区自然环境的破坏、经济基础的削弱，和我国东南地区的不断开发，西安政治中心、经济中心的地位逐渐消失，都城依次向洛阳、南京、杭州、北京迁移。同时，“陆上丝绸之路”日渐没落。宋朝以后，随着航海技术的发展，东西方交流以海上运输为主，长安不再是和西方沟通的起点和重点。

即便历史文化的底蕴深厚、历久弥新，但科技的发展、工业时代的到来，给西安带来一轮又一轮的机遇和挑战，直到今天，西安依然走在努力复兴的路上。

“一五”期间，西安被列为国家“一五”计划重点建设的八大城市之一。这期间，全国 156 项重点建设项目在西安地区就有 17 项，东郊布局了军工城、纺织城，西郊布局了电工城，南郊布局了文教城，北郊是农业区。

20 世纪 60 年代至 70 年代的“三线建设”时期，西安建成投产了一批国防科技工业和民用大中型企业，新建和迁入了一大批科研院所和大专院校，西安的科技实力和现代加工工业能力迅速增强，形成航空、航天、兵器、电子、纺织和机械加工等工业基础，成为国家重要的工业基地。

随着市场经济体制改革的深入，地处内地的很多“三线”企业适应不了市场经济，大批企业面临亏损、破产的窘迫局面。一些进山太深、布点分散的企业先后搬迁到了西安。西安集中了全省 60%的军工企业和 90%的科研院所，成为我国国防科技工业聚集度最高的城市。

1999 年 3 月 22 日，《国务院关于进一步推进西部大开发的若干意见》发布，国家不断加大对西部地区交通、水利、能源、通信、市政等基础设施建设的支持力度，西安迎来新一轮发展机遇。到 2008 年，西安生产总值达 2190.04 亿元，翻了近两番。在原有产业基础上，生物医药、光机电一体化产业成为西安经济发展的新增长点。

2009 年 9 月 21 日和 22 日，时任国务院总理温家宝召开三次新兴战略性产业发展座谈会，中国各地拉开了以战略性新兴产业加速跨越发展的序幕，尤其中西部城市迎来了缩小与东部城市差距的新机遇。中西部的成都、武汉、合肥等省会城市经过 10 年的时间，在全国 GDP 排名大幅跃升，尤其是合肥，从落后西安 16 位到实现了反超。

西安拥有全国最强的航天航空产业，发展了电子信息、生物医药等新兴产业，拥有居全国前列的高等院校和科研机构数量，更有着无法比拟的历史文化内涵。反观合肥，没有厚重的历史，也没有丰富的旅游资源，有的是上海西出、毗邻江浙的区位和以中科大为首的大学等科研机构。

对比之下，西安明显还未实现破茧成蝶的质的转变，突破口在哪里？

一语惊醒梦中人，找到解锁硬科技之都的钥匙

“昨日是而今日非矣，今日非而后日又是矣”。只有创新才能赶上时代的变化和潮流，世易时移，适合过去的不一定适合现在，要想发展就要不断地打破原有的思维定式和理念观念。找到“昨日是”的“今日非”，进行改正；能够预见“今日非”的“后日是”，进行指导和引领。

长久以来，西安经济发展除了航空航天等少数几个工业产业，主要集中在餐饮文娱、房产基建等传统行业，落后于战略性新兴产业大发展以来的创新驱动大势。

2015 年 2 月，习近平总书记来陕视察时，针对科技创新工作，总书记指出，“陕西是科教大省，是我国重要的国防科技工业基地，科教资源富集，创新综合实力雄厚。要把这些资源充分挖掘好、利用好、滋养好，推动科技和经济紧密结合，创新成果和产业发展紧密对接，努力在创新驱动发展方面走在前列。”

什么是硬科技？

“硬科技就是国内只有一两家公司才能做的技术，需要 5～10 年的长期积累和投入，具有非常高的技术门槛。”

“硬科技就是比高科技还要高的技术，你的这个说法很有趣，我记住了。”

这是 2016 年李克强总理与中科院西安光学精密机械研究所博士米磊的一次对话。

在 2017 年党的十九大陕西代表团全体会议上，西安市委书记王永康提出，“要把发展方式加快创新调整过来，着力打造硬科技之都。”“硬科技”，与这座有着千年古都独有的深厚文化底气，有着技术创新生长点的诸多高校名校、科研院所，有着航空航天、电子通信、机械制造等制造业积淀的城市如此匹配！

至此，西安打破“城墙思维”，开启了迈上发展硬科技的征程，跟随新一轮科技革命“脉搏”，加入全球创新版图重构、全球经济结构重塑中来。

在“硬科技”战略之下，西安首先确定了号称“八路军”的航空航天、光电芯片、信息技术、人工智能、新材料、新能源、智能制造、生物医药八大硬科技产业。随后发布《西安市发展硬科技产业十条措施》（以下简称《措施》），着重在自主创新、产学研融合、招商引资、人才聚集、科技交流、品牌打造等方面，但《措施》从发布到有效落地还需要一个摸索的过程。后续又研究出台《西安市硬科技产业发展三年工作推进方案》，集科技资源统筹、国际前沿技术研发、高端创新创业人才引进、创业投资与孵化为一体的硬科技创新发展体系正在一点点延展开来……

2017 年 11 月 7 日，首届全球硬科技创新大会隆重召开，每年一次，截至 2020 年年底已经连续举办了四届，大会汇聚硬科技发展力量，展示硬科技发展最新成果，让世界感受西安科技创新的决心、文化、能量与潜力。

2020 年 4 月，三秦大地，满眼春色，一派生机勃勃的景象，习近平总书记时隔五年再度回到这片有着浓浓故乡情的土地上。在这次考察中，习近平总书记提出，“要围绕产业链部署创新链、围绕创新链布局产业链。”

创新链、产业链，西安最突出的科技资源——高校……

一瞬间，习近平总书记的话语和五年前的“把科技资源充分挖掘好、利用好、滋养好”交融出一条清晰的通路——将高校的创新力量和西安产业发展进行紧密绑定，将这一科技资源发挥到极致。

于是，走在发展方式大变革路上的西安，就像突然找到了创新的灵感。过去几年城市形象及营商环境打造给西安带来了翻天覆地的变化，人才、资金吸引力不断增强。“十三五”期间，西安人口流入量近 400 万人，是西部典型的人口净流入城市，再将高校的创新力量充分注入产业发展中，创新驱动就做深做实了。大学科技园和专业化众创空间、环大学产业带、环大学创新圈的建设工作如火如荼地推进起来了。

2021年3月，落地西咸新区的秦创原创新驱动平台启动，这是一个省级平台，是陕西最大的孵化器，是围绕加速产业链和创新链深度融合这条主线，承载政府和高校、院所、企业、金融机构共同参与的市场化的开放共享创新平台，目的是突破科技转化“最后一公里”的堵点，推动陕西省从“科教强省”到“科技强省”升级，西安无疑将是“科创园”实施和受益的重要主体。

2021年8月，陕西咸办发〔2021〕1号文件，确定了西安市全面代管西咸新区的格局。有了西咸一体化为西安市发展空间统筹的加持，西安的创新发展、转型升级进入前所未有的新时期。

寄托梦回长安期盼的西安，在“一带一路”伟大倡议下，正鉴往知来，大踏步地向着建设国家中心城市和具有历史文化特色的大都市迈进！

众诚智库案例价值品鉴

- ❖ 领会习近平总书记的指示精神，将时代背景和西安自身资源条件与特点结合起来，提出了“打造硬科技之都”的城市战略方向。
- ❖ 不仅高度重视高校在创新中的源头作用，还创新性地建立了高校资源利用与产业发展相融合的有效模式。
- ❖ 历史文化资源发掘、环境改善、城市形象塑造、招商引资、人才引进、空间统筹调整等措施系统化推进，提升创新驱动经济发展的撬动效果。

贵阳：从“0”到“1”，起点即“贵”

“黔灵山风吹过阵阵荫凉，绿绿的贵阳，爽爽的贵阳……感受着你的气息，我醉倒在惬意的天堂”，歌手孙楠悠扬的歌声传递着贵阳迷人的气候和景色，如果说以前贵阳因“上有天堂，下有苏杭，气候宜人数贵阳”的天然条件而闻名，2013 年贵阳“牵手”中关村以后，则因为大数据产业的创新突破发展蜚声海内外。

国家为这片经济“贫瘠”之地注入“养分”

以前，贵阳市所在的贵州省，是贫困问题最突出的欠发达省份，人均 GDP 长期处于全国各省最后一位，一直以来存在交通基础设施薄弱、工程性缺水严重和生态环境脆弱等瓶颈。经济发展主要依赖矿产资源、文化旅游资源，以及“三线”建设时期国家布局的部分国防科技工业，产业结构单一，发展动力与潜力严重不足。贵州有个顺口溜：“天无三日晴，地无三尺平，人无三分银”。

贵州尽快实现富裕，是西部和欠发达地区与全国缩小差距的一个重要象征，是国家加快脱贫致富步伐、实现全面建设小康社会目标的必然要求。2012 年 2 月，《国务院关于进一步促进贵州经济社会又好又快发展的若干意见》（以下简称国发 2 号文件）出台实施，将贵州发展上升到国家战略。

国发 2 号文件如同为贵阳市注入了创新发展的养分和氧气。铁路、电网等基础设施建设陆续建成投入使用，贵广高铁、沪昆高铁、渝贵铁路、成贵、贵阳市域铁路等相继通车，贵州迈进高铁时代，4 小时到广州、2 小时到重庆，贵阳西南交通枢纽地位突显，各区县之间的通达时间缩短到几十分钟，贵阳市内贵阳中环路、轨道交通 1 号线、

2 号线开通运营，联通市内、全国、海外的通道神速般建立起来。不仅如此，水利、电网、天然气、信息网络设施等的建设速度都得到大幅提升。

零基础、高起点，立于中国大数据产业潮头

有了发展的养分和氧气，贵阳的经济能否茁壮成长，还得看自身的生命力。

除了充分发挥矿产、文化旅游资源及国防科技工业优势，通过“四个一体化”（煤电磷一体化、煤电铝一体化、煤电钢一体化、煤电化一体化）等方式升级发展、把握住当时战略性新兴产业发展的机遇、寻找新的增长点更为迫切。

2012 年 9 月 13 日，国发 2 号文件发布半年后，贵州省促进信息产业发展大会在贵阳召开，时任贵州省委副书记陈敏尔讲话指出，当今世界，信息产业已经成为战略性、基础性、先导性产业，成为衡量一个国家和地区综合实力和现代化程度的重要标志。加快贵州省信息产业发展，是培育新的经济增长点的重要举措，对全省科学发展、后发赶超具有战略意义。

这次大会对贵阳市在信息产业乃至后来大数据产业发展的路上越走越远具有开创性意义。时任省委书记、省长赵克志，省委副书记陈敏尔，分别从江苏省、浙江省两个信息产业大省调任贵州，做出这样的战略决策基于对信息产业发展趋势的科学判断，基于对贵州省发展信息产业的优势分析，并将以往经验和贵州省实际相结合，为贵州省发展信息产业注入了先导力量。

2013 年 6 月，北京市委常委陈刚调任贵州省委常委，随后担任贵阳市委书记。9 月 8 日，贵阳“牵手”中关村，贵阳市人民政府、中关村科技园区管理委员会战略合作框架协议签约揭牌仪式在贵阳举

行。贵阳市以开放的姿态调动社会各方积极因素，努力激活本地科技创新的内生动力。就在全国各地对于大数据技术、应用前景还持观望状态的时候，贵阳市果断进军这一前沿领域！2015 年 8 月，国务院发布了《促进大数据发展行动纲要》，贵阳市立在了中国大数据产业的潮头，也抓住了发展信息产业的重点和突破点。

在质疑声中坚定地蹚出一条创新路

贵阳市发展大数据产业受到了全国广泛关注，并成为热议的焦点，质疑者众，否定者有之，不看好的更是占大多数。

摸着石头过河、没有经验借鉴、基础设施薄弱、大数据资源匮乏……这些因素使贵阳市发展大数据看起来像一个伪命题。贵阳市到底能不能发展大数据？

“世上无难事，只要肯登攀”。重重挑战和考验无法抵挡贵州省、贵阳市热切期望崛起的决心。如何在一个炙手可热的新兴领域独占鳌头？唯有“快”字当先、后发先行，才能抢得弯道超车的良机。在确定发展方向后，省委省政府和贵阳市委市政府向全球发出“英雄帖”，迅速得到三大电信运营商和阿里巴巴、华为、苹果等公司的响应，资源导入极为迅速，支撑大数据产业发展的底层框架很快建立起来了。2014 年 7 月，在中国联通、阿里巴巴、中软、浪潮等企业的支持下，“云上贵州”平台搭建完成，七朵云单位优先上云用数；政府数据互联互通、迁云用数实现了。贵州省在全国率先开放政府数据目录，为其他地区提供了良好示范。阿里首席技术官王坚表示：“一个政府拥抱了数据，也就是拥抱了未来。”

贵阳国际大数据产业博览会暨全球大数据时代贵阳峰会于 2015 年 5 月 26 日至 29 日在贵阳国际会议展览中心举行，马化腾、雷军等业界名人赴宴，惠普、戴尔、华为等国内外知名企业也来捧场。

2015 年 6 月 17 日，习近平总书记在贵阳市考察大数据应用展示中心，贵州省以发展大数据作为突破口推动经济社会发展的探索给总书记留下了深刻的印象，总书记说："我听懂了，贵州发展大数据确实有道理。"

市场的反应、总书记的肯定进一步坚定了贵州省、贵阳市发展大数据产业的决心和信心！

随后，"贵阳大数据产业技术创新实验区"试点建设、贵州大数据综合试验区启动建设，大数据应用不断在农业、扶贫、企业服务、政务监管等领域探索应用，2019 年，贵州省数字经济生产总值占地区生产总值比重达到 29.5%，数据对推动经济发展、提高生产力的乘数效应日益崭露。2013—2018 年，贵阳市连续 6 年增速位居全国省会城市第一，贵州省人均 GDP 也从多年的倒数第一跃升到 2020 年的 26 位。贵阳——中国"数谷"，名副其实。

从北京回到贵阳工作的王振兴，在一家互联网文旅公司深耕大数据+旅游。"云游贵州"项目，一头连着景区，通过大数据优化开发、管理和营销；一头连着游客，一码在手，纵享全方位智慧服务。"老天爷给了贵州丰富的自然风光，老祖宗留下了多彩的人文资源。"王振兴笑道，他和伙伴们坚信，大数据+旅游在贵州大有可为。

在新时代的起跑线上再起航

如今，炫酷、明亮、气派的国家大数据（贵州）综合试验区展示中心成为贵阳大数据发展成就的缩影。走进这座充满现代感和时尚范十足的建筑，在四大主题展区中，"数字中国 • 贵州方案"让人感佩之至，"数化万物 • 智在融合"让人眼花缭乱，"云上筑梦 • 躬身耕耘"让人敬仰有加，"未来已来"不禁让人以梦为马、斗志昂扬。

过去的成就是辉煌的，未来更可期。贵阳这座充满生机和活力的城市，已经在创新色彩浓厚的大数据产业发展基础上，进入新型工业化高质量发展的新阶段。

2021 年 3 月 2 日，贵州省新型工业化暨开发区高质量发展大会召开，大会精神引领贵阳市工业发展进入从重点突破走向体系推进的新阶段，大数据与实体经济融合发展续写新的篇章……

众诚智库案例价值品鉴

- 集全省之力，充分尊重产业特点，充分发掘本地优势条件，准确定位，建设全国领先的大数据资源集聚地和大数据应用服务示范基地。
- 以定位“国际水平、行业引领、专业平台”的“数博会”为抓手，实现了树立权威性、扩大品牌影响力、对接产业与智力资源的多维目标。
- 充分利用外部资源，一方面从国家层面争取支持，另一方面依托京筑合作平台，通过大批量干部挂职交流，带动两地企业、人才、教育资源的交流与引入。
- 营造一把手带头示范、包容创新的作风环境，政府领导带头干、带头用、带头创新，选择成为大数据新技术、新模式首选“试验田”，对企业产生极大吸引力。

区县科技创新

以例为鉴，启迪智慧

南山区：始于改革开放，成于科技创新

2019 年，人均 GDP 40.16 万元、单位面积产出 GDP 32.58 亿元，以深圳 1/10 左右的人口和土地产出超深圳全市 1/5 的 GDP，海内外上市企业 164 家、国家级高新技术企业超 4000 家……全国科技创新看深圳，深圳科技创新看南山，深圳市南山区从滩涂蚝田到楼宇林立，以滴水穿石、久久为功、奋斗不息、创新不止的先锋精神，立于中国经济高质量发展潮头。

起点就埋下了改革创新的种子

1978 年 12 月，中共十一届三中全会召开，正式拉开了改革开放的大幕。

1978 年 6 月，华国锋同意“港澳经济贸易考察团”建议，把靠近香港和澳门的宝安和珠海划为出口基地。

这个决定促使当时交通部驻香港的航运集团企业香港招商局（前身由李鸿章于 1872 年创办）副董事长袁庚产生了一个想法，他在 1979 年元旦之后向时任国务院副总理李先念递交了一个建议报告，主张在靠近香港的深圳蛇口建立一个码头和一个与航运有关的工业区，发展招商局与香港的贸易，理由是既可以充分发挥广东的土地和劳动力的比较优势，又可以利用香港的资金和技术，一举两得。

结果是李先念决定给袁庚“一个半岛”去试验，袁庚先生只要了 2.14 平方千米。就这样，“香港招商局蛇口工业区”先于深圳特区[1]在 1979 年年初就挂牌成立了[2]。

1980 年 3 月，袁庚出任蛇口工业区建设指挥部总指挥。在计划经济体制还占据着垄断地位的背景下，以敢为天下先的改革精神，带领广大创业者，在蛇口工业区展开了全面的改革探索。作为中国内地第一个对外开放的工业区，蛇口工业区被称为改革开放的“试管”，在举世瞩目中，一系列改革试验率先在这里开始……

在思想和理念上，蛇口首次提出“时间就是金钱，效率就是生命”的口号，被誉为“冲破思想禁锢的第一声春雷”，响彻大江南北。此后兴于蛇口的创新理念“空谈误国、实干兴邦”和“敢为天下先”也都成为改革开放进程中最具影响的时代强音。

在体制机制方面，蛇口工业区率先在全国实行了住房制度的改革，实行职工住房商品化；率先实行招聘用人，在各重点大学及各地公开招聘人才；率先改革干部制度，实行干部聘用制；成立中国改革开放以来由 6 家中外企业合资的第一家真正意义上的股份有限公司，

[1] 1979 年 7 月，中共中央、国务院同意在广东省的深圳、珠海、汕头三市和福建省的厦门市试办出口特区。1980 年 5 月，中共中央和国务院决定将深圳、珠海、汕头和厦门这 4 个出口特区改称为经济特区。

[2] 张军. 深圳奇迹[M]. 北京：东方出版社，2019.

开发建设赤湾；率先打破平均主义“大锅饭”，实行基本工资加岗位职务工资加浮动工资的工资改革方案，基本奠定了与市场经济相适应的分配制度；率先在劳动用工上推行劳动合同制，成为中国用工制度方面的一项重大改革；中华人民共和国第一家企业股份制的商业银行——招商银行，第一家由企业创办的商业保险机构——平安保险，相继在蛇口成立。仅 1979—1984 年期间，蛇口工业区就创造了 24 项全国第一。

曾经有人问袁庚:“蛇口是怎么发展起来的？”袁庚的回答是:“从人的观念转变和社会改革开始的。”这是对“蛇口基因”最好的诠释，“蛇口模式”扩散推广到经济特区，影响了后来在整个中国推进的体制改革，蛇口“敢为天下先”的精神激励着一代代创业者。

从出口加工基地到高新技术产业高地的转变

1990 年 1 月 4 日，经国务院批准，南头管理区和蛇口管理局合并成立南山区。

成立之初，南山区经济模式仍是以劳动密集型简单加工出口为主，企业主要是外资独资经营类，产业领域集中在简单加工的电子、玩具行业，技术密集型、创汇能力强的企业还寥寥无几。

然而，南山区已经在成立之前孕育了科技创新的种子。1984 年 9 月 27 日，深圳大学举行隆重的成立暨首届开学典礼，第一届录取了 216 名学生，地点在粤海门村——现在南山区粤海街道的一部分。在一片滩涂上建起大学，大学周边的城中村又因低廉的租金吸引了创业人士，任正非靠到处借来的 21000 元在此创立了华为公司。几乎同一时期，由深圳市政府和中国科学院共同创办的大陆第一家高新科技园区——深圳科技工业园成立，位置就在粤海街道，这是深圳科技产业发展的第一个载体。

有了科技创新的种子和载体，1992 年，在深圳市明确提出“以高新技术产业立市”，希望改变以“三来一补”[1]为主的产业结构的战略背景下，在深圳市政府出台《关于深圳经济特区农村城市化的暂行规定》这一重要的城市化改革政策加持下，南山区粤海街道越来越多地吸引到勇于开拓的创新者来此奋斗和扎根，始于城中村的南山区高新技术产业迈开了加速前进的步伐。华为从南油大厦搬到粤海街道管辖的深圳科技工业园深意工业大厦五楼，还有中兴、腾讯、迈瑞、海王、金蝶、方大、长城科技，以及飞利浦、微软、三星等外企相继落户园区。

当然，在此过程中，深圳市政府为南山区提供了有力的政策支持及资金等要素配置，如 1999 年，南山高新技术产业园建立深圳虚拟大学园；2002 年，深圳大学城落户南山区，清华大学深圳研究生院、北京大学深圳研究生院、哈尔滨工业大学（深圳）、中国科学院深圳先进技术研究院、南方科技大学、国家超级计算深圳中心等高校与研发机构陆续入驻，包括香港中文大学（深圳）在内的 53 所国内外知名院校、42 家研究院、113 家研发机构聚集于此，辅助企业进行科技成果转化和产业化、中小型科技企业孵化和高层次人才培养。科技研发、成果转化、产业化等逐渐在南山形成闭环。

“科技创新+总部经济”双轮驱动

2008 年，深圳印发《关于加快总部经济发展的若干意见》，启动总部经济发展战略，吹响发展总部经济的号角。南山区针对总部企业陆续出台《南山区企业总部用房暂行办法》《南山区鼓励总部企业发展实施办法》等政策文件，建设了 4 个总部基地，即留仙洞总部基地、深圳湾高新区总部基地、深圳湾超级总部基地和后海金融商务总部基

[1]“三来一补”是指来料加工、来样加工、来件装配和补偿贸易。

地，而深圳投入建设的总部基地，也不过6个，南山区以一己之力独占三分之二。

2015年7月22日，美国《财富》杂志发布了世界500强企业名单，中国上榜106家，总部位于深圳的还只有4家，南山区没有1家。虽然平安银行、招商银行、华为这3家都是20世纪80年代从南山起家的，但在深圳市城市的发展轨迹中，以往，福田区、罗湖区是深圳的政治、经济中心，平安银行、招商银行作为金融机构选择了搬离南山区。针对这一局面，在"十三五"规划中，南山区定下到2020年培育8～10家世界500强企业的目标，2017年这一年就诞生了两家——腾讯和恒大，还有后来的迈瑞医疗、大族激光。

2019年，南山区提出要争当粤港澳大湾区科技创新中心、总部经济中心、综合交通中心。随着粤港澳大湾区城市群的建设，南山区在珠江东岸的位置日益突出，在新一轮的发展机遇面前，南山区对总部企业的渴求更为强烈。

南山区在树立起科技创新"金字招牌"的基础上，总部经济的"金字招牌"擦得越来越亮。为吸引和留住高新技术企业总部，面向全球集聚高端资源，提升南山区的辐射力、影响力、竞争力，除了这两个"金字招牌"，南山区还注重商业、服务业等第三产业的发展，采取全方位措施做强物流产业，设立后海金融商务总部基地，壮大金融产业，大力进行休闲、娱乐、文化配套建设，如人才公园、万象天地、世界之窗、欢乐谷等。近年来，南山区每年拿出80%以上的财政收入用于民生投入，为创新人才提供一流的教育、医疗、交通等配套服务和环境保障。

截至2020年年底，南山区经过认定的总部企业达到87家，其中12家独角兽企业（深圳市共有19家），注册地址在深圳南山区的A股上市公司有122家（深圳市共有323家）。

顺应大势，持续创新，务实高效造就奇迹

30 年来，南山区抢抓发展机遇，始终与国家战略高度契合，与时代浪潮同频共振，把握科技创新这一核心竞争力，产业方向从电子信息，到移动互联网，到生物医药；城区功能定位从最早的改革开放试验田、深圳市产业配套区、轻污染工业区和能源基地，到 2000 年后的深圳高新技术产业、现代物流、文化旅游、教育科研“四大基地”，再到现在的世界级创新型滨海中心城区。南山区始终以前瞻的城区定位引领经济社会全面发展，走出一条越来越宽广的高质量发展道路。

除了战略选择上的精准、策略上的科学，南山区执行上的务实高效、脚踏实地同样为这里的经济发展注入了无限活力和吸引力，在政策制定、人才吸引、金融服务、土地支持、知识产权保护、政府服务等营商环境的各个关键环节都尽可能做到极致。

导向清晰、条款严谨、与企业诉求高度契合的政策奠定了企业对南山区政府的信任基础，人才政策与金融支持政策力度很大程度上解决了企业创新创业对人才与资金两个关键要素的需求。

推出系列举措，降低企业空间成本，针对潜在创业者及初创型企业，南山区提供创客空间、各类孵化器等服务；针对大量处于成长期的创新型企业，南山区提供政策性产业用房，以远低于市场价的价格租赁或售卖给符合条件的企业；针对符合独立产业用地申购条件的企业，南山区逐一与其签订《产业发展监管协议》，确保每块土地的供应都和产业发展方向吻合；对辖区内无自有物业的上市企业，南山区探索实施总部“联合上楼”模式，鼓励上市企业联合竞投总部用地、联建总部大厦，按竞买主体的约定比例分配物业。

南山区打造“联席会议+联盟+保护中心”三位一体的知识产权管理保护模式，引进了知识产权出版社等 36 家权威机构，为企业提供全方位一条龙的知识产权保护服务，呵护创新火种。

南山区运用信息化、大数据等科技手段，建设数据共享、便利

实用的政府信息化平台，创新政务服务模式，形成了高效透明的政务环境。

这背后是南山区政府“对位思考，找到共赢点”的服务理念，“在南山，政府服务让企业幸福感很高，有问题咨询到政府，都能得到很好的解释和说明。”在南山区工作多年的深圳海燕科创公司总经理金义军如是说。

目前，南山区正积极参与粤港澳大湾区建设，加快推进“3+3”战略示范工程，即西丽湖国际科教城、西丽高铁新城、深圳湾总部经济带（CBD）“三大战略工程”；南山创新大道、蛇口国际海洋城、深圳湾文化走廊“三大示范工程”，朝着高质量发展的新时代阔步向前，奋力建设世界级创新型滨海中心城区，书写“先行示范当尖兵”的壮丽篇章。

众诚智库案例价值品鉴

- 一直传承发扬勇于创新、敢于突破的精神。从蛇口工业区的建设发展开始，南山区就形成了创新的文化和“敢为天下先”的气魄。在以后的发展中，技术创新、机制创新、政策创新、模式创新始终是南山区发展的主轴，是南山区保持领先发展的不竭动力。
- 紧紧把握发展机遇，顺应产业发展趋势，始终与国家战略高度契合。从蛇口工业区作为改革开放“试验田”到自贸区、高新区、大湾区、先行示范区等国家战略先后在这里落地，从加工制造到电子信息、移动互联网、数字经济，南山区将国家和时代赋予的机会与自身条件有机结合，转化为独有的高质量发展之路。
- 用“一片真心”和“真金白银”服务企业。始终坚持对标最高、最好、最优，打造一流营商环境，想企业之所想、急企业之所急，对创新的包容、对规则的尊重、对民企的呵护、对民生的承诺，让企业和人才幸福感十足，充满吸引力。

香洲区：独树一帜，峰回路转

香洲区是现代化花园式海滨城市珠海市的核心区，香洲区之于珠海，就如同南山区之于深圳，都是所在城市经济特区的先行区。只是，香洲区走了一条与南山区截然不同的道路，前者在珠海市“风景游览区、新型的边境城市、现代花园式海港城市”的定位，以及将宜居作为城市追求的发展主线下，相对更注重商贸、旅游等第三产业的发展，后者在科技创新为内核的高新技术产业发展道路上越走越远。

面向新一轮科技革命和产业变革深入发展对经济结构的重塑，面向制造强国战略、粤港澳大湾区建设机遇，香洲区正在做着新的尝试，走向新时代的创新之路……

高起点、持续升级的花园城市建设

1980 年成立经济特区时的珠海是一个贫穷落后的边陲小镇，人口只有 36 万多，GDP 只有 2 亿元左右，财税才 2000 多万元。1984 年，香洲区的成立吹响了加快建设经济特区的冲锋号。

正如珠海市的“现代花园式海港城市”定位，首发建设的香洲区启动了如火如荼的城市建设，从酒店、景区、商务区、娱乐场所到文化场馆，到重大赛事场地……

1984 年，度假村酒店落成，成为当时的地标，被誉为“花园城市中的花园”。

1985 年，珍珠乐园开始营业，一度是珠海最大的游乐园，更是本地人接待远方亲戚的最佳场所，不少港澳游客也特地来珠海体验。

1990 年 11 月，当时全国最长城市公路隧道板樟山下行隧道通车；

1992 年 1 月，板樟山隧道上行单线顺利贯通。

1992 年，情侣路中段和北段陆续竣工，不仅有美丽的沙滩，还有浪漫的“爱情邮局”，更有便捷的周边配套设施，淋浴、寄存、停车场一应俱全。

同一年，粤海酒店开业，酒店楼顶 29 层开设的粤海璇宫餐厅至今都是珠海唯一一家旋转餐厅，360° 全视角落地窗，能边吃饭边欣赏到珠澳风景。

1996 年，珠海国际赛车场正式投入使用，发动机的轰鸣声震耳欲聋，汽油混合着轮胎味道弥漫在看台上，即便是对赛车不太了解的普通观众，也能感受到速度与激情。

1997 年，圆明新园正式建成并对外开放，将北京圆明园中的 18 个景点等比例建造，是我国首批 4A 级景区之一。

1999 年 12 月，庆祝澳门回归的市政重点工程之一——珠海口岸购物广场开业，背倚拱北口岸联检大楼，与澳门翘首相望，是往返澳门的必经之路，集购物、休闲、娱乐、交通为一体，似乎永远都人山人海。

2017 年 1 月 1 日，历时 7 年的建设，中国唯一建设在海岛上的歌剧院——珠海大剧院迎来首场演出，新月桥环抱着海岛，犹如众星拱月，结束了珠海没有大型歌剧院的历史。

旅游、商贸为主的绿色发展道路

珠海市注重生态环保，摒弃“先发展后治理”的发展模式，将宜居作为城市追求，守住青山绿水、蓝天白云，在珠三角地区独树一帜。这是珠海市 30 多年前在城市发展模式上做出的战略选择，落实到经济上，就是“三产旺市”，三产中的重点是旅游和商贸，而香洲区是实施的重要主体。

最宜居城市、可灌装出口的空气，一度让珠海成为广东的颜值担当。1991 年，珠海在财力单薄的情况下，大手笔建设情侣路，打造珠海城市名片，建成世界最长的海滨观光路，被视为珠海休闲旅游和服务业的标志，每到节假日，全国各地的游客蜂拥而至，平均每年有 100 多部影视剧在情侣路及周边取景拍摄，同一时期的著名景区还有圆明新园、亚马逊部落等景区。

但经历了 20 世纪 90 年代的繁荣后，珠海的旅游业因没有推陈出新、设施陈旧、旅游需求变化等原因，在 21 世纪初趋于沉寂。

直面问题，珠海市一方面引入新的旗舰旅游项目，仅 2014 年 3 月开业的长隆海洋王国一个项目的游客量就相当于 2010 年珠海全市游客量的 2 倍，不仅如此，该项目还将位于香洲区的拱北口岸几千万甚至过亿的出入境人流转化为强大的消费流，从“瞬间闪”转化为“过夜经济”；另一方面启动大规模已有旅游项目升级，修复沙滩，建设超大地下停车场和地面高端休闲场所，完善景观带，令情侣路重现生机。同时，创新模式启动海岛旅游资源开发。

2009 年是香洲区的商贸业发展的重要分水岭，在此之前，商贸服务业主要集中在批发零售、餐饮、住宿等传统领域，2009 年以后，会展业成为新增长点，缘起得从十字门中央商务区的建设说起。

2009 年是一个特殊年份，粤港澳三地提出构建珠江口湾区和共建世界级城镇群、动工建设港珠澳大桥，开发横琴上升为国家战略。这三大新战略催生了十字门中央商务区。十字门中央商务区依十字形水道而成，包括南北两区，北区在香洲区的湾仔街道，南区在横琴新区中心，背山面水，山海城共生。十字门中央商务区地处香洲、横琴，其战略意义关乎珠海乃至大湾区。

2014 年 10 月 30 日，珠海国际会展中心高规格建成，在珠海市一揽子扶持措施的支持下，国际打印耗材展、国际游艇展、国际海洋高新科技展、国际人力资源展等大型展会相继落户。2017 年 11 月举办的中国—拉美国际博览会，全球 61 个国家和地区 523 家企业超 5 万人参会，其中国际展商占比近 65%。

2017 年 12 月 28 日，330 米高的珠海中心投入使用，与澳门塔交相辉映。珠海中心地下 2 层，地面 65 层。除一些高端服务企业外，澳门产业多元十字门中央商务区服务基地也落户于此，基地引入 105 家澳门机构，聚焦科技创新、特色金融、医疗健康等特色新兴产业和澳门青年创新创业。

此外，全国帆船锦标赛、珠海国际赛车、半程马拉松等赛事陆续在珠海举办。

继旅游业之后，会展、体育、商务等产业发展强化了香洲区服务业国际化、高端化形象。

在生态文明建设“珠海模式”中，对于珠海先后获评的“国际改善居住环境最佳范例奖”“国家旅游模范城市”“环保模范城”“生态园林城市”“中国十大魅力城市”“中国十佳宜居城市”“中国最具幸福感城市”等诸多荣誉称号，香洲区都是重要的承载地。

经过严格“过滤”的工业经济

香洲区的工业总产值虽然占全市的半壁江山，但并不强，甚至呈现“内虚”状态。这和珠海市坚持城市生态文明建设在保护中发展、在发展中保护的原则有很大关系，因为在工业领域，满足这一原则的主要是高附加值、高技术含量的产业，但香洲区相应的软硬件配套条件并不具备，包括长时间没有铁路的交通问题，结果就是劳动密集型的低端企业、污染企业进不来，高端产业又不愿来。这在一定程度上致使珠海市以高附加值、高技术含量的工业为主，兼营农业、旅游业等综合发展的产业战略难以顺利实现。

但在这里却诞生了一个茁壮成长壮大的工业企业栋梁——格力集团。格力自成立起就承载着重大使命，1985 年，珠海市政府决定以公司为主体开发北岭工业区，成立了珠海经济特区工业发展总公司，即格力集团的前身，赋予它的使命是发展特区的工业，壮大珠海的经济实力。

历经表业、塑胶、电器等领域业务的整合、重组，以及国际化发展、技术研发升级、格力空调品牌打造等战略推进，作为珠海特区的第一代“拓荒牛”，格力从一家不足 200 人的小厂成长为世界级家用空调的领头企业，年营业收入近 2000 亿元，净利润 200 多亿元，分别占全市国企总量的 80%和 65%以上。

除了世界 500 强企业格力，香洲区的龙头企业还有全国打印及耗材行业的龙头、中国上市企业 500 强纳思达，纳思达 2020 年收入超过 200 亿元，共缴税超 16 亿元。香洲区形成了以纳思达为龙头的打印及耗材产业链。

龙头企业仅有格力、纳思达、丽珠试剂几个，民营企业数量和活力不足，工业集群效应难以形成，这是香洲区未来工业发展需要从深层次上解决的问题。除此之外，在战略性新兴产业快速发展的近十年，香洲区相对滞后，高新技术企业少，缺少创新龙头和新型研发机构，产业结构较单一，增长动力不足。

把握新机遇，开创新未来

2017 年年底，广东省政府印发实施《广东省沿海经济带综合发展规划（2017—2030 年）》，正式提出珠海将成为广东省副中心。2019 年年初，中共中央、国务院正式印发《粤港澳大湾区发展规划纲要》，把珠江三角洲作为新的经济引擎，更大程度地参与世界经济的竞争，将珠海定位为粤港澳大湾区的重要节点城市。2021 年年初，广东省政府印发《关于支持珠海建设新时代中国特色社会主义现代化国际化经济特区的意见》，标志着珠海经济特区建设进入新的历史阶段。香洲区迎来了二次创业的新机遇。

2018 年 10 月，港珠澳大桥正式开通，这座跨海大桥把珠海纳入了港澳半小时经济圈和生活圈之内，破除了一直以来香港到珠海需要绕路深圳的弊端，极大程度上解决了珠海与香港、澳门之间经贸往来的交通便利性问题，为香洲区充分利用港澳资金、人才、贸易资源，更好地走上世界舞台提供了必要基础条件。

国家、广东省赋予的双重战略机遇，加上珠海市突破发展的强大内驱力，香洲区发展正当时！

审时度势，香洲区做出了将实体经济作为经济发展支柱的决策，加速构建以数字经济等战略性新兴产业为引领，以高端智造和高端服务为两大支柱，以消费升级为产业基底的“1+2+1”产业体系，推进“一园一镇一廊一带”产业布局，即推进建设南屏科技工业园、“三溪”科创小镇、前山—南屏创新产业走廊，以及情侣路—九洲大道现代服务业产业带；同时注重创新发展、营商环境打造、交通设施完善，以区位优势、优美的生态环境和相对低的土地价格优势，吸引香港、澳门、深圳的产业资源，奋力书写粤港澳大湾区建设的香洲篇章！

众诚智库案例价值品鉴

- 始终坚持珠海市“生态优先”的发展理念，进行城市生态文明建设在保护中发展、在发展中保护的探索与实践，留住了青山绿水、蓝天白云，成为宜居宜游的花园式城区。
- 全力支持格力等龙头企业发展，按照“有叫必到、有求必应、有需必供”的要求，推动格力在香洲实现更大发展。
- 站位新时期，把握新机遇，冷静分析问题与差距，积极寻求新的突破口，在坚持“生态优先”前提下，将重心放到实体经济上。

龙口：持之以恒，导之以行
——40余年科技创新不辍不息

清朝同治年间到“中华民国”期间的“闯关东”是与“走西口”“下南洋”齐名的人口迁徙运动，其中有800余万人就是从山东省龙口市（当时的黄县）出发的。在浩浩荡荡近百年的时间里，这批人大部分人留在了“关东”，龙口市人口流失严重、民业凋敝。而党的十一届三中全会以来，龙口人借着国家经济建设的东风，凭着敢闯荡、善营商、多自强、讲信誉的韧劲和品格，谱写出了依靠科技创新跻身山东第一强县的新篇章。

从推动创业到推进创新，厚植经济发展“内生动力”

1978年，党的十一届三中全会胜利召开后，龙口市以“松绑、放权、搞活企业”的体制机制创新为牵引，出台了《黄县[1]尽快富起来的规划》，大力扶持社队企业和乡镇企业，自此掀起了轰轰烈烈的创业潮，赢得了“南有苏杭、北有蓬黄”的美誉。

1979年，在一个叫宋村的小山坳里诞生了一家小作坊，做豆腐、拉玻璃丝、织毛巾，这就是“中国民营企业500强”——南山集团的雏形。1980年，“村村点火、户户冒烟”是龙口千军万马干工业最贴切的写照，全市社队企业达1763家。到1984年，全市乡镇和村办企业达3337家。

---

[1]黄县为龙口市旧称，直至1986年9月23日，国务院批准撤销黄县，设立龙口市（县级市）。

20 世纪 90 年代，龙口市紧跟形势，以更大力度促进改革开放，分别从重载体培育、重项目开发、重人才培育、重政策引导的“四重”着手，不遗余力地打造具有可持续活力的科创环境，提升科技创新能力，提高当地企业的产品附加值和国际竞争力，并迅速走上了以技术和产品创新为支撑的工业发展之路。在这样的环境下，龙口市“十大企业集团”“十大外资企业”逐渐诞生。

在载体培育方面，龙口市兴建外向型经济开发区、工业加工区和高新技术工业园三大载体，沿烟潍公路和牟黄公路建设两条高新技术产业带。

在项目开发方面，针对企业要解决的技术难题，龙口市积极组织有关部门及重点企业与全国各大科研单位、大专院校和厂矿建立稳定紧密的科技协作关系，开展技术合作；针对企业研发能力不强的问题，明确规定，年产值超万元的市、镇、村三级企业，都要成立内部科研机构，开发新产品，研究新工艺。针对与外资企业技术差距的问题，龙口市筛选出实力较强、效益较好的 150 家企业，采取整体嫁接、单项嫁接、兴办中外合资企业和外商独资企业等多种形式，大力引进国外技术和资金，并把引进的着力点放在高科技、高新技术产品和高精尖设备上来，这些举措取得了很大成效。

在人才培育方面，为了建设能够适应当地产品创新、工艺研发、效率提升的科技队伍，龙口市积极实施了“换脑”和“借脑”工程，重视培训、培养自己的人才，建立了高新技术培训中心和电视大学、职业中专等 20 所中高等专业技术学校，支持大型企业建设厂办职业大学、中专技校，形成了互联互通的科技培训网络。同时，广泛引进外部人才，成立专门的人才交流中心和人才市场，常年面向国内外招贤纳士。

在政策引导方面，龙口市先后制定《龙口市科学技术开发基金管理暂行办法》《龙口市技术进步发展基金使用办法》《龙口市鼓励民营科技机构发展暂行规定》等政策措施，建立多渠道、多形式的科技投入机制，确保财税周转金发放总量的50%、贷款增量的60%用于科技进步、技术改造和新产品开发，对高新技术项目的资金投入占年总投入的30%以上。同时，健全激励机制，制定实施《龙口市科学技术进步奖励暂行办法》，突出对推动科技进步的先进单位和科研人员的奖励，对有突出贡献的科技人员奖励住房，每年发放个人科技进步奖金都在万元以上。

一系列措施的实施极大地激发了龙口市企业的科技创新热情。至1994年，龙口市诞生了57种国家级新产品，共取得科技成果117项，其中填补国内空白、具有国内领先水平的有51项，开发国家级新产品113项，申报专利达1164件，居全省首位[1]，龙口入围科技主管部委评选的全国县（市）科技实力十强，科技进步对经济的贡献率达到53.8%。

从开发项目到搭建平台，创新广度、深度、速度齐升

从2000年开始，龙口市的科技创新步伐进一步加快。2007年年初，在一年一度的优秀企业家评选大会上，21位重视科技创新并做出突出业绩的企业家走上领奖台，喜滋滋地捧回了总计210万元的丰厚奖金。这是龙口企业家每年翘首以盼的日子，且每年的奖金随着经济的发展和科技的进步也在增长，重视创新已成为龙口企业家刻在骨子里的基因密码。在“激励中竞技、在赶帮超中提升”早已成为龙口市企业的科技创新文化。

政府搭台。搭建科技服务信息平台、高新技术项目引进平台、咨

[1] 王广铭. 以科技创新为先导推进高新技术产业化重点突破[J]. 科技信息，2001: 16-17.

询服务平台三大科技服务平台，聘请中科院、北京理工大学、烟台大学等院校专家、教授组建成为市政府科技顾问团，设立先进制造、新材料、创新药物、生物制品、信息技术等领域高新技术项目80多个，并深入企业，提供信息咨询、技术诊断、评审论证、方案革新等服务；每年投入数千万财政资金用于技术研究与开发，设立了科技开发及风险基金；加大高层次人才引进力度，形成了将科技人才引进来、留下来的良性循环。

企业唱戏。首先，以200多家规上企业为主导力量，建立企业研发机构、提高研发经费投入，建立公共、共享型技术研究中心和实验基地；其次，积极走产学研联合发展之路，全市经认定的民营企业产学研联合体发展到近150个，每年转化高校院所科研成果近100项；接着，发扬"师夷长技以制夷"的精神，瞄准行业国内国际先进技术，通过招商引资、购买专利、参股合作等形式，加大引进、消化、吸收力度，增强二次研发与创新能力，使国际先进技术从"为我所用"到"为我所有"，直至"我为所创"；最后，在政府扶持、龙头企业支持、示范标杆企业带动下，培育一大批科技型"小巨人"企业，成为龙口市科技创新的主力。

科技反哺。龙口市传承近两百年的龙口粉丝传统工艺，鼓励企业群体开发粉丝新产品，于2002年在行业内最早成立了龙口粉丝研究所，创新"酸浆发酵法+机械化生产"方法，使龙口粉丝业再次焕发出蓬勃生机，形成享誉国内、远播国际的"龙口粉丝品牌"。

乡镇企业出身的龙口市各大龙头企业，积极参与到科技反哺农业、建设新农村的行动中来。这些企业在电力、物流、运输、高效农业、水产养殖、食品餐饮、旅游观光等领域积极布局，建设"村企合一"的"农民新城"，带动当地旅游业蒸蒸日上，与科技创新、产业发展形成了良好的互动。

近年来，龙口市先后承担了“出口果品在线动态检测分选设备”“有机酿酒葡萄种植加工关键技术研究与示范”等 14 项国家级、省级农业科技计划项目，进一步促进葡萄、长把梨、烟台苹果等果品产供销一体化，走向一线城市零售商超的高端水果柜台。

走科技强市之路，打造县域高质量发展“北方样板”

随着战略性新兴产业的快速发展和国内外经济格局的变化，龙口市作为“江北第一县”的地位受到越来越大的挑战。为此，在 2011 年，市政府提出以“转方式、调结构、增效益”为主线，持续接力，坚持以科技创新为内驱力，积极打造全国先进制造业强市、环渤海重要港口物流基地、胶东半岛区域性商贸中心和一流休闲度假胜地。

为进一步加强、巩固、突出科技创新的地位，龙口市在政策、创新载体、科技项目、科技平台等方面不断推陈出新，先后出台了《中共龙口市委、龙口市人民政府关于龙口市加快实施创新驱动发展战略行动计划（2016—2020 年）》《龙口市科技进步与创新专项引导资金使用管理暂行办法》《龙口市企业研究开发财政补助资金管理办法》《龙口市高层次人才创业项目扶持政策落实细则》《龙口市 2020—2022 科技创新三年行动计划》等多项政策，营造良好的科技发展环境。

在创新载体与服务方面，2017 年，“龙口省级农业高新技术产业开发区”获省政府批准，为龙口市现代农业发展搭建了重要的载体。正在建设中的华为一体一园项目作为龙口市新的高新技术企业孵化器也将提供更大的企业孵化空间。龙口市科技创新促进中心作为龙口市现有的省级科技孵化器，通过积极引进科技服务机构和积极发挥市政府科技顾问团的作用，不断提升创新服务能力。

龙口市建成省级以上科技创新平台 48 处，其中，国家级工程技术研究中心 1 处，国家级企业技术中心 4 处，院士工作站 2 处，博士后科研工作站 4 处。2020 年 7 月，南山科学技术研究院正式开工建设，总投资 15 亿元，总占地面积约 180 亩。南山科学技术研究院的建设，将有效带动龙口市科技创新事业的发展，为经济高质量发展注入强劲动力。

近几年，龙口市每年培育新增高新技术企业 20 家左右，截至 2020 年年底，龙口市经认定的高新技术企业累计 85 家，国家科技型中小企业 103 家。龙口市形成了在全国独具特色的高端铝材料产业化基地，具有产业链条完整、技术装备精良、创新能力强劲、行业地位突出等特点。龙头企业南山铝业已成为中商飞、波音、空客、赛峰、罗罗等国内外知名航空企业的合格供应商，也是国际著名品牌新能源汽车四门两盖的供货商；丛林铝业成为中国中车、中国中集、西门子、阿尔斯通、马士基等知名企业的主要供应商。

龙口市正秉承“人才是支撑发展的第一资源，创新是引领发展的第一动力”的科技发展理念，奋力打造高质量发展的北方样板、山东龙头。

众诚智库案例价值品鉴

- 坚持以科技创新促进发展。党的十一届三中全会以来，龙口市以敢闯敢干的精神，从培育本地企业创新创业起步，始终不遗余力地为企业创新找资源、搭平台、谋项目、招人才等，将诸多本土企业逐渐培育壮大，成为走向国际的龙头企业、全国 500 强等。

- 与时俱进，把握创新活力的关键要素。从开始的重载体培育、重项目开发、重人才培育、重政策引导的“四重”着手，到后来抓创新服务平台、抓技术创新平台，在不同发展阶段，支持大企业科技转型、孵化重点发展领域科技企业，保持市域内的科技创新活力。

❖ 引导新兴技术广泛服务于农业农村及城市建设。广泛地与科研院所合作并自主创新,引导新兴技术广泛应用于农业升级、新农村建设、城镇化建设、生态环境治理等领域，全面实现科技兴农、科技强市的发展目标。

园区科技创新

以例为鉴，启迪智慧

西永微电园：“思路创新+科技创新”筑起“制造+研发”高地

西永微电园面积仅为重庆市土地面积的万分之五，成立不足 20 年时间。但就是这样一个资历尚浅、底子欠佳的西部园区，却是全球最大的笔记本电脑生产基地，其年产值占据了重庆市集成电路年产值的 80%，贡献了重庆市对外贸易出口额的 42%，汇聚了惠普、苹果、谷歌、英特尔、SK 海力士、富士康、英业达等诸多世界知名厂商，可谓重庆电子产业的“代言人”。

西永微电园的成立源于一个项目。21 世纪初，重庆面对汽摩产业“一业独大”的工业产业结构，决心以信息产业为突破口，引进一批有影响力的电子企业，推动产业结构变革。恰在此时，台湾茂德科技打算在大陆地区投资建设新的集成电路芯片生产基地。重庆凭借良好的工业基础、优惠政策及人才优势等诸多因素，成功吸引了茂德科技落户，在这之前，茂德科技已经实地考察了国内多个城市。为了承接茂德科技落地，2005 年，重庆市成立“811”项目（茂德科技在渝投资芯片项目简称）领导小组和指挥部，并在西永大学城旁启动微电子产业园建设。

在各种资源要素都不理想的西部，西永微电园是如何“发家立业”，又是如何“叱咤江湖”的呢？

西永微电园“首秀”：笔记本电脑制造业

2008 年，重庆市政府研究发现，金融危机期间，全球原材料工业、装备工业、一般消费品电子产业的市场几乎萎缩了 30%～40%，但笔记本电脑销量却逆势上涨了 20%以上，于是，重庆将笔记本电脑制造业作为发展信息产业的首选领域。而彼时，笔记本电脑制造业的发展呈现出一些新的特点。从产业分工方式看，国际原油价格不断攀升，大进大出、水平分工模式带来能源浪费、物流成本加剧；从区位条件看，内陆比沿海多出的运输距离使得物流成本增大，会抵消劳动力、土地、煤电油等低成本优势。

认清问题后，重庆一方面创新性地采用“垂直整合一体化招商模式”，在产业链整合创新上下功夫，实现配套物流成本最小化，改“两头在外”为“一头（原材料）在内，一头（销售）在外”，即加工与原材料、零部件生产基地在同一地区的产业链集群式招商模式；另一方面在物流成本与便利性上狠下功夫。

2009 年 8 月，惠普（重庆）笔记本电脑出口制造基地、富士康（重庆）产业基地两个项目携手落户重庆西永微电园。同年，两家代工巨头英业达、广达也签约落户西永微电园。

这一年，西永微电园迈入了世界笔记本电脑产业发展的赛道。

随后，宏碁、华硕在西永微电园设立全球生产基地及中国第二运营总部，纬创、仁宝、和硕三大代工巨头和一大批配套厂商紧跟着也来了。2012 年，东芝在此设立分公司。至 2013 年，惠普、宏碁、华硕、东芝四大品牌商笔记本电脑产量合计超过 6000 万台，分别占其全球出货量的 65%、100%、82%和 100%。

除了积极引入上游厂商，重庆市政府也十分重视配套企业的引进。为提升配套能力，重庆一方面大力吸引和扶持长三角、珠三角的配套厂商在本地发展，另一方面也帮助本地原有的汽车、摩托车电子企业快速成长壮大。截至 2014 年 8 月，重庆共有 864 家零部件工厂，这些工厂为西永微电园笔记本生产提供了 85%的配件。

为了降低物流成本，2010 年，在西永微电园内，为 IT 产业量身打造的西永综合保税区正式挂牌成立；2011 年，渝新欧国际物流大通道正式打通，重庆市至德国杜伊斯堡间有了一条国际铁路班列，这条西向物流大通道，改变了西南内陆地区与欧洲之间的物流格局，催生了“中欧班列”这一品牌的诞生。后来，重庆陆续打通了南（中新互联互通项目南向通道铁海联运班列、渝新欧越南国际班列）、北（“渝满俄”班列）、东（重庆—宁波沿江铁海联运国际班列）向的铁路国际物流大通道，加上长江黄金水道和空运，将曾经位居内陆腹地的物流劣势转化为优势；同时，重庆市创新联合监管制度，实现“一次报关、一次申请、一次验放”，大大提高了重庆的通关效率。这样，从西永微电园出口欧洲的电子产品出项物流速度比沿海地区还快。

速度问题解决了，在成本上，代工企业进驻初期，重庆市政府曾为其指定的尚未转移到重庆的核心战略物资供应商、关键零部件供应商提供物流补贴，即凡被代工厂商列入名录内的供应商，均可将供应给重庆的零部件统一送至重庆指定的物流公司，免费运往重庆。除此之外，重庆市政府还承诺，如企业迁至重庆，则在其产能未能达到盈亏平衡点前，销往全球的零配件产品高出从上海等沿海地区输出的物流成本，将由重庆市组织相应资源予以补贴。

整整用了5年时间，西永微电园笔记本电脑产业的发展走上正轨。

拾级而上：产业扩充的同时向价值链更高端攀升

笔记本电脑制造业成功首秀后，西永微电园将聚焦领域从笔记本电脑产业向智能终端产业扩充。

2017年以来，西永微电园大力引入智能穿戴设备、智能音响、智能手机、3D打印机等智能终端企业，园区电子终端产品企业品牌由原来的惠普、华硕、宏碁、东芝迅速增加至12个，新增了苹果、富士通、小米、谷歌等，西永微电园现已成为全球最大的智能终端设计制造基地。

与此同时，西永微电园顺应需求趋势，推动笔记本电脑产品向“高端”发力。在2019年的智博会上，西永微电园与英业达签署高端电子竞技终端生产基地项目。2020年4月，这一项目正式投产，不到半年时间，出货量已超过60万台，这些产品中有80%是个性化、电竞化的高端笔记本，售价均在1万元以上。该基地的高端电竞本产量占比已达到全球的17%，这是园区产品正在逐步撕掉代工标签，向高端发力的一个缩影。

针对智能终端产业链中的“芯”环节，西永微电园积极推动园区集成电路产业发展，努力实现更多“芯片”西永造。2018年，西永微电园与中国电子科技集团合作，全力打造全球协同研发创新平台CUMEC联合微电子中心；与华润微电子合作打造全国最大功率半导体基地。2019年，西永微电园建成韩国SK海力士集团全球海外最大的芯片封装测试工厂，汇聚了20多家知名芯片企业，初步形成了设计、制造、封装、测试的集成电路全产业链，年产值已超100亿元，占重庆市集成电路产值的80%以上。其中，联合微电子中心8英寸特色工艺线率先向全球提供硅光芯片流片服务；SK 海力士部分芯片直接向园区企业供应；声光电公司自主研发的闪烁晶体材料达到国际领先水平，突破了国外“卡脖子”技术瓶颈；重庆湃芯创智微电子有限公司自主研发的指脉式血氧仪同类芯片填补了国内技术空白，非常抢手。2021 年，西永微电园获评中国集成电路高质量发展十大特色园区。

再接再厉：从制造基地向创新中心、智造基地转型

西永微电园围绕集成电路、智能制造等前沿领域，大力引进和培育创新要素、创新项目、创新企业，积极打造创新生态，全力提高“创新浓度”。

一方面，鼓励企业不断加强自身创新和研发能力，在产品设计、工艺改进、成果转化上下功夫。惠普、广达、英业达、华润微电子、SK 海力士等园区制造企业先后成立研发中心，不断取得新的突破。

另一方面，大力引进研发机构，如航天科工新一代通信技术研究院、中国普天西部研究院、汐睿科技 MEMS 研发中心等国内知名研发机构；与全球 500 强企业合作，建立了博世工业 4.0 创新技术中心、德国 SAP 重庆创新中心、英特尔 FPGA 中国创新中心等国际化研发机构；汇聚创新要素，鲲鹏计算产业生态重庆中心、华为 PC 研究中心等项目先后投入运行，吸引了数百名高端人才。

除此之外，西永微电园注重优秀人才培育引进，出台了针对高端人才的“塔尖”政策和青年人才的“塔基”政策，并积极引进国内双一流高校，其中，于 2021 年招收电子科技大学研究生院 100 名硕士和 5 个博士，与北京理工大学、西安电子科技大学、重庆大学、重庆邮电大学签约设立微电子或半导体研究院，与新加坡国立大学、香港中文大学和澳门大学签约合作共建集成电路协同创新中心，汇聚国内外创新人才。

近年来，西永微电园还加快推进传统产业数字化改造步伐，投入近20亿元进行企业智能化改造。截至2020年年底，企业改造升级制造执行系统、加工环节数字化系统、自动化检测系统等项目已超150个，改造生产线超112条，生产线的智能化率提升到85%以上，贴片生产线（SMT）的智能化率提升到95%以上，企业的生产效率提升15%～20%，人均年产值提升52.7%。

西永微电园用不到20年的时间，靠着不断的思路创新与技术创新，筑起重庆市“制造+研发”高地。

未来，西永微电园将建设一座占地19.78平方千米的科学公园，打造100万平方米的微电子科创街，创新将逐渐渗透、融入这个西部代表性园区发展的每个角落。

众诚智库案例价值品鉴

❖ 尊重产业发展规律，在客观分析自身优劣势的基础上，创新思路，创造一切可能创造的条件满足产业发展需求。在笔记本电脑制造业发展阶段，集中解决产业链集聚整合、物流便利性与成本问题；在集成电路产业创新发展阶段，集中解决研发机构、高校、创新人才引入及创新平台搭建问题。

❖ 注重创新在产业永续发展中的动力作用，在实现了第一步的笔记本电脑产业“量”变的基础上，快速进入寻求以创新为核心的“质变”，从创新要素、创新主体等方面集中发力，打造创新生态。

❖ 发展方向聚焦，在43.8平方千米的空间范围内，锚定一个产业，整机企业与配套企业、龙头企业与中小企业、研发与制造、产业发展与城市建设等，相辅相成，做大做强，高效实现园区的空间效益目标。

兰州高新区："束水攻沙"实现生物医药首位产业突围

"兰州高新区积极培育生物医药产业，特色产业集聚效应日益明显。"2022 年 2 月 25 日，在国务院新闻办公室发布会上，兰州高新区与中关村高新区、武汉东湖高新区、张江高新区等国内第一梯队高新区一起，同被科技部点赞。

2022 年 2 月下旬，科技部火炬中心公布 2021 年国家高新区综合评价结果，兰州高新区在参与评价的全国 157 家国家高新区中位列第 53 位，较 2020 年的 65 位提升了 12 位。

作为深处中国西部内陆欠发达省份的兰州高新区，何以能在全国 157 家高新区的激烈竞争中脱颖而出，成为科技部点名的特色产业培育标杆？其发展模式和路径有何特殊之处？

兰白国家自主创新示范区获批，加速兰州高新区创新条件配备

兰州高新区成立于 1991 年，是在国家"发展高科技，实现产业化"战略引领下，与中关村及武汉东湖等高新区一起批准设立的 27 家国家级高新区之一，也是甘肃省第一个国家级开发区。刚成立的兰州高新区偏居主城区东部一隅、业态单薄零散，占地总面积仅有 5.2 平方千米。从地域条件看，兰州城市不沿边、不沿海，是个典型的内陆城市，城市开放度和市场化不足，创新理念和机制还有待建立；从经济发展支撑看，兰州城市经济总量规模较小，对创新产业的市场支撑度不足；从产业结构看，国家"三线"建设时期，兰州虽然形成了以化工、电力、冶金、机械、电子、建材、食品、轻纺工业为主体的工

业体系，但主要是资源依托型产业，企业创新动力及对外合作活跃程度不高；从空间资源看，在“两山加一河”的地形条件限制下，城市发展空间严重不足，可供高新区开发的土地资源更为匮乏。

当然，兰州作为中国西部重要城市，由于其特殊的地理区位和战略意义，在国家战略扶持下也形成了独特优势，一是作为传统老工业基地，形成了较好的工业基础，集聚了一批技术熟练工人，可为创新成果产业化环节提供重要支撑；二是集聚了一批高端科研机构和高等院校，包括以中科院兰州分院、兰州近代物理研究所、兰州化学物理研究所等为代表的各类科研机构 1200 多家，以兰州大学为代表的高等院校 34 所，以兰州重离子加速器国家实验室为代表的国家重点实验室 9 个，国家级、省部级工程技术中心和试验基地 28 个，各类专业技术人员近 25 万人。有相当数量的国内知名专家、学者和学科带头人。

在以上“四大短板”“两大优势”的背景下，兰州高新区开启了其创新探索之路。

2018 年 2 月，国务院批准建设兰白国家自主创新示范区，兰州高新区成为西北首个、欠发达地区首个获批建设的国家自主创新示范区，兰州高新区迎来了提档升级、跨越发展的契机。为实施国家自主创新示范区创新驱动战略，在省区市各级政府的大力支持下，兰州高新区**首先制定了“1+4+7”政策**[1]**，系统构建起了园区产业创新政策支撑体系**。在政策体系指引下，兰州高新区对标国内先进地区经验，全面提升并完善了园区创新服务能力。**其次，积极建设健全各类创新**

---

[1] “1”就是《兰州高新区建设国家自主创新示范区实施方案》；“4”就是搭建科技成果转化、协同创新、科技孵化和科技金融“四大平台”；“7”就是建立人才培养与引进、促进产业发展、“瞪羚企业”认定及培育、招商引资、生态建设等扶持政策，以及优化政务服务和项目落地的实施办法。

平台和载体。兰州高新区陆续成立了稀土功能材料产业研究院、生命科学技术产业研究院、金属纳米材料产业研究院等 7 个产业研究院，组建了兰州大学工作站、西北师范大学工作站等 12 个科技创新工作站。建设了兰州科技大市场、丝绸之路国际知识产权港等服务平台，为构建推动高质量发展的新兴产业体系提供了创新支撑。**第三，大力实施“人才强区”战略，持续构筑人才优势高地。**兰州高新区快速建立起从引进人才、培育人才到建立人才发展平台、梯级人才分类评价制度、完善科技成果利益分配机制、创新人才服务保障、营造良好人才发展环境等方面的具体措施。2020 年，全区从业人员近 15 万人，各类人才达到 9 万多人。其中，专业技术人才 5.92 万人。**最后，化解内陆城市开放短板，不断深化扩大对外开放合作。**与先进地区加强产业对接与科技合作，支持区内企业开展国际合作、开拓国际市场，不断提升开放发展水平。

在省区市各级政府的大力支持和投入下，兰州高新区的基础设施、发展空间、政策体系、载体平台、人才资源、服务配套等软硬件环境得到了整体提升。此时的兰州高新区，就如一片平整肥沃的土地，万事俱备，唯剩播种。

将生物医药产业作为首位产业“束水攻沙”

那先播什么种子？地处整体经济实力偏弱的西部内陆，各产业同时全面开花明显不切实际。兰州高新区在充分评估后大胆提出了“减法、聚焦”的发展思路，选择生物医药产业作为首位产业“束水攻沙”。兰州高新区党工委委员、管委会主任孙裕如此比喻：“假如一盆水倒在沙子上，转眼就消失了，但如果用高压枪打，沙子就会被冲跑。只有集中优势，才能把自己的事做好、做到极致。”

选择生物医药产业作为首位产业，兰州高新区对资源禀赋、产业基础等维度做了充分调研和论证分析。从**天然资源**角度看，甘肃虽然地处西北，生态脆弱，但其环境非常有利于药材种植，素有“千年药乡”“天然药库”之美誉，是国家中医药产业发展综合试验区。从**科研机构及人才**角度看，省会城市兰州依托丰富的医药资源和集中的科研能力，形成了以生物制药、现代中药、生物医学工程和动物用药为重点的生物医药产业体系，聚集了 11 所与生物医药产业密切相关的高等院校和 22 家科研院所，从事相关领域技术人员 6000 多人，为生物医药产业发展提供了强大的人力资源支持。从**产业基础**角度看，兰州高新区生物制剂、动物疫苗、医疗器械、中医药几个子项目在全国都具有非常明显的优势，集聚了中生生物、中农威特、中牧股份等“国家队”，以及天然药物和中医药上市公司陇神戎发、奇正藏药等龙头企业，具备以细分市场、细分领域寻找隐形冠军进行突破的产业基础。

在充分用好生物医药本土资源的基础上，兰州高新区启动生物医药创新型企业培育行动计划，集合要素资源，首位培育、首位扶持，加快推动生物医药创新资源的吸引和集聚发展。

对标先进地区，构建产业创新发展的政策基础。2021 年，兰州高新区对标东部省份生物医药发展较好的园区政策并结合实际制定了《兰州高新区关于加快生物医药产业发展的若干措施》，对生物医药产业落地、研发创新、中医药科研成果转化、委托生产、政府首购、公共平台建设、资质认证、技术改造、人才引育、金融支持等方面制定大力度、高精准的扶持政策，奠定了生物医药产业创新发展的政策基础。

聚焦产业特性，构建产业创新技术平台。根据生物医药产业发展特性，积极申请建设省级生物制品批签发中心（药物安全评价中心）。该中心 2022 年已开工建设，项目建成后将全面提升甘肃省生物制品批签发及监督检验检测能力，有效促进疫苗检验检测体系的建设，满足管辖区域内疫苗、血液制品等批签发检验检测需求，同时能够开展药品、化妆品、保健食品的安全评价与研究工作。

超前规划，预留产业创新转化空间需求。为满足科技成果转化空间需求，加速科技成果转化速度，兰州高新区投资 36 亿元在定连园区建设占地 657 亩地的国家级生物医药产业园，并配套西北最大的生物医药物流园。

锁定企业痛点，提升园区产业创新赋能增值能力。针对生物医药产业创新特点，不断加强金融和人才支持力度。为解决企业创新发展资金瓶颈，兰州高新区成立了 4.5 亿元生物医药产业投资基金，并出资设立 2000 万元天使股权投资基金，支持早期创新项目发展；设立人才专项资金，并制定人才培养与引进政策及其实施细则，为各类人才创新创业提供优良的制度和政策保障。兰州高新区在“十三五”期间累计投入人才专项资金 8000 多万元。

“梧高凤必至，花香蝶自来”。随着各项创新软硬件设施的不断完善，兰州高新区生物医药领域创新成绩斐然。2019 年，留学美国的分子生物学博士王珠银携团队从南京来到兰州高新区，建立了肽谷研究院；2019 年，中农威特获评为“瞪羚企业”；2020 年 9 月，深圳深创生物公司第一批科研团队入驻兰州国家生物医药产业基地；2020 年，兰晟生物医药（苏州）有限公司创新药和首仿药生产基地项目签约落地；2022 年 2 月，国药中国生物（西北）健康科技产业园血液制品生产基地项目、医美产业化基地项目开工建设，“陇粤大湾区 • 中医药创新发展示范区”项目落地建设……2020 年，兰州高新区生物医药企业达到 200 余户，产值达到 142 亿元。2021 年，兰州高新区新引进生物医药类项目 27 个，总投资约 104 亿元。“束水攻沙”战略在生物医药产业领域取得了突出成效，也得到了入驻企业的充分认可。

在生物医药产业的带动下，兰州高新区的整体创新水平全面提升。公开数据显示，2021 年，兰州高新区完成地区生产总值 350.4 亿元，培育科技型中小企业 196 家，省级“专精特新”企业 13 家，新增高新技术企业 65 家，总数达到 410 家，R&D（科技研究与开发）

投入占 GDP 比重达到 3.2%，财政科技投入占财政支出比重达到 3.97%，万人发明专利拥有量达到 49 件，科技进步对经济增长的贡献率达到 62%。

从最初的偏居主城区东部一隅、业态单薄零散的边缘工业区，到现在的“一区五园”综合科技园区，从蹒跚起步的改革开放试验区、功能区，到创新性运用“束水攻沙”战略实现生物医药产业特色突围和引领，构建起由以生物医药为首，辅以新材料、智能制造、数字经济产业的高新示范园区，兰州高新区成功走出了一条符合自身条件的特色创新之路。

众诚智库案例价值品鉴

- 针对深处内陆、经济欠发达的实际情况，兰州高新区选择从生物医药产业这个“点”上创新突破，既有很深的本土根植性和比较优势，又与外界在技术、人才、政策、环境等各维度形成很好的接轨，形成区域吸引力。

- 识别产业发展关键要素，在原有原材料、产业链的基础上，根据重点发展方向，从扶持政策、技术创新平台、资金、人才等方面采取务实有效的措施，根本上解决产业集聚核心诉求。

怀柔科学城：打造世界级原始创新承载区

怀柔是我国“十四五”期间要建设的四个综合性国家科学中心[1]承载地之一。

当前，国内外环境复杂严峻，建设科技强国、实现高水平科技自立自强，比过去任何时候都更加迫切。习近平总书记在中国科学院第十九次院士大会、中国工程院第十四次院士大会的讲话中指出，“进入 21 世纪以来，全球科技创新进入空前密集活跃的时期，新一轮科技革命和产业变革正在重构全球创新版图、重塑全球经济结构。”

基础研究是原始创新的基石，原始创新是一个国家科技实力的象征，是科技强国的原动力，怀柔科学城的核心定位即为与国家战略需要相匹配的世界级原始创新承载区。

高起点谋划，努力成为中国建成世界科技创新强国的核心支撑

怀柔，北靠燕山，南偎华北平原，“崇岗叠嶂，绵亘千里”，长城蜿蜒如龙，区内河泉众多，水源丰富，生态环境极佳，是发展高端科学教育的理想地。

而中国科学院在其不断发展的进程中，面对 21 世纪不断涌现的新科学、新技术，需要再一次整合资源、拓展发展空间。

---

[1] 《中华人民共和国国民经济和社会发展第十四个五年规划和 2035 年远景目标纲要》中提出：“建设重大科技创新平台。支持北京、上海、粤港澳大湾区形成国际科技创新中心，建设北京怀柔、上海张江、大湾区、安徽合肥综合性国家科学中心，支持有条件的地方建设区域科技创新中心。”

2009 年 6 月，中国科学院与北京市政府签署《共建中国科学院北京怀柔科教产业园合作协议》，中科院怀柔科教产业园区由教育基地、科研与转化基地、基础与前沿科学基地三部分组合而成，规划占地约 6000 亩，承载的项目以国家重大科技专项和产业化项目、国家中长期大型科技基础设施及中科院知识创新工程为主。园区聚焦基础性、战略性、前瞻性综合研究，集教育、科研、技术转移转化与企业孵化等功能于一身，怀柔科教产业园成为北京市科技创新重要载体之一。怀柔科教产业园区上升到院市合作层面，为怀柔建设科学城打下了基础。

2011 年，中科院与北京市签署了院市共建北京综合研究中心协议，为在怀柔建设依托大科学装置的综合性研究中心迈出了第一步。

2015 年，怀柔区在“怀柔科教产业园”与“北京综合研究中心”的基础上，提出打造“怀柔科学城”的建议，很快得到了北京市的认可。

2016 年 9 月，国务院印发《北京加强全国科技创新中心建设总体方案》，提出“统筹规划建设中关村科学城、怀柔科学城和未来科技城”。怀柔科学城成为全国科技创新中心建设的重要支点。

同年 11 月，北京市人民政府办公厅印发《怀柔科学城建设发展规划（2016—2020 年）》，长城脚下、雁栖湖畔，距北京市中心 50 千米，距北京城市副中心 40 千米，距首都国际机场 30 千米的怀柔科学城蓝图描绘完成，即面向世界科技前沿和国家重大需求，建设世界级原始创新承载区和开放科研平台，引导和推动高端创新资源要素加快集聚，打造科技创新中心新地标。

2017 年 5 月，国家发展改革委、科技部联合批复了《北京怀柔综合性国家科学中心建设方案》，同意建设北京怀柔综合性国家科学中心。北京怀柔综合性国家科学中心也成为继上海张江、安徽合肥后被批复的第三个综合性国家科学中心。

2018 年 9 月，中共北京市委怀柔科学城工作委员会、北京怀柔科学城管理委员会揭牌成立，怀柔科学城建设全面提速。

2019 年 10 月，北京市委常委会审议通过《怀柔科学城规划（2018 年—2035 年）》，明确怀柔科学城的战略定位是建成与国家战略需要相匹配的世界级原始创新承载区，打造战略性、前瞻性基础研究新高地、综合性国家科学中心集中承载地、生态宜居创新示范区。

怀柔科学城的战略定位尘埃落定，肩负着服务国家重大战略设施的历史使命，在中央、北京市的大力支持下，迈开步伐，坚定向前。

高水平布局，大型科学装置与开放科研平台支撑起原始创新承载区

习近平总书记多次强调："科研要提升原始创新能力。"当前，我国科技发展正进入以基础研究、原始创新为主的自立自强、爬坡过坎阶段。

原始创新是以自主研究为基础，在基础研究、核心科技和关键技术方面的创新，主要是指前所未有的重大科学发现、技术发明和原理性主导技术等的创新成果，是一个民族对人类文明进步做出贡献的重要体现。我国科学技术领域的原始创新能力还比较薄弱，"卡脖子"之痛更是让我们认识到原始创新能力的重要性及提高原始创新能力的紧迫性。

作为重大科技基础设施，大科学装置是开展原始创新的策源地重要工具，也是驱动创新发展的国之重器。《怀柔科学城建设发展规划（2016—2020 年）》提出"到 2020 年，建成一批重大科技基础设施，落地一批重大科技项目"的发展目标，北京市统筹整合高端创新资源建设大科学装置群，搭建前沿科技交叉研究平台。

在重大科技基础设施集群建设方面，怀柔科学城对标国际一流科学城，规划布局了29项重大科技项目。截至2021年年底，地球系统数值模拟装置、综合极端条件实验装置、高能同步辐射光源、多模态跨尺度生物医学成像设施、空间环境地基综合监测网（子午工程二期）五大科学基础设施“重器”均已顺利完成主体工程建设。其中，综合极端条件实验装置是国际上首个集极低温、超高压、强磁场和超快光场等极端条件为一体的综合极端条件用户实验装置[1]；地球系统数值模拟装置将研究地球系统的大气圈、水圈、冰冻圈、岩石圈、生物圈的物理、化学、生物过程及其相互作用，为区域防灾减灾、应对气候变化、大气环境治理等重大问题提供科学支撑；高能同步辐射光源建成后将是世界上亮度最高的第四代同步辐射光源之一，将大幅提升我国在精密机械、光学、探测器等系列技术领域的设计和制造能力；多模态跨尺度生物医学成像设施将是我国探究生物微观世界的利器，空间环境地基综合监测网包含31个监测台站、近300台监测设备，是我国步入世界空间天气领域先进国家行列的关键。

在前沿科技交叉研究平台方面，共谋划落地13个交叉研究平台。截至2021年年底，在首批交叉研究平台中，先进光源技术研发与测试平台、先进载运和测量技术综合实验平台、空间科学卫星系列及有效载荷研制测试保障平台通过竣工验收并进入试运行阶段。

落户在怀柔科学城的一批科研“国之重器”如同一块“科学磁石”，正吸引着海内外高校及科研机构、新型研发机构、创业加速器等。

打造创新生态，构建“从0到1”创新成果转化体系

如果说重大科技基础设施集群与前沿科技交叉研究平台，作为怀柔科学城核心硬件设施支撑起了世界级原始创新承载区，那么，建设

[1] 综合极端条件实验装置[J]. 中国科学院院刊，2019，34(Z2): 114-117.

创新生态、实现创新成果转化则是怀柔科学城的软实力打造的必由之路，原始创新只有转化为经济发展动能才能从根本上推动社会的全面发展。

为推动创新生态建设，怀柔科学城一方面不遗余力地引进科研院所等创新主体，早在 2010 年就引入中科院电子所“国家重大工程研发项目”，设立中科院力学所“钱学森国家工程科学实验基地”，引进中科院合成油工程有限公司研发中心。随后，中科院空间中心等共 18 个研究所、一批央企研究机构陆续在怀柔科学城建设科技设施平台和科技创新基地。还有中科院大学、北京电影学院、德勤（中国）教育咨询等在怀柔科学城及其周边落户。另一方面，大力支持科学家、企业家创新创业。积极引入海创产业技术研究院、创业黑马科创加速器等创新创业平台。在怀柔城区的北部，将原来老旧工业园区打造为产业转化示范区，聚焦高端科学仪器、传感器、新材料等产业方向，围绕高端仪器设备的研发、制造和应用场景，重点建设中试研发平台、技术创新中心、转移转化基地，打造硬科技孵化器和创新企业加速器。

同时，怀柔科学城为创新项目搭建国际交流合作平台与科技服务平台。引进国家科学中心国际合作联盟、“一带一路”国际科学组织，举办国际综合性科学中心研讨会、亚欧科技创新合作论坛、全球创新经济论坛等学术交流活动。深化与国家部委和行业协会的合作，加入国家自然基金委区域创新发展联合基金，与科技部科技评估中心、中国分析测试协会签署战略合作协议，强化研发设计、检验检测、标准认证等产业服务支撑。

此外，怀柔科学城在致力于发展“科学”的同时，注重“城”的建设，将老旧办公楼改造成精致时尚的“科学家公寓”，大手笔打造华远达人才公寓项目，在居住区外配套餐食区、轰趴区、书吧和酒吧等公共空间。除了“吃”“住”，怀柔科学城在交通、娱乐、教育、医疗等社会服务配套方面都如火如荼推进着，努力建设宜业又宜居的“梦想之城”。

如今的科学城正激荡着前所未有的科技创新活力，吸引着一批又一批科研人才前来，产出着一个又一个科技创新成果。“十四五”时期，怀柔科学城将从“十三五”时期垒砌基石续写“突破”[1]篇章，推进由建设为主向建设与运行并重的阶段转变，一边加紧建设，一边“抢跑”运行，努力打造成为世界级原始创新承载区，聚力建设“百年科学城”。

众诚智库案例价值品鉴

- **发展原始创新能力，院市鼎力合作，全力打造集中承载区是关键**。通过中国科学院与北京市政府强强联合推动，共建符合发展原始创新的科教园区及综合研究中心，并推动园区升级，打造怀柔科学城，从而建设全国科技创新中心。

- **以国家战略和号召为导向，围绕科技创新中心建设打造科研高地**。围绕国家对北京市的发展定位，通过整合中科院体系相关院所和高等院校共建海内外合作的科研中心，以科教资源为主体建设一批国家级原始创新大型科学装置及科研项目，形成世界级的科研高地。

- **发挥市场对配置资源的决定性作用，促进科研成果转化及产业化落地**。重视科研成果的转化应用，通过建设产研一体化的科研平台，共建产业研究中心，孵化科技型企业，瞄准战略新兴产业和高新技术领域，促进科研成果的转化，实现就地产业化发展。

---

[1] 2021 年 11 月中共北京市委、北京市人民政府印发了《北京市“十四五”时期国际科技创新中心建设规划》，要求怀柔科学城“聚焦重点科学方向和国家重大战略需求，凝练提出基础前沿领域原创性研究选题，探索新型科研组织形式，支持科学家勇闯创新‘无人区’，实现前瞻性基础研究、引领性原创成果重大突破”。

■专题二

数字经济

贰

众诚视点

数字经济——中国经济发展的巨大引擎

数字经济是全球未来的发展方向，是中国经济发展的新引擎！

数字经济是以使用数字化的知识和信息作为关键生产要素、以现代信息网络作为重要载体、以信息通信技术的有效使用作为效率提升和经济结构优化的重要推动力的一系列经济活动。在数字经济活动中，数据是要素，网络是载体，信息技术和通信技术融合应用是经济升级的重要动力。

数字经济发展速度之快、辐射范围之广、影响程度之深前所未有，正在成为重组全球要素资源、重塑全球经济结构、改变全球竞争格局的关键力量[1]。

从“数字经济”的提出到成为全球主要强国的战略选择已走过了20年的历程。1996年，加拿大人唐·塔普斯科特（Don Tapscott）撰

[1] 2021年10月18日，习近平总书记在主持中共中央政治局就推动我国数字经济健康发展进行第三十四次集体学习时强调。

写了《数字经济：网络智能时代的希望和危险》专著，让数字经济成为一个流行术语。1998 年，美国商务部发布了《新兴的数字经济》报告，描述了在 IT 技术扩散和渗透的推动下，从工业经济走向数字经济的发展趋势。2016 年，二十国集团（G20）领导人峰会首次提出全球性的《二十国集团数字经济发展与合作倡议》，这同时也意味着发展数字经济已成为全球主要强国的共同选择。

美国设立数字经济顾问委员会；英国出台《数字经济战略》，详细阐述了英国脱欧后将如何打造世界一流的数字经济，并对未来如何推进数字转型做出了全面的部署；德国发布《数字战略 2025》，加速德国“工业 4.0”落地，目标是成功实现宏观经济的数字化转型，将德国建设成最现代化的工业国家；日本提出建设“超智能社会”，将网络与现实空间融合发展。

数字经济正深刻影响全球科技创新、产业结构调整和经济社会发展，成为各国促进经济复苏、重塑竞争优势和提升治理能力的关键力量。联合国贸发会议秘书长基图伊指出，“数字经济以超出我们预测的速度呈指数比例地在扩张，仅在 2012—2015 年之间，数字经济的规模从 16000 亿美元增长到 25000 亿美元。”从企业层面也可见一斑，2020 年全球市值最高的 10 家公司中，有 7 家是数字化企业，包括苹果、微软、亚马逊、Alphabet（谷歌）、Meta、腾讯和阿里巴巴，这些企业在越来越多地参与到全球数据价值链的各个环节，通过面向用户的平台服务收集数据，通过海底电缆和卫星进行数据传输、储存，以及分析、处理和使用，公司的规模、利润、市场价值和主导地位不断加强。

回望中国，数字经济是高质量发展的重要引擎，当前，我国正在数字经济的快车道上加速发展。

2017年12月3日，在致第四届世界互联网大会的贺信中，习近平总书记指出，“中国数字经济发展将进入快车道。中国希望通过自己的努力，推动世界各国共同搭乘互联网和数字经济发展的快车。”

2021年3月14日，十三届全国人大四次会议通过的《中华人民共和国国民经济和社会发展第十四个五年规划和2035年远景目标纲要》提出，打造数字经济新优势，充分发挥海量数据和丰富应用场景优势，促进数字技术与实体经济深度融合，赋能传统产业转型升级，催生新产业新业态新模式，壮大经济发展新引擎。

联合国发布《2021年数字经济报告》称，中国和美国参与数字经济的程度和从中受益的能力最强。经过“十三五”时期的重点发展，我国很多地区在数字基础设施、数字创新要素、核心数字产业、数字化应用、数字经济政策环境等方面取得了显著成效。2020年我国数字经济规模扩张到39.2万亿元，是国民经济的核心增长极之一，增速达9.7%，远高于同期GDP名义增速约6.7个百分点，对夺取疫情防控和经济社会发展双胜利发挥重要作用，2002—2020年我国数字经济占GDP比重由10.0%提升至38.6%。有13个省市数字经济规模超过1万亿元；北京、上海数字经济占GDP比重已超过50%；贵州、重庆、福建数字经济增速较快，均超过15%[1]。

物联网、互联网、大数据日益渗透到社会经济发展的方方面面，成为重要创新要素，数字经济不断改变着我们的生产、管理、治理、消费体系。无人驾驶、无人超市、智能家居、移动支付、共享经济正在走进我们的生活，极大地改变了我们的消费习惯、社交方式以及工作方式；就医流程优化、效率极大提升，智慧交通为人们出行提供了诸多便利；城市日常运营管理、应急管理因为数据共享与大数据应用

[1] 数据来源：中国信息通信研究院发布的《中国数字经济发展白皮书》。

日益精细、精准、高效；工业领域的数字化转型从两化融合的持续推进到工业互联网的兴起，综合制造业变革与信息技术发展，更大范围、更高效率、更加精准地优化生产和服务资源配置，基于信息技术的智能制造、网络制造、柔性制造等制造新模式，形成互联网与工业融合的新业态，工业领域数字经济发展如火如荼。

发展数字经济是我国把握新一轮科技革命和产业变革新机遇的战略选择。每一次技术革命都会形成一个或多个新“技术经济范式”，越早成功投入新技术发展并找到新范式的国家、区域或企业越能获得新竞争力。数字经济无疑是新“技术经济范式”之一。因此，对中国各地区而言，发展数字经济绝不是“选择题”，而是关乎生存和长远发展的“必修课”。

面向中国高质量发展主题，构建新发展格局的战略选择，一方面，数字技术是提高信息、资金、人才、物品配置效率，优化市场主体组织模式，提升产业链安全性与稳定性，畅通国内大循环与国内国际双循环的必要支撑；另一方面数字经济具有高创新性、强渗透性、广覆盖性，不仅是各地新的经济增长点，而且是改造提升传统产业的支点，可以成为构建现代化经济体系的重要引擎。

从国家层面，全面推进数字经济发展已经超过 5 年的时间，但很多城市还在苦苦寻找适合本地数字经济发展新范式的路上，亟待找到与新一代信息技术快速发展相匹配的最佳实践模式，从而实现经济的主导技术结构、生产组织形式、商业模式的升级。众诚智库在多年参与地方产业与信息化实践的基础上，提出几点可供参考的思考与建议。

首先，从政府一把手到全体机关干部乃至企业、市民要形成数字化意识与素养。从政府角度，必须深层次认知数字经济的重要性，坚定发展数字经济的决心，从数字产业化与产业数字化两个维度谋划清晰可行的数字经济发展路线，尊重信息技术产业与信息化发展的规律，有方向、有重点、有步骤地持续推进，从组织、政策、资源等方面体系化推进。从企业、市民角度，要鼓励企业跨界交流，搭建多行业数字经济对接交流平台，促进信息技术在产品设计、生产、营销等各环节深化应用，继续推进企业参与两化融合管理体系贯标工作，从企业组织管理上提升信息化力量和信息化应用能力。同时，围绕工业互联网、电子商务、5G、物联网等新技术应用，加强面向市民培训，形成数字经济底层基本知识支撑和产业发展氛围。

其次，将数字技术与实体经济深度融合既作为目标，又作为手段。两者融合水平越高，信息技术产业市场越大、发展越快，实体经济改革创新能力越强。“应用拉动产业，产业促进应用”模式在我国构建新发展格局中，对于加速我国关键技术迎头赶上和产业转型升级具有重要意义。各地已有实践证明，创建适合本地经济社会发展的应用场景是加速信息技术产业尤其是前沿技术产业发展的有效路径，相应的，信息技术产业专业化与细化是正在演进中的必然趋势。

再次，打造先行先试、开放资源、容错试新的创业创新环境。无论是信息技术产业还是信息化建设，都是创新性、风险性比较大的领域，各地政府需要为新技术、新模式、新应用打造“试验田”，在一定范围内开放数据资源，鼓励创新，允许试错。当然，与此同时，是完善各环节、各维度论证机制，尽可能降低风险，减少推倒重来、走弯路的概率。

最后，统筹好发展与安全，处理好前沿与实用。一方面以开放视野加强区域协同、国际合作，在人才、技术、经验等方面充分利用好周边资源、国内国外资源；另一方面时刻重视安全问题，包括制度、管理、数据、网络等各方面，利用好数字技术的同时规避好安全问题。根据地区基础条件，选择性地关注高端芯片、操作系统、人工智能关键算法、传感器等关键领域，布局量子计算、量子通信、神经芯片、DNA 存储等前沿技术领域，务实开展相对成熟技术不断升级与应用。

数字经济已成为赋能产业和技术变革的核心力量，并正在为我国经济实现转型、高质量发展贡献着强大驱动力，将伴随着创新、渗透、融合等不断向前，全国各地也将因为数字经济的牵引演进升级。

城市数字经济发展

他山之石，可以攻玉

青岛：打造世界工业互联网之都，再创“制造强市”辉煌

青岛，中国沿海重要中心城市、滨海度假旅游城市、国际性港口城市，是东北亚国际航运枢纽、海上体育运动基地，是世界啤酒之城、中国品牌之都，被誉为“东方瑞士”。单从这方方面面的“IP”就可以感受到这座岛城的非同凡响，翻开这座城市的工业发展史，除了感受其经济发展的跌宕起伏，也更能理解数字经济在青岛这一时期的关键意义，而青岛在数字经济领域的诸多深入实践也值得思考和借鉴。

特别的历史奠定了特别的工业经济基础

19 世纪末到 20 世纪初的 50 多年间，青岛市一度沦为德国殖民地、两度沦为日本殖民地，被德日侵占时间长达 32 年，风雨飘摇，动荡不安。

1891 年 6 月 14 日，清政府在胶澳（青岛当时的名称）设防，青岛由此建置。

1897 年 11 月 14 日，德国以“巨野教案”[1]为借口侵占青岛，青岛沦为德国殖民地。

1914 年，第一次世界大战爆发，日本取代德国占领青岛。

1922 年 12 月 10 日，中国北洋政府收回青岛，1929 年 7 月，国民政府设青岛特别市，1930 年改称青岛市。

1938 年 1 月，抗日战争爆发后，日本再次侵占青岛。

1945 年 9 月，国民政府接管青岛，1949 年 6 月 2 日，青岛成为华北地区最后一座解放的城市，改属山东省辖市。

鉴于青岛市具有海防要塞的战略意义，其工业在清政府治下、德占时期、日占时期、南京国民政府统治下都得到了良好发展，先后从前工业化时期，到工业基础建设时期，到工业格局形成时期，最后到工业发展稳定时期。军事占领与经济投资等引发的外力冲击，为未来城市与工业的发展产生了方向上和社会文化上的深层影响，至今，青岛市工业制造文化中都富含着德国工业的严谨与日本工业的工匠气息。

这段特殊的历史对于后来青岛的对外开放和工业崛起有着非常关键的基础意义。

以对外开放与聚力制造开辟了经济的辉煌时代

党的中共十一届三中全会后，我国开始实行对外开放政策。1979 年，中共中央、国务院决定在广东省的深圳、珠海、汕头和福建省的

---

[1] 1897 年山东曹州巨野县群众与德国传教士发生冲突，德国神甫能方济和韩・理迦略在磨盘张庄教堂被杀案件。

厦门试办 4 个经济特区。1984 年 4 月，为进一步吸收外资，引进国外先进的科学技术，加快对外开放的步伐，又决定扩大开放沿海十四个港口城市，青岛市是其中之一。1986 年 10 月 15 日，青岛市被国务院正式批准为国家计划单列市，赋予省一级经济管理权限。1994 年 2 月，青岛市被列为全国 15 个副省级城市之一。青岛市在对外开放与经济管理方面均拥有了突出的政策优势，加上优美的自然环境与宜人的气候条件，顺应改革开放大潮，实现经济腾飞犹如箭在弦上！

1979 年，青岛台东工艺品厂与香港华宝公司签订山东省第一个来料加工项目合同。同年，山东省纺织品进出口公司与日本伊藤万株式会社签订青岛第一个补偿贸易项目合同。借助这些项目，青岛成功打开了贸易出口的突破口。

除了对外贸易的突破，青岛积极引进国外先进技术，将制造业锻造成世界知名的“青岛制造”。1984 年 7 月，青岛电冰箱总厂引进德国利勃海尔公司的技术和设备，从一个濒临破产的企业逐渐成长为世界家电业巨头，青岛电冰箱总厂便是此后大名鼎鼎的海尔集团。同一时期，青岛电视机总厂引进日本松下彩色电视机生产线，就此诞生了另一大世界家电巨头——海信。这两大家电龙头，在以开放的视野引进国外技术发展壮大的基础上，以技术创新、产品创新不断在国际市场开疆拓土。

因为对外开放，青岛市企业的市场意识、经营理念、质量观念受到深远影响。“学的是技术，影响的是观念。”海尔集团董事局主席周云杰在接受采访时说。青岛市委、市政府以“三个有利于”[1]为标准，

[1] 指是否有利于发展社会主义社会的生产力、是否有利于增强社会主义国家的综合国力、是否有利于提高人民的生活水平。“三个有利于”在 1992 年初由邓小平在视察南方发表南方谈话时提出，被视为人们衡量一切工作是非得失的判断标准。

制定了深化企业改革的若干办法，进一步为青岛企业改革提供了方向指引，使全市不同所有制的企业经过深化改革都有了显著的发展。尤其是国有企业的改革，经过三年坚持不懈的改革攻坚，被列为省、市两级三年建制的 12 家国有大中型骨干企业全部完成改制，初步建立起现代企业制度。

对外开放促进了企业的深化改革，而改革优化后的企业进一步对更好地利用好国内外资源提供了主体支撑。

青岛在不断开放中崛起，通过引进资金和技术促进产业升级，提升生产力，以海尔、青岛啤酒、双星等为代表的五朵制造业金花在全国脱颖而出，并扬名国际市场，青岛成为驰名海内外的“品牌之都”。

以工业互联网提振放慢脚步的青岛制造

2001 年年底我国加入 WTO 后，青岛市外贸型经济红利逐渐缩小。进入 21 世纪以来，电子信息产业及物联网、云计算、大数据、互联网、移动互联网等新一代信息技术产业发展的浪潮滚滚向前，青岛工业没能紧紧跟上时代节拍，产业内生力、竞争力明显不足，即便是曾经全国乃至全球闻名的家电产业也被合肥市后来者居上，青岛在全国制造业版图中的位置已经不那么耀眼了。

要提振工业，青岛就必须顺应时代潮流，自我颠覆与重构。一方面，面向全球结交 96 个经济合作伙伴城市（省州、机构），在新加坡、韩国釜山、德国慕尼黑、美国旧金山、日本东京、以色列特拉维夫、中国香港、英国伦敦、俄罗斯莫斯科建起了 9 个海外工商中心，在青岛搭建中英创新产业园、中法工商创新基地、中日韩创新产业园、中芬（兰）中心、中瑞（士）中心、中俄地方合作园等国际化平台，构筑双向投资贸易合作平台，推进新时代高水平对外开放；另一方面，以工业互联网为核心的数字经济被青岛看作决定城市工业命运的“生死之战”，以数字化转型推动制造业质量变革、效率变革和动力变革。

充分依托已有家电电子、纺织服装、汽车机车等优势制造业基础，推动工业互联网平台创新发展。2017 年，海尔集团基于 30 多年的制造经验打造的国家级“跨行业跨领域”工业互联网平台卡奥斯 COSMOPlat，为全球不同行业和规模的企业提供面向场景的数字化转型解决方案，目前已聚集 3.5 亿用户和 400 万家生态资源，连接各类智能终端 2600 多万台，上线工业 App 超过 2000 个，该平台连续 3 年蝉联工业和信息化部（以下简称工信部）跨行业跨领域工业互联网平台清单榜首。此外，赛轮集团搭建的橡链云平台，致力于快速打通橡胶行业关键生产要素，建立关键物资供应和需求的数据融通，实现行业内物资生产、调度和分配及配套服务的全局优化，带动产业链上下游协同优化、促进服务型制造加速转型升级。青岛酷特智能的酷特 C2M 产业互联网平台面向服装设计生产领域，创新了“互联网+”大规模个性化定制的“用户直连制造”模式。中车青岛四方车辆研究所的智能运维大数据融合应用平台，以智能运维车联网状态感知为基础，为用户提供有价值的列车智能运维核心服务。

推动平台构筑的同时，加速企业“触网”步伐。持续推进工业互联网、人工智能、大数据等信息技术与制造业深度融合，引进 Handle 标识解析全球根节点（青岛）等一批“国字号”项目，布局 5 个行业标识解析二级节点。截至 2021 年 8 月，青岛市建成 426 个智能工厂、数字化车间，企业上云数量超过 3 万家。

瞄准专业领域，精细化打造数字产业集群。建成 5G 高新视频园、青岛国际创新园、青岛国际特别创新区、动漫产业园等数字经济园区，重点聚集集成电路、5G、大数据、人工智能等领域企业。截至 2021 年上半年，青岛市规上数字经济核心产业相关企业数量达到 585 家，同比增长 13.2%，其中，互联网贸易、互联网平台、数字内容与媒体的数字要素驱动类企业增长最快，同比增长 35.4%；企业营业收入

816.7 亿元，同比增长 19.2%，其中，发挥数字技术与产业融合发展桥梁纽带作用的数字技术应用类企业营业收入增速达到 30.5%；投入研发费用 33.1 亿元，同比增长 29.3%。

围绕工业互联网发展，进行人才配套体系打造。2020 年 11 月，青岛以市政府名义“顶格”出台《关于弘扬工匠精神打造工匠之城的意见》，聚焦工业互联网，向下覆盖各行业各领域，向上承载 5G、人工智能等新一代信息技术，紧盯经济转型升级和高质量发展对技能人才提出的新需求，从奖励激励体系、工作支撑平台、收入分配改革、顶层制度设计、服务保障体系等方面提出了 15 条具体意见，覆盖了技能人才培养、引进、评价、激励、使用、服务全链条，提升数字经济发展的人才保障能力。

青岛，作为中国—上合组织地方经贸合作示范区，站在了中国新一轮高水平开放的最前沿，将充分发挥海陆空铁综合交通网络中心的区位优势，更好地发挥在新亚欧大陆桥经济走廊建设和海上合作中的作用，通过建设区域物流中心、现代贸易中心、双向投资合作中心和商旅文交流发展中心，打造上合组织国家面向亚太市场的“出海口”，形成与上合组织国家相关城市交流合作集聚的示范区。

青岛——以“数字蝶变”加速“工业蝶变”“城市蝶变”的品牌之城，顺应新一轮科技革命和产业变革之势，经济发展、城市治理、社会生活等各个层面在数字化的催动下将不断发生深刻变革，实现工业重振，高光再现。

众诚智库案例价值品鉴

- 充分结合制造业基础优势，选择工业互联网作为数字经济发展的主要路径，前瞻性布局工业发展竞争动力；同时充分发挥海尔、中车等龙头企业的能动性，政府引导与市场驱动相结合，促进工业互联网健康可持续发展。

- 注重数字产业精细化、集聚式发展，借鉴深圳、合肥等地产业发展经验，正视产业竞争力关键要素，从定位到载体建设、配套保障等方面不断探索创新。

- 始终站在对外开放的前沿，从早期的技术引进、资金引进、企业引进，到上合示范区建设，青岛市以对外开放的思想和措施将外部资源利用最大化，在数字经济发展过程中，将互联网思维融入其中，形成对口岸、码头、物流及商贸、文化交流的智能化支撑。

泸州：脚踏实地，开创数字经济“酒城模式”

泸州自古以来都是川、滇、黔、渝结合部的重要战略要地、交通要塞，是盛名远播的“中国酒城”，也是中国最大的氮肥生产基地、中国重要工程机械基地。

1983年，省辖泸州市正式成立，但长期以始于“三线建设”的“天长地酒”[1]产业体系，即天然气化工、机械制造、地下能源、白酒等传统产业为主导。直到2011年，泸州市被列入全国第三批资源枯竭型城市名单，这个拥有得天独厚区位优势的川南城市果断按下了“转型升级”快捷键，运用高新技术改造提升“天长地酒”的同时，培育新能源、生物医药、大数据等新兴产业。而在这个过程中，泸州市闯荡出了数字经济发展的“酒城模式”。

往日辉煌难以为继

20世纪60年代的泸州由于其特殊的地理位置、历史条件、资源，成了四川“三线建设”的重点，一大批建设项目随即纷纷落户泸州。“三线建设”在泸州的开展，奠定了化工、机械产业坚实的基础，与基于本地资源禀赋的能源、名酒一并成为泸州经济发展的四大支柱产业。

依托四大支柱产业，泸州市在20世纪末期、21世纪初期间集聚了足够的发展动能，GDP由2000年的165.5亿元到2008年508.4亿元，实现了年均15%的极高速增长。

[1]“天长地酒”是指天然气化工产业，以长起、长液、长挖 “三长”企业为代表的机械制造业，以及地下能源产业和白酒产业。

但随着天然气、煤炭等资源日渐枯竭，以及制造业向高端化、智能化发展演进，泸州市的化工产业及机械制造产业都遇到比较严重的发展瓶颈，经济支撑力度明显下降，仅剩下“一酒独大”的发展局面，2009 年全市规模以上酒类制造业实现利润总额 87 亿元，占全市规模以上工业利润总额的 66.3%，城市经济发展活力、潜力及抗风险能力形势严峻。

与此同时，成渝经济区启动建设，成都—遂宁—重庆高速公路建成通车，重庆—贵阳高速公路建成通车，泸州原有的区位优势也在逐渐减弱。此外，在国家战略指引下，全国掀起了大力发展战略性新兴产业的浪潮，泸州所在区域的中心城市重庆和成都，基于城市的产业基础与人才等优势，大力发展新一代信息技术、高端装备、生物医药、新能源汽车等新兴产业，重庆通过物流等配套环境的改革完善，实现电子信息制造业降本增效、快速聚集发展，与泸州比邻的贵州省省会贵阳市先后启动信息产业及更聚焦、更前沿的大数据产业。

处在成渝和贵州夹缝中的泸州“内忧外患”，面对全球第三次工业革命的到来和全国产业格局的日新月异，如何重振这座老工业之城，成了一个亟待解决的问题。

数字经济：一番摸索之后的选择

“十二五”期间，泸州市加快推进工业结构调整和技术升级改造，全面提升工业技术水平和整体竞争力，努力培育新材料、新能源、生物医药、节能环保等新兴产业，但经济形势尚未实现突破性扭转。

2015 年，泸州市确定当年为“产业转型发展年”。提出了培育发展现代医药、智能电网、新能源汽车和智慧城市“四新”产业，以顶层产业规划为引领，创新服务体系，打造泸州工业经济“升级版”。其中智慧城市产业提出要建设较高标准的云计算、大数据中心，建立西南地区数据灾备基地，信息化水平达到全省前列。

至此，泸州开始步入数字经济发展轨道，以数字经济的力量提质升级。

顶层设计引领下的“泸州模式”形成

根据泸州市统计局网站的查询数据，2015 年泸州从事软件与信息技术服务的企业数量不超过 200 家，从业人员不超过 5000 人。电子信息产业发展的基础极其薄弱，政务、经济、社会服务等各领域信息化应用广度与深度也比较有限。突破口、发展路径的选择及执行力成为决定数字经济发展成效的关键要素。

此时的泸州，非常重视顶层设计以确保战略方向的精准，避免走弯路。通过规划选择以大数据作为整个城市数字化转型的突破口，确定了“以应用带动产业，产业促进应用”的发展路线，市领导牵头，说干就干，泸州市大数据产业基础设施快速搭建起来。2015 年 9 月，四川省正式批复泸州市大数据区域中心的建设规划，泸州市政府专门设立数据资源中心。2015 年 10 月，泸州市政府与华为公司正式签署共同打造云数据中心合作协议，确立联合打造智能制造中心、西部电商服务中心、省内信息消费支撑中心、大数据处理中心，建成西南地区最高规格的云计算数据中心之一，从而奠定了数字经济“泸州模式”的基础。

面向特色产业——白酒业的数字化，2015 年 5 月，瞄准本地优势白酒产业，依托本地优势装备制造产业，泸州高新区投资集团斥资 1500 万元和廊坊智通机器人有限公司共同成立了泸州智通自动化设备有限公司，大力推进酿酒机器人、酒类包装机器人等智能酿酒设备的研发工作，机器人高效、卫生等优势可有效地帮助企业控制成本、降低能耗和减少排放，进行智能酿造、健康酿造和有机酿造，促进传统酿造产业的升级发展。

面向政府数字化，2016 年 10 月，泸州市政府批准成立国资控股企业国久大数据有限公司，业务以政府数据为起点，以行业数据为中心，以酒业大数据为切入点，向政府、社会提供数据基础、数据服务，推动产业升级，构建开放的数据生态。

面向社会服务数字化，泸州市瞄准民生最为关注的教育和医疗领域，一方面依托大数据中心提供资源聚合和分析应用服务，充分发掘数据资源支撑创新的潜力，带动社会技术研发体系创新、管理方式变革、商业模式创新。另一方面积极扶持培育黑马科技等大数据分析与应用企业，基于政府基础数据库，通过资源共享、流程改造发挥数字技术的优势改造民生。

数字经济的路上持续开拓创新、深耕细作

随着全市上下数字经济意识不断提升，数字经济发展环境不断升级完善，以及 2019 年数字经济发展局成立以来的集中化、系统化工作推进，泸州市坚持植根本地优势产业，深度挖掘产业升级发展需求，大力推动数字经济与实体经济深度融合，数字产业化与产业数字化都在一步一个脚印深化、拓展。

2020 年，泸州市数字经济核心产业营业收入同比增长 31.8%，拥有数字经济规模以上企业 161 家，数字产业在原有大数据的基础上拓展到云计算、智能终端、电子商务、人工智能等领域，尤其是 2020 年 9 月，中国电子集团落户泸州高新区，与泸州市人民政府合作打造产城融合一体化生态智慧园区——中国电子（泸州）产业园，其中一期中国长城（泸州）信创产业园已投产，为泸州市信创产业集群发展奠定良好基础。

泸州本地传统优势产业不断扩大智能机器人应用，在白酒特色工

业之后，机器人的应用逐渐向工程机械、液压机械以及港口机械、海洋机械拓展，机器人的需求种类日益增多，在需求驱动下，泸州机器人产业集聚能力逐渐增强。2020年，纳溪区云溪数字经济产业园内中信重工开诚（泸州）产业基地项目落地，将建设21台（条）组装生产线，用以生产消防灭火、消防侦察、矿山巡检等各种特种机器人。

国久大数据有限公司的“数字白酒•云酒柜”因在其信息消费的特色性、代表性、示范性、创新性和可推广性，入选工信部2020年新型信息消费示范项目，这一年，泸州入选工信部特色型信息消费示范城市。

新冠肺炎疫情出现以来，在与教育局和卫健委的通力支持下，四川黑马数码科技有限公司在疫情期间为泸州市6个区县、15所学校免费提供“空中课堂”系统和全天候服务，远程在线教育和医疗大数据得到全面应用。泸州市城投智慧科技发展有限责任公司的“泸州市疫情管控公共服务管理平台”、四川金通信息技术有限公司的“金通智慧社区”也对这一特殊时期的疫情管理与社区管理服务发挥了重要作用。

2021年7月9日，“酒城e通”——泸州智慧治理云平台正式上线，汇聚泸州各党政部门和公共服务单位所涉及的群众服务，打通政府部门间的数据孤岛，让各个部门实现数据互联互通，为群众提供一个政务服务、生活服务、社区服务的“总入口”。未来，“酒城e通”还将持续接入各类政务系统手机端功能，如智慧教育平台、智慧医疗平台、智慧消防、智慧停车等，通过提供全时空、全天候、全方位的政务服务和公共服务，不断提高人民群众的获得感、幸福感和安全感。

“十四五”期间，泸州市将依托中国电子（泸州）产业园等载体平台，充分发挥“水、陆、铁、空”立体交通运输网络优势，自贸试验区、综合保税区、跨境电商综试区等配套优势，沿着电子信息（数字经济）产业规模化、融合化、集群化、特色化的高质量发展道路，向着“信创产业要塞、数字创新名城”的目标奋发前行！

众诚智库案例价值品鉴

- **注重顶层设计，稳步推进。**在“十二五”末“十三五”初，泸州市启动了一系列五年发展规划，其中与数字经济相关的包括《泸州市“十三五”工业和信息化发展规划》《泸州市人民政府关于加快大数据产业发展的实施意见》等，以规划为依据，有策略有步骤地开展工作。

- **以应用带动产业，以产业促进应用。**充分利用泸州市自身的白酒、机械制造等特色工业对数字产业的市场吸引力，采用外引内培的方式，实现数字产业集聚。此外，辅以政务、社会服务等领域的数据开放，为大数据、云计算、人工智能、信息安全等提供试验场，注入发展动能，形成了产用互促的良性循环。

- **大胆创新，勇于开拓，深度服务企业发展。**积极引入华为、中国电子等龙头企业，勇于探索机器人、区块链等高端前沿领域，努力承接深圳智能终端制造产业，创新模式打造本地国有控股混合所有制大数据样板企业，从技术、市场等多维度为企业搭接合作桥梁。

杭州：知微知彰，数治有方

2020年年初，一场突如其来的新冠肺炎疫情席卷了全国上下，在这场艰苦的抗疫斗争中，武汉雷神山、火神山医院的建设向世人展示了中国的基建速度，同一时间，浙江杭州也以另一种方式向世人展示了我国数字战疫防疫的速度。

2月4日晚，面临正月初七严峻的“返岗、返工、返学”高峰，杭州市余杭区率先请缨，疫情防控工作领导小组抽调人员与支付宝、钉钉、码全信息、宇视科技等企业商议开展“头脑风暴”，运用数字科技手段，开发余杭“绿码”。

2月5日6时57分，扫码、注册、审核全流程跑通；上午9时，“绿码”成功演示。

2月11日杭州健康码正式上线。

2月17日健康码“跑”向全国。

短短一周，健康码为全国快速复工复产“动起来”提供了人员健康识别的基础支撑工具。

九层之台，起于累土。健康码这一智能实用数字化应用，仅仅是杭州数字经济发展积淀与底蕴的一个紧急呈现，其背后，是这个城市数字产业与数字化发展的不懈探索与前沿引领。

兴起于毫末，软件业夯实“数字”发展基础

杭州国家软件产业基地坐落于杭州滨江区的国家级高新技术产业开发区中，这个日后的“天堂硅谷”，带着超前的发展意识，自

20世纪90年代就开始了在软件领域的深耕。

2000年，国务院发布《鼓励软件和集成电路产业发展的若干政策》（以下简称“18号文”），将软件和集成电路产业推向了第一个加速发展的高潮。为具体落实“18号文”政策，2001年，原国家信息产业部与原国家发展计划委员会联合召开了“国家软件产业基地”命名授牌大会，杭州软件产业基地成为我国首批11个国家软件园之一。

21世纪初，杭州国家软件产业基地建设被列入浙江省“五大百亿”工程[1]，作为浙江省2003—2007年产业发展的重中之重，从领导重视、资金、监督管理等各方面都属全省最高优先层级，依托于浙江大学和众多科技园，基地在专用网络建设、软件开发环境、人员注册与培训、产业推广与服务、软件工程化应用、项目分包与整合支撑体系等方面得到了长足发展。至此，杭州国家软件产业基地建设发展是杭州市迈出数字经济发展的第一步，这也为杭州市日后数字经济“燎原之势”奠定了坚实基础。

勃发于深耕，铸造“数字”航空母舰

在积极推进以“天堂硅谷”为重点的“一号工程”建设基础上，杭州市提出了要打造“中国电子商务之都”和“世界互联网经济大市”，进而构建杭州信息产业的航空母舰。为了达成这一目标，杭州市开启了敢想敢试、深入一线、深耕厚植、悉心培育的“十年栽树”历程！

首先，杭州市政府不断加强城市的网络基础设施建设，不仅创下了位居全国首位63%的宽带和93%数字电视的普及率，成为中国信息

[1] 2003年1月，浙江省十届人大一次会议提出“五大百亿”工程，2003年6月浙江省人民政府印发《关于实施“五大百亿”工程的若干意见》和《浙江省“五大百亿”工程实施计划》，将“五大百亿”工程定位为事关浙江现代化建设全局，未来五年基本建设的重中之重。

化程度最高的城市之一，还于2008年建成了全国首个“四网融合”（有线宽带城域网、无线宽带城域网、移动数字电视网、移动多媒体网）的“无线数字城市”。如此营造出来的数字文化和数字环境氛围也使得后续数字经济的壮大成为必然。

其次，大力扶持以电子商务为主导的互联网民营企业，在2008年电子商务“看不见、摸不着、有风险”的时代，杭州政府敢于先试先行，先后颁布《关于进一步利用电子商务保就业拓市场促转型的若干意见》《杭州市培育小微企业上规模工作计划（瞪羚计划）》等政策，以财政补贴的方式对互联网企业进行直接扶持，帮助数万电商创业者度过了发展困难的初期。此外，这个时期杭州还诞生了网易、同花顺、丁香园等多个领域的知名本土互联网公司。一方面，这些互联网公司赋予了杭州“数字基因”，另一方面，杭州良好的民营经济发展环境和互联网氛围共同造就了百花齐放的景象，两者相得益彰。

“东南形胜，三吴都会，钱塘今又繁华”，电子商务和软件业的发展为素有“人间天堂”美誉的杭州带来了21世纪最鲜活的元素——数字，杭州成了继上海、北京之后中国另一个IT产业中心。

擘画于长远，力当“数字”先行者

2013年前后，金融危机的创伤刚刚抚平，中央对当时中国经济所处阶段作出了“三期叠加”的重要判断[1]。彼时的杭州也不例外，曾经高速增长的传统制造业和商贸业陷入下行区间，新兴产业尚未具备支柱性力量，亟需注入新的发展动能，培植内生性的经济增长点。

杭州市委、市政府在深入调研和审慎谋划后，又把目光聚焦到数

[1] 在2013年上半年政治局讨论经济形势会上，习近平总书记正式提出中国经济处于“三期叠加”阶段的重大判断，“三期叠加”是指增长速度换挡期、结构调整阵痛期、前期刺激政策消化期同时集中出现。

字领域，2014年7月，市委十一届七次全会审议通过了《关于加快发展信息经济的若干意见》，杭州市首次提出“信息经济”概念，这是数字经济的雏形和早期阶段。在该文件中，提出“以智慧产业化和产业智慧化为重点，坚持基础建设、产业发展、应用服务‘三位一体’，加快发展信息经济、智慧经济”。以此为起点，杭州市将信息经济和智慧经济作为未来实现突破的“开路石”，开展了一系列的开创性实践。

一心向“云”，争当数字产业发展“排头兵”

经过多年培育积淀，杭州市已经聚集了阿里巴巴、网易、浙大网新、海康威视等一批数字行业龙头企业，宽带网络、数据中心等信息基础设施建设升级到新水平，同时还具备了国家级软件产业基地、国家集成电路设计产业化基地、国家光纤光缆产业园等多个国家级信息产业发展载体。

杭州市在原有转塘科技经济园区已建的杭州云计算产业园、阿里云计算创业创新基地两个涉“云”平台基础上，携手阿里云打造全国首个云计算产业生态小镇——云栖小镇，围绕“云”的创新创业，构建云计算生态，致力于打造云产业领域的“达沃斯小镇”。

云栖小镇内新建了一所私立研究型大学——西湖大学，进一步提升小镇的创新基础支撑能力和文化内涵。

小镇内一年一度举办云栖大会，不断提升杭州市云计算产业在国内外的影响力。2020年，杭州市云计算与大数据产业主营业务收入增长19.4%。

双“牌”驱动，杭州数字经济发展获取“加速度”

2014年，杭州市政府正面临着“如何提升数字经济产业能级和核心竞争力，加快构建更有活力和竞争力的数字经济生态”的高难度命题。这一年 11 月，李克强总理到浙江考察，明确表示鼓励支持设立中国（杭州）跨境电子商务综合试验区，杭州综合试验区形成了“六体系两平台”[1]的发展模式，在制度创新、产业发展、园区规划、生态圈打造等方面，展开探索。为 2016 年 12 个城市的扩大试点提供了可借鉴经验和方法，2019 年杭州市跨境电商进出口总额达 137.99 亿美元，同比增长 21.4%，外贸发展的内生动力不断增强。

与此同时，杭州积极创建国家自主创新示范区，在跨境电子商务、科技金融结合、知识产权运用和保护、人才集聚、信息化与工业化融合、互联网创新创业等方面先行先试，“杭州创新”进入快车道。杭州宣布打造“全国数字经济第一城”，用积极姿态迎接以数字经济为核心的新一轮科技革命浪潮。

“杭州是创新活力之城，电子商务蓬勃发展，在杭州点击鼠标，联通的是整个世界。”习近平总书记在 B20 峰会（二十国集团工商峰会）上如此推介举办城市杭州。中国（杭州）跨境电子商务综合试验区和国家自主创新示范区这两个国家级“招牌”，既是杭州市数字经济发展的巨大驱动力，又是杭州市数字经济发展特点的集中体现。

“三化融合”，“数智杭州”建设步入快车道

2018 年 10 月，杭州宣布打造“全国数字经济第一城”，全面推进数字产业化、产业数字化、城市数字化“三化融合”行动。

在数字产业化方面，以云栖小镇为引领性载体，全面推进 5G、数据中心、工业互联网等数字新基建，不断激发数字经济发展的动能，加快推进人工智能、区块链等新技术、新产业发展，催生出一大批新

[1]“六体系”包括：信息共享服务体系、金融服务体系、智能物流体系、电商信用体系、风险防控体系和统计检测体系。“两平台”分别是：线上“单一窗口”平台和线下“综合园区”平台。

业态、新模式、新场景，不断扩大数字经济发展空间。2020年，全市数字经济核心产业实现增加值4290亿元，增长13.3%，高于GDP增速9.4个百分点，占GDP的比重为26.6%，超过1/4，连续几年全市人才净流入率和海归人才净流入率均居全国第一。

在产业数字化方面，实施以提升能级为目标的“新制造业计划”，率先走出了一条从“机器换人”到“工厂物联网”再到“企业上云”“ET工业大脑”“未来工厂”驱动的智能制造发展之路。

在城市数字化方面，杭州2016年启动“城市大脑”建设，先是针对城市“交通病”，将人、车、道路数据多端统一接入系统，加以人工智能分析技术，两年后使交通拥堵率从2016年全国第5名降到了2018年的57名，高峰期间平均行车速度提升了15%。2018年年底，杭州城市大脑形成了体现各部门之间业务协同创新的旅游、出行、就医、停车与警务五大系统，九项惠民举措应运而生。2020年6月，杭州市第十二届委员会第九次全体会议审议通过《关于做强做优城市大脑打造全国新型智慧城市建设“重要窗口”的决定》，进一步明确了城市大脑建设的近中长期目标与任务，奋力打造“全国数字治理第一城”。

2021年，杭州出台《杭州争当浙江高质量发展建设共同富裕示范区城市范例的行动计划（2021—2025年）》，将持续发展杭州在数字经济领域的“头雁”效应，以数字化改革撬动共同富裕体制机制创新实现重大突破，为全国达到共同富裕贡献更多杭州样本、杭州经验。

《杭州市数字经济发展“十四五”规划》明确提出，到2025年，全市规模以上数字经济核心产业企业营业收入达到2万亿元，增加值达到7000亿元并力争向万亿元迈进，增加值占GDP比重达到30%。

一连串指标数据，擘画出这座城市更壮阔的数字未来。

众诚智库案例价值品鉴

- 杭州以极其灵敏的嗅觉，紧跟国家政策导向，超前把握每一次产业前沿，结合本地基础优势，实现数字经济一步一个台阶的领先发展。
- 始终将创新作为数字经济发展的核心驱动力，打造开放包容、激发创新的营商环境，充分释放民营经济的发展活力。
- 坚持需求导向、应用引领、技术推动，数字产业化、产业数字化和数字城市化三化融合发展，既形成数字经济高效发展的生态体系，又极大提升了数字经济的经济社会带动水平。

区县数字经济发展

他山之石，可以攻玉

乌镇：因“会”牵手世界互联网

乌镇，是浙江省县级市桐乡的一个古镇，但风头却一度盖过桐乡乃至嘉兴。烟雨画卷，粉墙黛瓦，桨声舟影，流水人家……一幅江南小镇的美丽画卷，是乌镇的真实场景。如果没有后来的故事，也许乌镇会跟周庄、同里等江南古镇一样，只是中国江南古镇中的“一个”而已。2014 年，首届世界互联网大会在乌镇召开，并将乌镇作为永久会址，自此，乌镇在古镇的美丽外表之下增加了互联网的现代气息，数字经济色彩日益浓厚。

世界互联网大会选择了乌镇

据《每日经济新闻》报道，在举办世界互联网大会之前，专家组在全国选址时提出了 3 个条件：第一是互联网经济比较发达；第二是最好能找一个像达沃斯那样的小镇，然后赋予它互联网的魅力；第三是它能代表中国几千年的传统文化。

乌镇，刚好符合这些条件：乌镇在浙江省数字经济的前瞻性布局下已经实现了宽带网线铺设、Wi-Fi 全覆盖，在互联网基础条件上将其他古镇“甩”在了后面——乌镇 80 千米之外的阿里巴巴已经发展成为国内互联网巨头之一；乌镇富有江南水乡特色，沉淀着千年中国传统文化，名人荟萃，既是小镇，又是古镇。

2014 年 11 月 19 日—21 日，由国家网信办和浙江省人民政府主办的首届世界互联网大会在乌镇举行，来自近 100 个国家的政要、国际组织代表、著名企业高管、网络精英、专家学者等 1000 多人参加。时至今日，世界互联网大会已举办 8 届，迎来了一波又一波参会的人、考察的人、旅游的人。大会给乌镇赢来了更大的影响力与美誉度，也让乌镇与其他古镇迅速拉开距离，成为中国古镇里面的“唯一”，成为世界的“乌镇”。

“来过，便不曾离开”，从此，每年的乌镇，总有 3 天属于互联网。

最大化释放世界互联网大会红利，发展数字经济

“只有从一个峰会发展到一个产业，才能让红利释放到最大。”这是浙江省各级领导的前瞻性共识。

2015 年 2 月，现任上海市委书记、时任浙江省省长李强在调研浙江省信息经济发展时指出：“要利用世界互联网大会·乌镇峰会永久会址落户乌镇的契机，加快发展互联网经济，将乌镇、梦想小镇打造成为浙江有信息经济的‘双子座’。”这一年，浙江省政府批复同意设立乌镇互联网创新发展试验区，乌镇互联网产业发展自此进入快车道。2016 年，中央网信办、国家发展改革委正式批复同意在浙江省设立国家信息经济示范区，同时要以世界互联网大会永久会址为载体，创建国家级的乌镇互联网创新发展试验区。

紧紧围绕互联网经济，《中国（乌镇）互联网产业基地建设与发展规划（2015—2020）年》《嘉兴市国家信息经济试点城市·乌镇互联网创新发展试验区实施方案（2017—2019 年）》等顶层设计文件相继出炉。

在发展方向明确之后，乌镇首先注重的是创新生态的打造。在桐乡市“人才新政 27 条”和 17 项人才举措的基础上，乌镇补充出台了“人才强镇 15 条”。针对高端人才引智，乌镇打造了“乌镇院士之家”，截至 2021 年年底，已有近 50 位院士受聘“进家”，院士领衔的 3 个产业化项目已落地。在创新金融方面，乌镇成立了 10 亿元规模的“互联网+”政府引导母基金，支持乌镇打造全国互联网产业孵化器和技术高地。在创新平台方面，乌镇构建了乌镇大道科创集聚区、世界互联网产业园、中国电科乌镇基地、“直通乌镇”产业园等产业矩阵，与清华大学共建“乌镇实验室”，汇聚华为 5G 创新中心、腾讯众创空间、中电海康“乌镇街”等优质互联网孵化机构。目前，乌镇已经初步形成“乌镇创—乌镇孵—乌镇演—乌镇投—乌镇拍—乌镇荟”的一体化创新生态。

为集聚重大项目，乌镇借助世界互联网大会的影响力，举办“互联网之光”博览会、世界互联网领先科技成果发布会、“直通乌镇”全球互联网大赛等大型会议会展活动百余场，吸引奥迪、宝马、三星、vivo 等企业首选在乌镇发布新品，乌镇已成为数字技术展示、数字产品发布、数字项目落地的“新地标”。

自 2014 年首届世界互联网大会以来，乌镇互联网企业迅速增加，仅在“十三五”期间，福瑞泰克、百度 Apollo、墨卓生物等近 1300 家数字经济企业落地乌镇。新制造业与互联网碰撞，催生一批雨后春笋般兴起的新业态，吸引着大批新技术、新应用的集聚，信息制造业的产值和信息软件服务业主营业务收入每年均以 50%的速度增长。2021 年，浙江首个大型超算中心“乌镇之光”超算中心建成，该超算中心将为国家级和省级重点实验室、科研机构、高校、党政机关等提供算力支持。

2017 年，桐乡实施行政区划调整，将乌镇的区域面积从 68 平方千米扩大到 110 平方千米，从而扩大其对周边区域的影响力，乌镇数字经济在空间上拓延的同时被赋予了更高的带动辐射使命。

数字化应用务实、创新、突破

在大力发展数字化产业的同时，乌镇大力推动信息技术在经济社会发展中的变革作用，充分结合本地需求，务实推进各领域的信息技术创新应用。

成立全国首家互联网医院。2015 年建成乌镇互联网医院，搭建医疗协作网，提供覆盖诊前、诊中、诊后的线上线下一体化医疗服务模式，连通全国 7500 多家医院、7200 组专家团队。目前，日均医疗服务量已突破 10 万人次，累计服务超 9.9 亿人次。另外，乌镇建设了居家养老服务照料中心，为老年人提供居家预警、应急救助、生活服务、健康管理、照护服务等五大类 80 多项服务，目前已为 8.5 万人提供服务。

以智慧旅游提升游客体验。在乌镇游览时，只需花短短 3 秒钟录入人脸信息，乌镇的游客即可随时刷脸入园。而针对住宿客人，在办理了人脸识别程序后，可无限次进出景区。除了闸机，乌镇部分民宿、商店等也采用了人脸识别技术，实现了“刷脸入住”“刷脸支付”。目前，集城镇安全、运营管理、信息共享、休闲娱乐、环境生态于一体的新型智慧城镇微笑乌镇正在建设中，将为游客带来全新的智慧融入体验感。乌镇的旅游人数和旅游收入实现快速增长，2019 年实现营业收入 21.8 亿元。

以前沿智能技术打造网红公园。在乌镇人民公园，有 AI 识别虚拟步道跑道、AR 动物园、智能广场舞互动大屏、智能垃圾桶……在这里，最新最潮的科技体验经常让人不期而遇。这个始建于 20 世纪 50 年代的传统公园，通过智慧化改造，打造了 23 个互动性交互场景，制定了 4+*N* 条专属参观游玩路线，现已经成为全国首个“新基建+5G+智慧互动体验”线上线下一体化公益性生态公园和网红公园。

加速新型基础设施建设。2019 年，嘉兴第一个符合商用网标准的移动 5G 基站在乌镇率先开通。两年后，乌镇已建成 5G 基站 385 个，实现 5G 信号全覆盖，大会场馆等重点区域 5G 最快网速可达 2000Mbps，成为全国唯一同时拥有国际互联网数据专用通道+5G 全覆盖的镇。

打造乌镇管家联动中心。2017 年，乌镇推出集线上线下功能于一体的社会治理综合指挥平台——“乌镇管家联动中心”。该联动中心通过线上整合各部门信息平台，线下成立“乌镇管家”联动队，实现对社会治理的“一网联动”。其中，乌镇管家发挥人熟、地熟、情况熟的特点，按照“四清四报”职责，通过“线下收集+线上报送”等多种方式，配合政府对全镇情况进行管理。2020 年，乌镇启动智慧城镇建设 3.0 迭代升级计划，“乌镇管家联动中心”进行了优化提升。联动中心除了对环境卫生清理、违章停车、火灾火情等城镇治理问题进行信息报送、问题处置，还增加了“文明币”商城、“群众抢单”“管家对游客开放注册”等方式，调动了群众、村社区、社会组织、企业参与基层社会的积极性，构建了“多元参与、协同共治”的社会治理新格局。

打造“云享乌镇”智慧治理平台。2021 年，乌镇在 5G、物联网、三维可视化、大数据、北斗网格码、AI 等先进技术的支撑下，推出“云享乌镇”智慧治理平台，大力促进“一码关联、一图可视、一网感知、一湖数据、一体联动”发展目标的落实，提升乌镇社会治理智慧化水平。

除此之外，乌镇还建成全国首家互联网司法所，建立起了 24 小时法超市，打造了“互联网+人民调解”“互联网+公共法律服务”“互联网+社区矫正”“互联网+法治宣传”四大品牌。这样，居民足不出户就能享受到公共法律服务，政府也能通过数据智能研判，实时统筹运用全镇各项资源，快速有效地为群众排忧解难，切实提升群众获得感、安全感。

机会稍纵即逝，在与“网”竞速的时代，乌镇抓住了风口，成功逆袭为“数字经济的网红打卡地”，成为国家级互联网创新发展试验区，成为浙江自贸试验区联动创新区的重要单元。现在的乌镇，互联网血液持续注入，在中国的古镇名录里“独树一帜”，在世界的舞台上将日益“璀璨夺目”。

众诚智库案例价值品鉴

- **各级政府支持**。互联网产业在乌镇从无到有、从小到大，离不开各级政府在政策、战略等方面的前瞻决策和大力支持，这些为乌镇互联网产业发展提供了很好的道路发展指引。

- **极尽可能放大世界互联网大会红利**。为更好地释放大会红利，承接大会溢出效应，匹配世界互联网大会及永久会址，打造世界乌镇；从数字经济、数字生活、数字治理方面，全方位诠释乌镇数字发展道路。

- **牢牢把握数字经济发展的关键要素**。乌镇从顶层设计、人才与资本要素、品牌影响力、产业发展与市场需求有机衔接等维度抓重点、抓关键、抓落实，高举高打，实现高效可持续发展。

晋江：实体经济厚土之上的数字化转型之路

“三分天注定，七分靠打拼”——这首名为《爱拼才会赢》的闽南民歌蕴涵着晋江人改革开放近40年发展的真实写照。

晋江作为闽南文化、中原文化、华侨文化和海洋文化的交汇地，素有“泉南佛国”之称。晋江是全国两大人口超200万的县级市之一，连续28年排名全国县域经济前十强。习近平总书记曾“七下晋江”，提出宝贵的“晋江经验”，至今已被践行、传承20年，虽久经考验，却历久弥新。

如今，这座焕发着蓬勃生机的“C位”之城，形成了基础深厚、实力强大的纺织服装、制鞋、食品饮料、陶瓷建材四大千亿级产业集群，且在数字经济领域风雨兼程、开疆拓土。截至2021年年底，晋江全县90%以上的企业实现“触网”，超千家企业上“云”上平台、累计超过60%的规上工业企业进入市“数控一代”[1]示范项目产品名单和装备设备名单，成功入选全国工业互联网发展十强县。其中，安踏集团入围全省数字经济独角兽企业，百宏集团成为泉州首家智能标杆工厂……这一切的成就都表明，晋江正在成为逐浪数字经济时代的弄潮儿。

纵观晋江的过往发展，从实体经济的激情迸发，到产业集群的破局突围，再到数字改革的转型引领，我们可以清晰地把握晋江得以不断超越、跨越发展的数字脉动。

---

[1] 数据来源：2020年，中国工业互联网研究院“全国县域工业互联网发展指数”。

专注实体，夯实数字经济发展之基

20世纪五六十年代，晋江虽是临海城市，但并没有因此得到什么“福利”。彼时的晋江“人稠山谷瘠，就耕无地辟”，贫瘠的自然条件让晋江人只能被圈定在有限的耕地上“日出而作、日落而息”，因此也被扣上了“高产穷县”的帽子。偏居一隅且资源匮乏，晋江人的意志并没有被磨灭，反而赋予了他们“爱拼”的性格。直到1978年，改革开放到来，晋江人的经商“基因”被全面激活，他们闻风而动、顺势而起，世代传承的开放思维、商业意识、竞争精神开始苏醒。昔日贫瘠的滨海之地在晋江人的努力下，很快从“农业经济”时代迈向了千帆竞技的“海洋经济”时代，焕发出了勃勃生机。

20世纪80年代初期，晋江依托“三闲”（闲资、闲房、闲人）资源，在各村各镇初步布局了服装、制鞋、食品等制造业，“一村一品，一镇一业”的产业格局也由此显现。进入20世纪90年代，在小规模生产企业相对聚集的基础上，一些企业的市场竞争优势突显，成长为具有一定区域影响力的头部企业。20世纪90年代中后期，随着中国进入卖方经济时代，市场环境一片大好，晋江各大企业抓紧机会做大做强，安踏、七匹狼、九牧王等一系列著名品牌脱颖而出，成为行业翘楚。在龙头企业的示范效应及带动下，晋江各产业领域中的大小企业开始走上专业化协作道路，形成了配套齐全的产业生态和颇具规模的产业集群。

2005年，晋江制鞋行业共拥有鞋类企业3000多家，规上企业302家，年产量9亿多双，休闲鞋产量占全国总产量的40%，占全世界总产量的20%，晋江因此被誉为“中国鞋都”；纺织行业拥有3000多家企业，规模以上企业429家，年产值242亿元，晋江被授予“中国纺织工业基地”称号；拉链行业已经成为全国拉链产品生产加工基地和主要集散地，产量全国第一、世界第二，晋江被授予“中国拉链之都”称号。

传统制造业集群的形成极大提升了晋江的工业化水平，也为晋江后续实施传统制造业改造、发展数字产业奠定了坚实基础。

脱离困境，金融危机之下的坚定抉择

2008 年全球金融危机爆发，对中国沿海地区的传统制造业造成了极大的冲击。一方面，经济增速逐渐放缓；另一方面，出口连续下滑，劳动力成本上升，人口红利消失。一直“高歌猛进”的龙头企业——安踏集团也陷入了困境。同年底，北京奥运会热潮退去，体育产业迅速转冷，加之各品牌连锁店大规模扩张，市场供大于求，库存危机爆发，高峰时安踏集团存货总量超过 30 亿元，而这只是晋江本地传统产业的缩影。

消费低迷，加上产能低端与同质化严重问题，使得晋江的传统产业进入增速换挡期、结构调整阵痛期、改革创新攻坚期“三期叠加”的艰难时期。面临企业水平高但整体创新能力低、企业家知名度高但人才密度低、外部扩张高但本地投入增速低的“三高三低”的巨大落差，本就利润微薄的传统产业开始变得举步维艰。“转战其他领域，还是坚守？”成了摆在晋江人面前的一道选择题。晋江犹如我国的一个切片，折射出当时所有传统企业的“时代之困”与“命运之惑”。

固本荣枝，依托数字产业的破局之道

在晋江人迷茫、徘徊的关键时刻，时任晋江市委书记的刘文儒肯定了“实体经济”的重要作用：“实体经济是晋江发展的命根子、看家宝、压舱石，只要筑牢这个压舱石，再大的风雨也能扛过去。”面对各地大力发展信息技术的热潮和本地信息技术产业基础薄弱的现实，晋江市政府冷静思考、科学选择，选择立足本地传统优势产业，走改造提升传统产业、发展数字产业之路，而这也为晋江未来的科学发展、跨越发展打下了坚实基础。

2014 年，晋江市政府出台《关于推进民综改革打造经济升级版的实施意见》，明确了促进企业的生产经营管理向设计数字化、生产自动化、装备智能化、管理网络化、销售电子化转变的道路。在整个过程中，晋江市政府探索出了**“搭建第三方平台，政府购买公共服务”的新模式，计划每年帮助 75 家企业免费导入精益管理模式，建设 10 个市级开放性公共研发平台，以保证政府服务企业既到位，又不越位。**仅 2014 年，晋江市政府与哈尔滨工业大学合作成立的“晋江—哈工大机器人研发中心”就为企业提供了近 60 套自动化改造方案，为传统产业的数字升级立下了汗马功劳。

全面护航，从点到面开展晋江数字化升级

鉴于晋江已经在传统产业领域集聚了强大势能，晋江市政府提出了由“点”及“面”的产业数字化路径，开启了将产业“势能”转换为“动能”、产业转型升级并行的数字经济发展之路。

首先，晋江市政府针对各行业重点企业精心打造了一批智能制造、工业互联网应用示范项目，包括安踏、晋工机械、福田纺织、柒牌、天守服装、华昂体育等在内的企业都被纳入工业互联网示范平台标杆企业及重点项目名单。依托项目示范带动作用，更多中小企业看到了数字化转型带来的经济效益，由此开始积极跟进，实施智能化、数字化改造升级。

其次，积极搭建公共服务平台。2013 年，晋江市政府引入中国皮革和制鞋工业研究院（晋江）有限公司，共建皮革制鞋行业技术创新和公共服务平台。2018 年，与中科院海西研究院合作打造的中科院海西研究院泉州装备制造研究中心（晋江三创园）投入运营，顺利牵手恒安、柒牌、晋工、舒华体育等龙头企业，开展工业大数据技术攻关

项目；同年 9 月，引进国字号研究院——中国制浆造纸研究院，携手恒安打造行业智能化标准工厂；诸多“国字号”公共平台的落地为晋江本地产业供需对接、技术研发、协同制造提供了强有力的数字技术支撑。

最后，围绕中小企业在数字化转型中最为关心的成本问题出台了一系列举措，调动企业实施数字化转型的积极性。除了深入企业宣传、解读各级数字经济扶持政策、帮助企业申报各级政策资金，晋江市政府还出台实施了制造业数字化扶持政策，对采购 ERP、SCM、CRM 等综合性管理信息系统的企业，分别给予相应比例的资金补助，并从 2021 年开始的 3 年内，每年提取 800 万元设立工业互联网云服务专项补贴券，用于支持企业实施数字化转型。

蓝图已就，产业数字化、数字产业化双轨加速

晋江市政府不遗余力地通过数字赋能产业，让外界看到了晋江厚植数字经济热土的决心，也为晋江推动数字产业化带来了新机遇。

2020 年 10 月，SAP 海丝工业互联网创新中心落户晋江，旨在进一步深度融合晋江本地产业链进行创新，打造产业数字化、智能化解决方案和工业互联网示范平台；2021 年 2 月，晋江市政府与华为共建华为（晋江）工业互联网云孵化中心，专门针对晋江本地传统制造供应链周期长、高库存、高成本、无数据沉淀、质量不可控等问题提供解决方案；2021 年 12 月，晋江市政府与中海创集团合作打造的工业互联网平台“海创云”项目落地应用，将为晋江市的纺织企业提供产业链协同、智能化生产、个性化定制等服务。工业互联网、智能化服务等高端资源导入、汇集，数字产业化发展的雏形已经形成。在晋江这片兴业强市的热土上，数字经济的发展活力正在不断释放。

在当前新旧动能转换的关键期，晋江紧盯数字技术、数字经济前

沿趋势，以数字化转型推动传统产业全链条、全要素的彻底变革，形成了“信仰数字、崇拜效率”的产业发展新风气，凝聚成了晋江发展数字经济的又一次宝贵经验。2022 年 2 月，晋江出台了数字经济发展三年行动计划，对数字经济的发展提出了更远大的目标与更高的要求，相信在不久的未来，晋江的数字经济将不断打破与实体经济的“次元壁”，成为晋江发展的强劲引擎！

众诚智库案例价值品鉴

❖ **打牢实体经济根基。**数字经济的发展无法脱离实体经济而存在，晋江的数字产业发展离不开本地厚实的产业基础，依托传统产业开展数字化转型真正推动了晋江数字经济发展的进程。

❖ **充分发挥龙头企业的带动效应。**加大对转型期的龙头企业的资金支持和要素投入，加快建设科技创新平台，打造示范应用与标杆，起到了引领地区产业发展的示范带动作用。

❖ **在产业数字化进程中精准把握策略的灵活性。**对于大型企业，晋江市政府采取了以组织、推荐、帮助打造工业互联网示范平台和应用标杆为主的策略；对于中小企业，则采取了完善公共服务平台的策略，真正做到了对策的针对性和层次性。

义乌：数字经济为小商品之都发展“赋能添翼”

这是一座不靠海也不临江、地处浙江省“内部”的县级市；这更是一座资源禀赋、交通环境条件都不出众的“普通”小城市。但就是这样一座“其貌不扬”的城市，成了“链接”全国200多万家中小微企业、出口全球219个国家和地区的“世界小商品之都”，被联合国、世界银行等国际权威机构确定为世界第一大市场。2021年中国县域电商竞争力百强榜，这座城市位居榜首；2021年中国城市快递量排名，碾压广州、深圳、杭州、北京等大城市，这座城市排名首位。其发展模式被习近平总书记总结为“‘莫名其妙’‘无中生有’‘点石成金’”。

这，就是义乌——一座敢想敢干、不断超越、屡创奇迹的城市。

改革开放初期，市场经济发展的第一批“弄潮儿”

义乌，历史上以农耕为主，百姓十分贫苦。只是每逢冬春农闲，人们会手摇拨浪鼓、肩挑担子，走街串巷，用自制的红糖换回鸡毛，改善生活，这就是“鸡毛换糖”的故事，也是义乌经商文化的历史起源。

1978年，改革开放的号角唤醒了义乌人流淌在血液里的商业记忆，打开了义乌人经商的财富密码。这一年，义乌人自发组织了廿三里集市，形成了义乌第一代小商品市场的雏形。但当时，义乌市政府对小百货经营持“上面没有开口，农民经营不支持”的消极态度，小商品市场发展并不顺利。直到1982年，一个灵魂人物出现了——时任县委书记谢高华。他来到义乌之后，在一连数月调查农民摆摊和“鸡毛换糖”等情况后，宣布开放小商品市场，提出“四个允许”[1]。这时，义乌人才敢真正意义上做生意。随后，谢高华在全县镇乡党委书记会议上正式提出“兴商建县”（义乌撤县建市后改为“兴商建市”）的战略，指出要“以贸易为导向，贸、工、农相结合，城乡一体化，兴商建县”。

1984 年 12 月，义乌第二代小商品市场——新马路市场建成，并更名为义乌小商品市场。两年后，市场再次搬迁，移址城中路边，在第三代市场中，年交易额突破亿元大关。此时，义乌的小商品市场在全国范围内已形成一定影响力。

1991 年，义乌小商品市场年交易额突破 10 亿元，义乌小商品市场成为全国最大的小商品专业批发市场，轰动全国。为了巩固小商品市场在国内的地位，义乌从 20 世纪 90 年代开始举办小商品博览会，以会促发展。同时，为有效应对国内“后起之秀”的激烈竞争，义乌将眼光盯在了国外大市场上，逐步发展进出口贸易。

在义乌政府坚定不移地实施“兴商建县（市）”的发展战略下，义乌小商品经济市场从无到有、从弱到强，成为全国商品经济中一盏耀眼的明灯。

20 世纪 90 年代中期，互联网初期的一撮“微弱星火”

20 世纪 90 年代中期，互联网在中国兴起，电子商务应运而生。这时，应用者更多地用电子商务进行信息发布、业务推广宣传、客户交流，电子商务业务范围相对较窄。1996 年，义乌成为全国首个县级市互联网节点城市。随后，义乌开辟电子交易区，开通与因特网互联

[1]“四个允许”：允许农民经商、允许从事长途贩运、允许开放城乡市场、允许多渠道竞争。

的中国小商品信息库，开通“商城信息站点”，建设“中华商埠”搜索引擎，建设电子商务系统，建立网上配送中心、结算支付系统，构建网上小商品市场，引导经营户开展网上交易，提高交易的效率和效益。

2001 年，中国加入 WTO，为顺应时势发展，义乌提出要建设国际性贸易城市，推进小商品全球数字化交易市场的建设。之后，义乌的国际贸易体量迅速扩大，进入以内贸为主向以外贸为主过渡的阶段，这也推动了义乌跨境电子商务的发展。

2003 年，阿里巴巴投资成立淘宝网，进军 C2C 市场，并很快发展成为亚洲最大的购物网站。2007 年，淘宝网年成交额突破 400 亿元，仅次于上海大型国有商贸流通产业集团百联集团的 771 亿元，成为中国第二大综合卖场。而义乌小商品市场贸易年交易额增长速度却呈下滑态势，义乌线下实体经济增长乏力。期间，虽然有创亚科技、8848、中企动力等电子商务服务商进驻义乌，出于电子商务对义乌实体经济冲击的过分担忧，义乌对发展电子商务的态度并不积极。2007 年，马云到访义乌，希望与义乌市政府和商城集团合作，在互联网打造一个虚拟的义乌小商品市场，事情最后不了了之。

金融危机后，数字经济发展“蓄势待发”

2008 年，受金融危机的影响，国内实体经济和对外贸易遭受重创。反观中国互联网的发展，却表现惊人。这一年，中国网民数量首次超过美国，跻身全球网民第一大国；淘宝网成为中国最大的综合卖场。而义乌网店数量仅为数百家，电子商务交易额仅有 50 亿元，只占线下小商品市场交易额的 13.09%。在此形势下，义乌人意识到，如果不发展电子商务，将远离庞大的市场客群，最终被时代抛弃。2009 年，义乌在 2006 年由商务部主持编制的“义乌・中国小商品指数”基础上，积极开展指数应用和电子商务平台、流行趋势发布平台、标准信息综合服务平台、小商品编码中心的建设，成立电商创业学院，全力促进电子商务的发展。在一系列努力下，汇集170万种小商品的义乌，迅速迎来了电子商务井喷式的发展。2010年，义乌聚集各类网商3万多家、第三方平台企业100多家；2011年，达5.5万家网商、接近200家第三方平台企业，电子商务交易额占小商品市场贸易额的67.36%，较2008年增长54.27%。

在对外贸易方面，为有效应对2008年金融危机的影响，中国采取了稳定外贸、保持对外贸易稳定增长的支持政策。在此背景下，义乌加快了跨境电子商务发展的步伐。2009年，义乌海关和公共型保税仓库设立，义乌成为全国第一个拥有独立海关的县级市，跨境电商便利化服务水平提高。2011年，义乌成为国际贸易综合改革试点，在跨境电子商务、“无纸化通关”、法检商品目录调减、简化审批等方面进行改革试点。随后，义乌建立了国际电子商务园区，与阿里巴巴、中科院计算所、中国国际电子商务中心等机构开展战略合作，“义乌购”成功上线，义乌跨境电商发展有序快速推进。

“互联网+”时代，数字经济发展呈“燎原之势”

自2013年国家批复义乌试行市场采购贸易方式以来，依托义乌实体市场和物流优势，义乌电子商务发展迅速。这一年，义乌电子商务交易额首超线下小商品市场交易额，义乌小商品经济从“线下为王”转向“线上为王”的时代。为了促进电子商务的健康发展，义乌成立了电子商务工作领导小组，启动30万电商人才培训计划、推进“电商换市”行动、建设电商园区等，全力促进电子商务发展。

国家“一带一路”倡议提出后，2014年“义新欧”中欧班列开通，义乌与“一带一路”沿线国家和地区经贸往来密切。加之义乌港升格为国际级内陆港、保税物流中心获批等机遇叠加，义乌的跨境电子商务快速扩大。在此基础上，义乌加强与阿里巴巴、京东开展战略合作，引进兰亭集势、大龙网、比利时邮政等知名平台，举办中国国际电子商务博览会、世界电商大会等大型会议，成为全国第三批跨境电子商务综合试验区的唯一县级市。

进入 2019 年，义乌成为全国首个省级挂牌的国际贸易综合改革试验区。这一年，世界电子贸易平台（eWTP）全球创新中心落户义乌，跨境电商综试区保税进口（1210）业务量居全国第三批试点城市首位，义乌通过阿里巴巴国际站设立义乌小商品专区……义乌跨境电子商务发展步伐越来越快。

2020 年，义乌纳入自贸区后，充分发挥义乌市场、物流优势，致力打造国际小商品自由贸易中心、数字贸易创新中心、中国小商品制造创新策源地和标准输出示范基地、“一带一路”开放合作通道、打造中非经贸文化合作示范区。目前，义乌已率先实施 9710、9810 试点[1]，跨境电商出口“海陆空”通道全部打通。同时，依托近 8 万家实体商铺资源，义乌已建成全场景、全链路数字化贸易综合服务平台——义乌小商品城。

除此之外，义乌数字环境持续改善。截至 2020 年年底，全市建成开通 5G 基站 2100 多个，主城区和核心镇区 5G 网络基本实现基础性覆盖，智能制造、电商直播领域 5G 应用逐步展开。2020 年，全市规模以上数字经济制造业企业 23 家，其中亿元以上企业 7 家，10 亿元以上企业 3 家；全市共实施以吉利、棒杰、梦娜等为示范的智能工厂和无人车间项目 11 个，两化融合重点项目 23 个，新增企业上云 3000 家，工业设备联网率 51.2%，比 2019 年提升 10%以上。

[1] 海关总署决定自 2020 年 7 月 1 日起在杭州等 10 个海关开展跨境电商 B2B 出口试点，增设监管方式代码 9710、9810。其中，9710 适用于境内企业通过跨境电商平台与境外企业达成交易后，通过跨境物流将货物直接出口送达境外企业；9810 适用于境内企业先将出口货物通过跨境物流送达海外仓，通过跨境电商平台线上成交后再从海外仓送达境外购买者。

回顾过往，收获颇丰；展望未来，信心百倍。在新的历史环境下，义乌正抢抓双循环、自贸试验区等战略机遇，以数字经济为抓手，全力打造“买全球、卖全球”的世界超市，抢当新发展格局中“重要窗口”模范生，打造以高度发达数字经济为目标的全球数字贸易变革高地。

众诚智库案例价值品鉴

- 义乌在地理环境、产业基础、资源禀赋等方面并不具有先天优势。但就是这样一个“一穷二白”的城市，其商品经济实现了从无到有、从小到大、从弱到强，这绝不是历史偶然。这跟当地“鸡毛换糖”的经商文化有关，跟当地人“敢为天下先”的做事风格有关，跟当地政府“执政为民、创新有为”的精神气节密切相关。

- 在改革开放初期，义乌选择了“兴商建县（市）”；在国内专业市场呈现一片红海之时，义乌选择了“进出口贸易”；在实体经济受电商冲击之时，义乌选择了“电商换市”；在扩内需、稳外贸的格局下，义乌站在了“买全球、卖全球”的世界高点。关键时刻，义乌都能快速做出响应，步步领先。

- 在战略选择和落实上，确定“兴商建县（市）”战略后，历届义乌政府和义乌人为之努力和坚守。在市场发展布局上，义乌采取“先国内、后国际”的发展战略，方向和步骤非常明确，每走一步棋，都能快、准、好，并积累成自身优势，形成正向积累，成为后一步发展的坚石。

园区数字经济发展

他山之石，可以攻玉

长沙高新区：在移动互联网“梦工厂”中崛起的“计算之城”

2021 年 9 月 17 日，世界计算大会与会领导、嘉宾以视频连线的方式，共同见证长沙国家高新技术产业开发区（以下简称“长沙高新区”）“世界计算 · 长沙智谷”项目正式开工。这一项目占地 913 亩，计划总投资约 180 亿元，采用以公共交通为导向的 TOD 模式，利用现有生活及居住配套，将生态保护与“山水洲城”精美建设有机融合，以地铁 2 号线为公共交通主干线，通过连接现有生态环境系统，吸纳周边配套资源，构建“一心一轴”“二面三带”“六组团”的空间格局，打造青年向往的产业之城、融合之城、创新之城、智慧之城。

大力发展计算产业是长沙高新区在国家发展改革委、中央网信办、工信部、国家能源局联合印发《关于加快构建全国一体化大数据中心协同创新体系的指导意见》（发改高技〔2020〕1922 号）、《全国一体化大数据中心协同创新体系算力枢纽实施方案》(发改高技〔2021〕709号)后，顺应国家关于全国一体化大数据中心算力枢纽体系建设指引，做出的数字经济发展最新战略选择。

在此之前，长沙高新区数字经济发展已经经历了产业数字化、移动互联网、软件和信息技术服务业一步一个脚印的探索和积淀。

从数字化应用起步，稳扎稳打，砥砺前行

长沙高新区是全国首批国家级高新区、全国第六个国家自主创新示范区，也是湖南省唯一的国家海外高层次人才创新创业基地，位列“2020年中国先进制造业百强园区”第10名，跻身中国先进制造业百强园区第一方阵。

在数字化、智能化浪潮中，长沙高新区高度重视智慧园区建设，将智慧园区建设作为产业数字化、园区智能化的推动力量，以创新型科技园区跻身全国一流高新区行列，当好长株潭自创区火车头、高质量发展领头雁。

在网络基础设施方面，长沙高新区按照“统一规划、统一建设、统一管理运营维护”的原则，建设了覆盖麓谷建成区的地下弱电管网。在此基础上，有序构建起上连市级平台，下连街道乡镇，横向连接全区各党政部门的电子政务信息网络及覆盖全园区的光纤骨干网络、无线网络，网络信息安全防护能力不断增强。

长沙高新区逐步提升信息资源整合共享水平，初步实现了对全区的视频监控等基础数据和部分网格化业务数据资源的采集、整合、存储和共享；围绕高新区企业综合管理与服务的需要，建设了企业综合平台，实现了企业法人基础信息数据定期更新、传输、汇总，建立统一的人力资源供需信息库，集合组织人事局、社会事业局等部门分散的信息资源，集中人才招聘、人才猎聘、人事代理、就业推荐、就业

培训、政策咨询等人力资源公共服务职能。

长沙高新区不断推进电子政务应用，除国家、省级、市级主管部门统一开发应用的信息系统应用外，管委会委托园区内企业开发建设了数字化办公平台，经过持续升级维护，有效满足了政务无纸化办公和移动化办公需求，形成了“一网、一屏、一公众号”统一对外门户，成为党务政务公开、网上服务、政企民互动交流的重要渠道。管委会各部门也根据自身业务管理服务需要，自建了多个专业应用系统。

长沙高新区依托数字化平台有效提升协同治理能力，建成智慧麓谷综合管理中心，汇集了网格化综合治理信息平台、城管环保、市场监管、公安天网、电子警察等视频监控点位，形成了集城市管理、社会治理、安全生产、应急指挥、呼叫中心五位一体的综合管理指挥中心，实现了跨部门的管理资源共享、工作职能互补、问题处置协同。

长沙高新区积极探索信息技术在教育、医疗等公共服务领域的应用，依托市级教育云平台，建立了学校、教师及学生数据库，提供在线学习、科学教学、校园管理、教学研修、综合评价等智慧教育应用及服务，展开“智慧课堂”应用试点，利用人工智能等技术构建数字化教育体系。开通“长沙高新区健康伴我行”公众号，为民众提供电子健康卡绑定、预约挂号、预约检查检验、预约接种、诊间支付、检查检验结果查询、电子健康档案查询、既往诊疗信息查询、健康资讯查询等便民服务，并为基层医疗卫生机构的运营管理提供数据支撑和决策支持。启动智慧社区试点建设，在尖山湖社区首先构建社区综合信息管理服务平台，提升基层服务和管理效能。

长沙高新区的智慧园区建设自“十二五”以来，采用“规划—设计—建设—再规划”的迭代升级模式，脚踏实地，有序推进，极大地推进了园区智慧化进程，为数字经济发展奠定了有力的数字化基础。

勇争移动互联网“第五城”

2014年年初，湖南省政府发布《湖南省人民政府关于鼓励移动互联网产业发展的意见》（湘政发〔2014〕6号）；随后，长沙市政府发布了《关于加快推进长沙移动互联网产业发展行动计划（2014年—2016年）》；2014年4月3日，长沙高新区快速制定并发布了《长沙高新区落实省市政府加快移动互联网产业发展政策的实施办法》，设立移动互联网专项资金，出台鼓励移动互联网企业入驻与发展的具体政策措施。湖南省提出要打造中部地区最大的移动互联网产业“梦工厂”，长沙高新区则是建设“梦工厂”的先锋与生力军。

2014年5月26日，湖南省移动互联网产业聚集区落户长沙高新区。一年多以后，长沙高新区内就聚集了移动互联网企业近1000家，58同城、金蝶互联、易宝天创、友阿云商、步步高支付、善领云商等一批与移动生活相关的移动互联网企业在此扎根，龙头企业的进驻形成了一个虚拟的“黄埔军校”，营造了浓厚的产业氛围。在此基础上，长沙高新区于2015年启动“柳枝行动”，以众创空间的形式扶持移动互联网中小微企业，培育准独角兽企业孵化梯队，产业集聚效应进一步提升。2020年，长沙高新区发布了《长沙高新区发展移动互联网及软件产业的若干政策》及实施细则，形成产业发展的新一轮推力。截至2021年上半年，园区内移动互联网企业突破1.3万家，移动互联网规上企业220家；仅2018年，吸引新注册移动互联网企业1794家，新增融资企业48家，融资金额9.38亿元。

在移动互联网产业发展过程中，一个顺应国家战略导向的细分领域正在这里酝酿形成……

领跑湖南省先进计算产业

长期以来，长沙高新区围绕自主可控整机、芯片及核心元器件、基础软件和计算应用等领域精准发力，在载体建设、项目引进、产业政策、生态培育等方面精心谋划，打造了较完整的先进计算产业链。在整机方面，汇聚了长城、湘江鲲鹏两大品牌；在基础硬件方面，坐拥飞腾和鲲鹏两大 CPU，以及景嘉微的 GPU、进芯电子的 DSP、同友科技的 SSD；在基础软件方面，发展了麒麟信安与麒麟软件的操作系统，以及金蝶的中间件、亚信的数据库；在算力方面，布局了国家超算中心。31 家企业入选湖南省软件和信息技术服务业企业 50 强；新计算已在工程机械、游戏动漫、智慧城市、电子商务、科学研究等领域得到广泛应用。“算力底座+系统集成+应用服务”的计算产业生态初步形成。

2021 年 9 月，长沙市发布了《长沙市加快先进计算产业发展三年行动计划（2022—2024 年）》，提出通过打造两大算力平台（拓展超算中心应用领域、推动人工智能计算中心），力争到 2024 年，在智能制造、城市大脑、智能网联汽车、超高清视频、医药研发、三航、种业科技七大领域，形成不少于 300 个特色鲜明、亮点突出、可复制可推广的应用场景。自 2022 年起，由市本级设立长沙市先进计算产业发展专项资金，连续三年累计投入 2.5 亿元，其中的 1.5 亿元支持长沙高新区计算产业发展，主要集中在长沙先进计算产业集聚区“世界计算·长沙智谷”的建设上，支持长沙高新区先行先试，探索实施 M0 新型用地模式，鼓励相关科创、项目资源向集聚区汇聚。

对于长沙高新区而言，“世界计算·长沙智谷”的建设模式是新的，但因有产业基础的前瞻布局而底气满满，长沙高新区再一次成为湖南省发展先进计算产业的领跑者。

数字产业的快速发展形成了长沙高新区乃至湖南省制造业强劲发展的动力，驱使工程机械、装备制造等产业进行翻天覆地的变革，向世界级产业集群迈进。截至 2021 年 8 月底，园区共有市级以上智能制造企业（项目）217 家，其中国家级智能制造企业（项目）14 家，位居中部园区首位，占全市的51.6%，占全省的32%；省级智能制造示范企业（车间）11家，长沙市智能制造试点企业（项目）共192家。

数字经济的发展不是一蹴而就的，长沙高新区结合自身发展阶段和信息技术发展趋势，按照国家、湖南省、长沙市的战略指引，选定方向，谋好路径，步步为营。面向“十四五”，将以先进计算为导向的新一代信息技术产业列为首位，持续赋能生产与生活、管理与服务，引领长沙市乃至湖南省数字经济发展进入新轨道，到达新高度。

众诚智库案例价值品鉴

- **快速跟进国家战略与产业趋势**。无论是智慧园区、移动互联网，还是先进计算产业，长沙高新区都是在产业或应用发展热潮之初，充分领会国家、湖南省、长沙市战略指引，快速响应，紧密衔接，谋定而后动。

- **始终坚持理性发展、有序推进**。长沙高新区在数字经济发展的每个阶段，都强调目标与路径的切实性，不盲从、不激进，政策在继承基础上升级优化，保障可持续性，为企业发展创造稳定可信的营商环境。

- **注重创新，龙头企业与中小微企业两手抓**。注重创新性技术与企业引进，与北京大学、长沙市人民政府共建北京大学计算与数字经济研究院，打造具有国际影响力、引领国内计算与数字经济创新技术研究和产业发展的创新平台。以清晰、全面、高含金量的政策及良好营商环境吸引龙头企业，支持建设创新创业孵化平台，培育扶持中小微企业，形成合理的产业链企业梯队。

中关村朝阳园：从电子工业的摇篮到数字经济的星辰大海

提起中关村，几乎所有人先想到的是北京市海淀区的中关村一条街或中关村科技园。其实，中关村早已不再是专指的一个地名，而是一种可输出的品牌、概念和理念，也代表了一种园区经营模式。现在的“中关村”代表的是中关村国家自主创新示范区，“一区十六园”，中关村朝阳园便是其中一个。

中关村朝阳园一路和新中国同风雨、共成长，走过建国初期电子工业巅峰的辉煌，历经改革开放后的裂变与转身，目前正走上科技强国与国际科技交锋的前沿，步入数字革命更替蝶变的先锋阵列。

“新中国电子工业的摇篮”为朝阳园厚植数字经济基因

20 世纪中期，电子工业已成为一个国家经济竞争力的重要组成部分。

中华人民共和国成立后，面对我国电子工业基础极其薄弱的现状，1951 年国家决定筹划、建设有线电和无线电工业基地——酒仙桥国家电子工业基地，这是我国“一五”期间重点建设的三个国家电子工业基地中最大的一个。这里诞生了新中国第一支真空管、第一台电话自动交换机、第一台计算机等，见证了我国电子工业从无到有的伟大创举，被誉为“新中国电子工业的摇篮”。

遇绝境、谋转型，发挥互补优势纳入中关村体系。20 世纪 80 年代，以硅谷引领的、以电子信息技术为核心的新技术革命风起云涌，改革开放初始的中国也受到影响，市场经济体制改革的冲击打断了我国电子工业自主升级的缓慢进程，以计划经济为主的酒仙桥电子工业基地难以应变，以进口为主的电子产品迅速占领国内市场，酒仙桥电子工业基地在激烈的市场竞争中逐渐跌落神坛。

1994 年，北京市政府为促进酒仙桥电子工业基地转型，将其作为重点支持单位，整合升级为“北京电子城”，实施全面改造，通过合资、兼并、重组等进行市场化改制，将 774 厂改制为“京东方科技集团”，将 738 厂改组为“兆维集团”，将 700、706、707、718、797、798 厂 6 家大型国有企业“打包”改制为“北京七星华电科技集团”。一番摸索与尝试，改制后的几家科技集团重新在行业中找到了自己的位置。1999 年，北京电子城迎来了新的发展机遇，凭借其“科工在内、商贸在外”的优势，被北京市政府并入中关村科技园，成为其最早的“五园”之一。

信息化时代，以自主创新和国际化为特色的数字经济起航

20 世纪 90 年代，改造后的酒仙桥电子工业基地焕发出新的生机，而与其一路之隔、曾有“睡城”之称的望京也渐渐醒来，尤其是 1999 年北京四环路建成通车后，打通了望京与市中心的便利交通，并凭借其毗邻首都机场的区位优势，迅速成为国内外人才、企业、研发机构、办事处等的首选地。

坚持自主创新，争当我国信息技术革命的领头羊。1994 年改制成立的京东方已是国内 RCT（彩色显像管）显示器的龙头，但深知液晶显示屏（TFT-LCD）才是未来发展方向，便成立了平板显示技术项目研究小组，但苦于国际专利和技术瓶颈的限制停滞不前。2003 年，恰逢韩国现代半导体因债务危机出售 TFT-LCD 业务，京东方在北京市政府、中关村的支持下，撬动国际资本，最终以 3.8 亿美元的价格成功收购，包括其知识产权、市场份额、营销网络等。在此基础上，京东方通过消化吸收、研发升级、创新超越，相继在全国建成多条生产

线，成为全球液晶电视面板出货量的头部企业。

为了坚持自主创新，中关村朝阳园一方面鼓励兆维电子、七星华电等老牌电子企业通过技术引进与合作、加大研发投入等方式促进产品换代升级，保持国际竞争优势；另一方面，大力培育 58 同城、携程网、美团、安居客等产业链下游新生力量，到 2016 年，共聚集“互联网+”企业近 600 家，实现总收入近 800 亿元，在竞争日益激烈的信息革命浪潮中谋得一席之地。

坚持开放发展，打造国际化特色的数字化园区。1991 年，西门子在华总部迁入望京，正式拉开了望京地区大跨步发展的序幕。随着改革开放的深入推进及北京市电子城的成立，望京通过大量引进商业地产、电子城自建产业地产、IT 软件园项目建设等方式，把严科技型企业注册入驻的关口，加大外资企业地区总部的引入，诺基亚、索尼、爱立信、摩托罗拉等先后入驻，并成为望京地标中心的象征。

随着老工业基地的退出和新兴互联网产业的兴起，中关村朝阳园凭借其深厚的历史积淀和产业基础，加快“腾笼换鸟”促进产业升级转型，为互联网企业和平台、国际信息科技企业、海龟人才创新创业等提供发展空间；以聚集国际研发中心为导向，在集成电路设计、电子元器件研发、互联网平台服务等领域持续发力，并前瞻性布局移动互联网、物联网、大数据云计算等信息技术新业态，逐渐形成由产业链高端带动的、功能不断完善的跨国企业集群。到 2016 年时，已成为集世界 500 强企业 35 家、外商投资及港澳台投资企业 185 家的国际化园区。

智能化时代，谱写数字产业化为砥柱的数字经济新篇章

2012 年 10 月，国务院批复同意调整中关村国家自主创新示范区空间规模和布局，整合朝阳区酒仙桥电子城（东区）、大望京地区、东湖片区（西区）、北区、健翔园区、垡头片区为中关村朝阳园，托

管于朝阳区政府，成为北京市国际科技创新中心建设最主要的承载区之一。

顺应产业发展规律，推动数字产业化创新发展。经过近 20 年的快速发展，我国的互联网经济步入行业生命周期的成熟期，互联网泡沫严重、技术门槛攀高、行业垄断问题突出、存量用户竞争激烈、技术创新日渐乏力，叠加以美国为首的贸易战对我国信息技术的围剿，坚持以底层逻辑支撑的自主创新和数字化转型迫在眉睫。

首先，朝阳园聚焦以 5G、工业互联网、人工智能、云计算为支撑的数字基础设施，促进 5G 产业化发展、落户中国工业互联网研究院、引入阿里巴巴工程院、支持互联网企业延链发展云计算，发挥 58 同城、携程等平台企业的大数据资源优势，拓展人工智能新兴业务等。

其次，做大做强数字产业集群，构建国际化数字经济生态圈，打造工业互联网、集成电路、人工智能、网络安全、空间地理信息五大数字产业特色集群。培育、引进人工智能企业 300 余家，思谋科技、中科知影、壁仞科技等相继入驻，培育极智嘉、卡路里等一批独角兽企业；聚集 30 余家集成电路上下游企业，EDA 第一股华大九天于科创板成功上市；建成国家工业互联网大数据中心，聚集核心企业近 150 家，先后引进东方国信、海尔卡奥斯、徐工信息等工信部“双跨”平台企业，培育了映翰通、大豪科技等领军企业；建设国家地理信息服务出口基地，汇聚 100 余家地理信息创新型企业，涵盖产业链所有环节，吸引卫星互联网、北斗导航等重点产业布局落地，依托中科院地理所、遥感所等科研院所，培育了高德云图、超图软件、中科宇图等一批行业领军企业；构建以 360 安全大脑为核心的新一代安全能力体系，知道创宇、三未信安、握奇数据等行业核心企业形成了聚集发展态势。

最后，坚持以自主创新与开放合作相结合，全面提升园区企业的科技研发投资力度，优化园区的创孵平台，增强科技创新驱动的内生动力。引进北京华为鲲鹏联合创新中心，发挥西门子、施耐德、ABB等龙头企业资源优势，强化创新驱动内核。

提升园区服务水平，打造数字经济示范区引领的国际枢纽。“十四五”时期，朝阳区制定了打造“数字经济核心区”的总体定位，而中关村朝阳园作为朝阳区科技创新主阵地、国家服务业扩大开放综合示范区建设的主要承载区，其国际化、现代化、前瞻性的服务水平是其发展的内在要求。朝阳园发布了支持数字经济产业创新发展、促进国际创投集聚区高质量发展“政策 18 条”等；以项目为王，全力打造数字经济示范区和国际创投聚集区，依托雄厚的电子工业基础和产业资源创建 IC 创新中心；提供全生命周期服务包。针对孵化期、加速期、育成期等不同发展阶段的企业需要，量身打造“朝启航”“朝小帮”“朝智囊”等服务包，实施“创新 100”加速工程；完善数字技术引进、知识产权、科技成果转化等配套服务，并前瞻性开展数字确权、数字资产评估、数字产品贸易等方面的研究。

回望 1951，国家领导人的一锤定音，电子信息工业在酒仙桥落地生根。

70 年风云变幻，中关村国家自主创新示范区牢记习近平总书记的嘱托：“面向未来，中关村要加大实施创新驱动发展战略力度，加快向具有全球影响力的科技创新中心进军。”中关村朝阳园在新的历史起点上，乘上数字经济的航船，整装待发。

众诚智库案例价值品鉴

- **顺应国际发展大势，及时谋转型促升级。**在计划经济为主、改革开放伊始、市场经济大发展的不同时期，作为国际化突出的园区，时刻保持与国际发展大势的同频同步，在激烈的国际化竞争中谋得一席之地。

- **尊重产业发展规律，及时引导产业变革。**在信息化发展、互联网经济、数字经济为主导的不同阶段，朝阳园精准研判，及时引导产业延伸发展，驱动企业变革，培育适应未来发展的新业态，促进产业新旧动能转换。

- **发挥自身资源优势，抢占数字产业化高地。**朝阳园凭借其雄厚的电子信息、互联网服务、研发资源优势，打造特色化、集群化、高端化数字经济集聚区，建设产业化发展项目群，全力提升园区服务水平，抢占国内数字产业化发展高地。

■专题三

新兴产业

叁

众诚视点

战略性新兴产业——中国经济高质量发展的重中之重

打开我国产业发展的历史画卷，映入眼帘的是一条亦步亦趋、道阻且长的求索之路。20 世纪 80 年代启动的改革开放意味着我国经济发展融入全球经济大生态，自此先后经历了出口加工、中国制造、世界工厂阶段，成为全世界唯一拥有联合国产业分类中所列全部工业门类的国家。

2008 年的全球金融危机，打破了原来世界的产业布局平衡、资源供给结构、产业链条协整。世界各国纷纷寻找新的经济增长点。美国宣布将节能环保、智慧地球作为主攻方向，欧洲花费巨资发展绿色经济和生物产业，毗邻的日本把新能源和环保新技术作为发展重点，俄罗斯瞄准了核能和纳米技术。世界各国都在不约而同地培育和发展战略性新兴产业上花费大量人力、物力、财力。

以史为鉴，以邻为例。当机立断，时不我待。2010 年 10 月 10 日《国务院关于加快培育和发展战略性新兴产业的决定》（国发〔2010〕32 号）发布，正式提出发展节能环保、新一代信息技术产业、生物产业、高端装备制造产业、新能源产业、新材料产业、新能源汽车产业七大战略性新兴产业。

一石入海，千浪竞涌。各地政府积极响应、组织协调，把加快发展战略性新兴产业作为贯彻创新发展理念和构建现代化产业体系的重要抓手，设立专项资金、编制发展规划、行动计划、实施方案。各城市根据自身产业基础及城市功能定位，选择确定战略性新兴产业发展重点领域。

十年一剑，刮垢磨光。经过“十二五”“十三五”两个五年的发展，我国战略性新兴产业取得显著进展：

在规模上，2015—2019 年，全国战略性新兴产业规上工业增加值年均增速达到 10.4%，高于同期规上全国总体工业增加值 4.3 个百分点。

产业龙头企业不断涌现，国家信息中心对上市公司数据的分析显示，截至 2019 年年底，A 股上市公司中共有 1634 家战略性新兴产业企业，占上市公司总体的 43.4%，较 2015 年年底提升了 2 个百分点。

在技术上，一是我国重要产业发展达到世界先进水平。新能源发电装机量、新能源汽车产销量、智能手机产量、海洋工程装备接单量等均位居全球第一；在新一代移动通信、核电、光伏、高铁、互联网应用、基因测序等领域也均具备世界领先的研发水平和应用能力。二是国内领军企业具备一定国际竞争地位和市场影响。2019 年，华为、阿里巴巴、腾讯等创新引领型巨头企业均入围世界 500 强，中国战略性新兴产业企业在世界 500 强榜单中的数量为“十二五”期末的近 3 倍。2019 年，中国独角兽企业为 206 家，数量同样为“十二五”期末的近 3 倍[1]。

知音知貌，见微见著。宏观整体数据局势喜人，但微观层面诸多问题仍不容忽视。比如，未经深入研究分析，盲目跟风，产业定位随意、宽泛，导致产业没有实质性发展；一个城市内或区域内，产业发

[1] 数据及信息来源：国家信息中心官网。

展重点同质化严重，造成恶性竞争、内耗严重、缺乏协同；对产业认知不足，不尊重产业发展的客观规律，未能把握产业发展关键要素。

“十四五”时期，从国家战略导向上，将在现有发展基础上，更加注重战略性新兴产业融合化、集群化、生态化发展，聚焦新一代信息技术、生物技术、新能源、新材料、高端装备、新能源汽车、绿色环保，以及航空航天、海洋装备等战略性新兴产业，重视前瞻谋划，发展未来产业，拓展海洋和太空等立体化经济发展空间。

从产业发展趋势看，在“双碳”背景下，能源产业在转型发展的进程中走向清洁、低碳是必然趋势，将推进我国能源革命转型升级，形成减碳新业态、新产业；在生物医药领域，脑科学应用、基因技术应用将成为生物医药发展新动能；在装备制造领域，智能物流装备、无人仓储、自动传送设备、无人机、无人车等大量应用高度集成，产业向服务化、工程化、智能化方向进军；在新一代信息技术领域，国产软件将逐渐向规模化、品牌化发展，与国际先进水平差距明显缩小。制造业各行业呈现各具特色的智能制造新模式，向以众创众包及个性化制造为特色的工业软件平台化、智能化方向推进。产业集群化发展与供应链现代化水平将日益提高，对围绕产业深层需求的公共服务要求也将上升到更高层次。

面向产业发展新形势、新格局、新趋势，“十四五”期间，各地政府该如何把握战略性新兴产业发展机遇，实现高质量发展呢？

首先，产业定位精准，做到一张蓝图绘到底。每个产业都有自己的特性，选择时需综合考虑当地生产要素构成、相关和支持性产业情况、企业战略、企业结构、同业竞争等诸多方面，需要当地政府研究国家政策方向，依托自身资源禀赋、产业条件，统筹制定符合城市发展的新兴产业政策。关键在于选定方向、找准定位、立根破岩。以苏州生物医药产业园和深圳南山移动互联网产业为例，苏州生物医药产业园，2006年破土动工，在此后十几年的发展规划中，一条咬定青山不放松的坚定求实道路跃然纸上。他们从一开始就制定了差异竞争的路线，瞄准生物高科技的初创公司或刚起步的公司，同时将行业范围锁定在药物开发、医疗器械和生物技术三个大方向上。凿凿之言，历久弥新，这一定位至今仍是苏州生物医药产业园发展的基石。深圳南山移动互联网产业，得益于深圳南山“总部经济+科技创新”模式，在深圳土地资源如此紧缺的情况下，依旧拨付土地建设五大总部基地，吸引了大量海内外优秀企业及初创企业在南山落户，其中就包含世界500强、国内互联网综合服务提供商之一的腾讯公司，依托腾讯强大的信息资源优势，南山区政府以点带面，发展本区域移动互联网产业，吸引、挖掘出一批极具潜力的移动互联网企业，逐渐形成本地化产业集群。

其次，深入研究产业特性，产业政策规划的制定才能举要治繁、有的放矢。如生物医疗产业，产业特性呈现前期研发投入大、投资风险高、回报周期长的特点，回报资金具有“荷塘效应”，而研发资金、自主创新是生物医药产业发展的关键，当地政府需要具有耐力、韧力、持久力，提供战略性长期资金、系统政策支持其发展。高端装备制造产业，产业特性为需要长期的链条式发展，链条聚集性强，受所在地域物流发展情况影响较大，产业集群上更多的是依靠与高端装备制造业相关的人才、科技、研发、实验、资金等要素的集聚和发展。因此，需要对各个要素进行不断填充，弥补不足，有针对性地对制造业基础人才进行定向培养，完善人才结构。

再次，持续推进发展，注重技术创新与企业营商环境打造。创新驱动性是新兴产业的显著特征。核心技术和关键技术是其整个产业链中具有高附加值的部分。企业一旦具有或突破关键技术，相关技术的开发也会迅速产生，甚至引发链式反应和放大效应带动地区产业发展，形成“区位品牌”。因此，各地政府应加强营商环境打造，充分发挥市场的资源配置作用，激发企业创新能力、活力、动力。加强创新创业平台建设，畅通知识成果转化中间环节。

最后，采用链长制模式，精细化产业发展。产业链的不完备、不完善，甚至是核心链条的缺失往往意味着产业链条的不可控、抗风险能力低。链长制可以发挥政府产业领导者的效能作用，统筹内外部资源，集中力量在城市产业链薄弱环节、关键领域进行重点突破。其本质是要求政府管理人员要透彻了解产业链、懂得怎么干，并能亲自参与产业管理，精细化发展产业链，加速产业链构建，统筹考虑项目建设、人才引进、招商引资、技术创新、政策扶持等工作，深入推进供给侧结构性改革，提升产业链，供应链水平。

可以预见，围绕技术创新、集群程度、供应链安全、交叉融合的新一轮战略性新兴产业发展，在各城市中将逐渐进入更活跃、更务实、更长远的发展轨道。

工业互联网

三人行，必有我师

宝安区：中国“工业 4.0”模式的探索者

先有宝安，后有深圳。1979 年，撤宝安县升设深圳市，划经济特区后，又重设宝安县，后又撤县设区，并逐步分划出龙岗区、光明区和龙华区。“老宝安”的“开枝散叶”和“瘦身”，使现宝安区仅剩 397 平方千米，但综合实力却不容小觑。2021 年，宝安区 GDP 再创新高，突破 4400 亿元，也是全国四个国家新型工业化产业示范基地（工业互联网）之一。

古时的宝安，是汉唐“海上丝绸之路”古航道的必经之地。

今时的宝安，是深圳建设中国特色社会主义先行示范区“西协”的桥头堡，是珠江口东西两岸联动、粤港澳大湾区融合发展的核心引擎。

农业县成为制造业强区

宝安区拥有深圳最长黄金海岸线，总长 45 千米，位于珠江入海口伶仃洋的东岸，在这里，文天祥写下了爱国名诗《过零丁洋》。宝安区西海岸与香港水域相连、一脉相通，具有承接香港制造业转移的良好区位条件。

1978 年，党的十一届三中全会开幕之时，原宝安县石岩公社上屋大队与香港怡高实业公司签署了我国第一份“三来一补”合同，一年后上屋电业（深圳）投产，这个小小的电器厂开启了宝安工业化的大门。随后，以来料加工为支撑的劳动密集型制造业席卷宝安大地，各镇各村为了发展当地经济，纷纷出地、出资建起了各种工业厂房，且供不应求。到 1992 年年底，宝安区的“三来一补”企业达 4000 多家，成就了光耀一时的“宝安制造”模式，奠定了宝安制造业大区的基础。

随着资金、技术、人才不断地向深圳聚集，政策的稳定性也坚定了外商投资的信心，制造业发展环境得到改善，以“三来一补”为主的代加工逐渐向引进拥有自有产品的“三资企业”过渡。同时，以模仿制造为主的民营企业也如雨后春笋，轰轰烈烈地成长起来。20 世纪 80 年代末期，宝安的制造业逐渐向“三来一补”的升级版转型，即宝安工业 2.0 模式。

20 世纪 90 年代，具有一定实力的企业不再满足于模仿制造，开始自主研发，在市场上也开始创立自己的品牌，如以华为、富源实业、宝安恒生实业、百佳华实业等为代表的民营企业，均已成长为享誉全国的知名企业。彼时的宝安区逐渐显现出民营企业与“三资企业”并驾齐驱，甚至赶超势头明显的发展态势，也拉开了宝安工业 3.0 的序幕。

进入 21 世纪后，宝安大跨步进入以自有核心技术支撑的大规模制造阶段。到 2003 年，宝安的民营企业多达 11000 多户[1]，但早期的“三来一补”企业大幅缩减，从最多时的接近 5000 家缩减至 2008 年的不到 2000 家，并在信息化的浪潮中形成了电子信息产业和装备制造业为主导的优势产业。到 2018 年改革开放 40 周年时，宝安内资企业对工业产值的贡献率达 57.76%，战略性新兴产业贡献率达 15.58%，新一代信息技术产业增加值达 579.85 亿元，占工业增加值的 1/3，全球每 100 台无人机里就有 21 台来自宝安，全国智能穿戴产品每 10 个就有 3 个是宝安造[2]。宝安已经具备发展工业互联网的产业基础。

截至 2020 年年底，宝安区拥有制造业企业 7.3 万家，产业工人 257 万人，约占深圳市的 1/5；规模以上工业企业 4314 家，居深圳市第一位；国家高新技术企业 5842 家，总数全国第二，广东省区、县第一。

从制造业强区到工业互联网示范引领者

2017 年 11 月，国务院印发《关于深化“互联网+先进制造业”发展工业互联网的指导意见》，全面支撑制造强国和网络强国建设。接着，深圳市发布《深圳市工业互联网发展行动计划（2018—2020 年）》，工业互联网作为新基建的重要组成部分，既是先进制造业发展的基础设施，又是诸多新一代信息技术发挥作用的集中表现。宝安区作为制造业大区，集聚雄厚的产业基础、强劲的创新动能和完善的工业网络三大优势，全速挺进工业互联网的“蓝海”。

宝安区认识到工业互联网的革命性作用后，便迅速从三个维度贯彻落实国家、省、市相关政策，开展一系列行动，轰轰烈烈地干了起来。

[1] 数据来源：2004 年统计年鉴。

[2] 人民资讯.宝安制造业向高质量迈进[EB/OL]. [2022-6-23].

首先，谋篇布局，政策先行。宝安区成立了以区委书记和区长作为组长的领导小组，并配有专门的实体办公室，专门负责推动落地宝安区的工业互联网战略规划。2020 年 3 月，宝安获评全国首个区县级工业互联网国家新型工业化产业示范基地；2020 年 7 月，在全国率先发布区县级《宝安区工业互联网发展白皮书》，提出建设工业互联网 5 大发展规划、18 项推进措施及 10 条专项政策；2021 年出台《宝安区大力发展工业互联网赋能制造业转型升级的若干措施》及实施细则。

其次，落地生根，基建护航。截至 2020 年年底，全区建设近万座 5G 基站，实现 5G 网络全覆盖，工业区光纤宽带用户覆盖率达 99.1%。积极推进万家企业“上云”，区属国企宝建投智能科技有限公司率先建成工业互联网标识解析综合型二级节点，标识累计注册量 2000 余万条，解析量超 380 万条。成立工业互联网行业协会及规模达 60 亿元的工业互联网引导基金，服务并优先投资区内符合条件的工业互联网行业企业。

最后，先行先试，培育主体。一方面，加大政府工业互联网服务采购，创建一批特定行业的工业互联网应用场景，落实《深圳市工业和信息化局工业互联网发展扶持计划操作规程》，加大区级政府激励力度，引进、扶持培育、发展壮大一大批工业互联网平台商和服务商。另一方面，鼓励工业互联网企业举办、承办“标杆企业行”系列活动，如欣旺达举办的深圳首条稳定投产的“5G＋工业互联网”产线体验活动，通过切身体验参观、经验交流、深入座谈研讨，坚定了多家企业应用工业互联网引领转型发展的信心，为工业互联网的广泛推广和应用营造了良好的氛围。2021 年，宝安区共有 79 家企业拟通过工业互联网改造打造标杆应用和典型模式，总投资额近 50 亿元。

深圳市和宝安区政府一系列的支持政策、扶持资金次第落位，激起了工业企业和工业互联网服务商、平台商的发展斗志和创新活力。

大族激光对高端复杂激光装备采用多专业协同设计与仿真验证，缩短产品设计周期10%，物料加工错误率降低60%；景旺电子通过建立柔性化智能产线，不同订单间切换只需0.1秒，产品良率提高15%；长盈精密通过对6000余台数控机床设备进行数据采集、处理分析，计划外停机率下降20%，OEE（设备综合效率）提升14.2%；银宝山新通过搭建工业互联网平台实现从订单到收款、从概念到设计、从计划到交付的全流程闭环管理，设计周期缩短30%，备模时间减少30%，质量问题降低15%，现场操作人员减少25%。

除云工厂外，一大批特定行业和特定场景平台商、服务商和解决方案如雨后春笋般涌出。目前，已形成以大族激光为代表的面向设备资产管理的云服务平台，以云工厂、速加网为代表的面向中小企业产业资源配置的协同制造平台，以欣旺达为代表的面向产业链上下游协同的“平台+金融”金融服务型平台，以学泰科技为代表的面向自动化系统集成开发者的开源生态平台，以及由黑云科技、东杰智能等为代表的面向工业场景和工艺流程的解决方案。

宝安逾六成企业借助工业互联网转型，开展智能化生产、网络化协同、服务化延伸和个性化定制。在工业300强中，90%的企业为设备或产品建立了编码标识信息；智能装备联网率达到80%；53.6%的企业生产数据可实现远程采集；53%的企业通过外网连接供应商或客户；22%的企业主要生产设备可实现远程操控。

工业互联网引发倍增效应，激发了先进制造业发展的无限想象。当前，宝安区在工业互联网加持下，已经形成智能终端、安全应急与节能环保、超高清视频显示、宽带网络通信4个千亿级集群；工业母机、新材料2个500亿级集群，半导体与集成电路等6个100亿级集群。一条破局制造业高质量发展的“工业4.0”宝安模式，正在探索中逐渐形成。

众诚智库案例价值品鉴

❖ **高起点高定位，按照国家新型工业化产业示范基地评选标准构建工业互联网生态。**在国家和深圳市发布支持工业互联网发展的相关政策后，宝安区快速领会国家战略目标与方向指引，紧密跟进落实深圳市推进要求，充分结合宝安区制造业优势资源，从政策、资金、主体、场景等多方面统筹行动，立体化布局，顺利获评国家工业化产业示范基地（工业互联网）。

❖ **重实效、重成果，在企业层面挖掘打造一大批行业标杆并广泛宣传。**瞄准区内重点企业，支持其工业互联网相关项目落地，并挖掘亮点，总结模式，树立学习标杆，广泛开展交流学习活动，激发工业企业利用工业互联网进行技术升级、生产改造、资源合作，短时间内形成工业互联网发展集聚区和产业高地。

人工智能

三人行，必有我师

张江科学城：“智”聚张江，AI赋“能”

2016年，谷歌的Alpha Go重新掀起了以深度学习为代表技术的第三次人工智能浪潮。2017年，百度提出“All in AI”的口号，随后，各大互联网科技巨头纷纷强烈响应，阿里成立达摩院，腾讯成立“人工智能实验室矩阵”，举起向人工智能进军的大旗。

在国家层面，为了构筑我国人工智能发展的先发优势，加快建设创新型国家和世界科技强国，2017年7月，国务院发布《新一代人工智能发展规划》，将人工智能作为创新驱动发展战略的主攻方向之一，同时各省市也吹响了发展人工智能的冲锋号。

上海市政府敏锐察觉到了这次科技赛道超车的机会，时任市委书记韩正指出，人工智能发展虽处于初期，但发展速度惊人，使城市结构调整和转型升级面临重大机遇和挑战，人工智能本身就与上海已经具备的基础具有很高的关联度，而上海一些存量资源和潜在优势，亦需靠这门新技术来激活。彼时的上海大数据资源丰富，智能科技应用广泛，产业门类齐全，产学研用及人才要素集聚，确实具备发展人工智能的天然优势。上海市政府办公厅也快速响应，2017 年 11 月出台《关于本市推动新一代人工智能发展的实施意见》，提出发挥张江科学城科技创新和成果产业化的示范带动作用，打造人工智能科研高地和产业化核心基地。

张江科学城（前身为张江高科技园区）挂牌成立于 1992 年 7 月，经过近 30 年的发展，目前区内已经汇聚企业 2.2 万余家，跨国公司地区总部 62 家，高新技术企业近 1700 家，形成了“中国芯”“创新药”“智能造”“蓝天梦”“未来车”“数据港”六大“硬核”产业，雄厚的产业基础和强大的科研支撑能力为人工智能产业发展提供了极好的硬件、内容、应用相互联系和融合的发展环境，也使张江当仁不让地成为上海人工智能产业原始创新、技术突破、应用落地、谋定棋局的“关键棋”。

根据《关于本市推动新一代人工智能发展的实施意见》要求，张江科学城首先对园区内已有产业进行了深度挖掘和梳理，基于已有的资源禀赋，找准提升人工智能产业能级的关键点，力求通过发展人工智能产业催生新业态，重塑创新链，赋能实体经济产业链。

打造“极核”，规划布局人工智能产业集聚区

作为上海科创中心核心区和国家级科技创新高地，张江科学城既是上海市人工智能产业“人字形”布局的重点集聚区，也是上海（浦东）人工智能创新应用先导区、重点打造的特色产业集聚区和特色应用示范区之一。

为了进一步发挥产业的聚集效应，2018 年 4 月，张江科学城提出打造“人工智能岛”的概念，目的在于以“人工智能岛”为极核，在

10 万平方米的土地上打造上海人工智能企业最密集、类型最丰富、产业人才最集聚的区域。

2018 年 4 月 17 日，张江人工智能岛发布会之后，张江集团招商服务中心立刻着手整体方案的策划和推进工作，一方面积极接洽园区内 HPE、微软、小蚁科技、BIM 中心、思岚科技、亮风台、纵目科技、汇纳科技、森亿智能、图麟科技等 AI 公司，向人工智能岛内部和周边集聚，另一方面积极签约包括 IBM 公司中国研发总部、英飞凌公司大中华区总部、微软公司人工智能及物联网实验室、阿里巴巴创新中心（平头哥芯片研发）等互联网公司科研项目，加速中国联通 5G 实验室等重要科研机构入驻。截至 2020 年 6 月底，张江“人工智能岛”已经汇聚了 100 家与人工智能产业相关的大中小企业，涵盖基础层、通用层和应用层，上海人工智能产业策源高地的雏形已经显现。

以“岛”为体，加速人工智能产业示范应用落地

2019 年 7 月初，上海首批人工智能试点应用场景揭榜，张江人工智能岛成为首批 12 个人工智能应用场景之一。为了推进“人工智能岛”建设，张江科学城成立统筹人工智能的管理小组，由张江专项资金支持，以张江管委会为主导，张江集团负责具体实施，联合园区内领军企业和智库专家，积极发动鼓励张江人工智能企业为人工智能岛的创新应用场景、智能会务、综合展示、管理服务等功能提供智能感知、智能监测、智能控制、预测预警、网络传输、基础支撑、安全及运维等配套支撑，落地了诸如智慧安防、智慧停车、智慧能源、智慧生态、智慧商业、智慧灌溉、智慧办公、智慧消防、智慧清洁等一系列具体应用场景，将张江人工智能岛打造为集公共服务平台、产业人才学院、开放实验工场、技术应用场景、展示体验中心“五位一体”的 AI 智能园区。

在整个过程中，园区内共诞生了 15 项全国首发性技术，布局了

“AI+园区”多个智能场景，并率先开展了5G应用。目前“人工智能岛”已成为国内首个“5G+AI”全场景商用示范园区和上海（浦东）人工智能创新应用先导区的产业标杆。

招投联动，持续细化拓宽人工智能赛道

随着张江科学城人工智能企业的聚集效应逐渐显现，由“岛”变“区”成为大势所趋。按照园区估算，到2025年，张江人工智能集聚区的企业数量会超过3000家，届时人工智能领域的创新成果将会呈现爆发式增长，如何推动各科研成果向应用落地转化成为张江科学城管委会首要考虑的问题。

为此，张江科学城成立AI赋能中心，通过成立开放式创新平台提供技术赋能、场景赋能、立体赋能、综合赋能，引导助力机器人、生命科学、芯片等重点领域的龙头企业打造各自的AI专属赛道，聚焦各自优势产业，加速各产业领域的场景融合和应用创新；与相关机构和基金合作，共同参股成立引导基金，帮助园区内企业获得股权融资，加速由理论向产品落地的进程。

创新机制、整合资源，双重驱动人工智能高端化发展

在张江科学城发展人工智能产业的过程中，除了得益于园区发展思路清晰、执行力之快之强，同样也离不开上海市各级政府资源整合布局、体制机制的创新与高效。在此过程中，张江科学城基于共生机理对产业资源进行整合，以互利作为出发点，推动产业资源完成了由无序到有序，从固定到互动，从对立到统一的优化整合与配置。

依托实际，规划引领。上海市政府在人工智能产业资源的整合上并不拘泥于小区域内的排列组合，而是基于全市人工智能产业发展基础，形成“东西互动、多点联动”的空间格局，促进产业特色化集聚。

不同于徐汇滨江、漕河泾、闵行紫竹区、华泾北杨等地区，张江科学城因其雄厚的芯片产业基础和深厚的产学研发展经验，成为这次人工智能发展浪潮中的科研高地和产业化核心基地。

创新机制，以用促产。为了促进人工智能产业发展，上海市科委积极探索实行“揭榜挂帅”项目组织管理方式，2018—2020年，相继发布了人工智能应用场景建设计划、2019年度科技攻关“揭榜挂帅”项目指南等文件，对10个人工智能应用场景、19个具体点位需求和60个人工智能创新产品及人工智能领域内相关科研攻关任务采取“揭榜挂帅”和动态发布机制，凝练悬赏标的，向社会发榜公布，征集揭榜方，培育了包括张江人工智能岛在内的多个人工智能重点应用场景，这些举动在打响上海“人工智能应用场景建设”品牌的同时，极大地加速了人工智能技术和产业的落地。

平台搭桥，跨域融合。2018年9月，上海市政府发布《关于加快推进上海人工智能高质量发展的实施办法》，提出要举办世界人工智能大会、创新大赛等重大活动，组建长三角人工智能创新联盟，以深化产业协同发展，提高活跃度和品牌影响力。如今，世界人工智能大会已成为国内人工智能领域最具影响力的专业化、国际化高端平台，并与上海张江本地人工智能产业的发展形成了良好的循环联动，成为引进产业项目的“会客厅”、展示产业成果的“大舞台”、优化创新生态的“百花园”。人工智能联盟等平台则加速推动了沪江、森亿智能、纵目科技等园区人工智能技术企业与传统行业企业对接，推动了AI企业在金融、安防、家居、医疗等热门场景实现快速建树。

如今，张江人工智能岛正形成囊括人工智能上中下游产业全要素的完整生态圈，并在原始创新、业态培育、辐射带动等方面迸发着强劲动能，推动着上海这艘巨轮在新一代人工智能浪潮中扬帆远航。

众诚智库案例价值品鉴

- 发挥产业聚集效应。积极推动人工智能产业在特定区域集聚，形成产业集群、规模经济和一定程度的范围经济，进而才能有力促进产业技术水平提高、产业链全链要素集聚。

- 积极创新体制机制。积极探索实践“揭榜挂帅”等新制度，揭榜制度在“问题导向”和“产业提升”方面更为专注，比如上海发布的人工智能应用场景建设计划便是主攻人工智能领域的技术、应用问题等。

- 全面以用促产。只有全面开放应用场景，才能打通人工智能创新应用的上中下游产业链，才能加速人工智能产业与其他产业的融合发展。

德清：以AI融合托起浙北“智”县

德清县，风景秀美，山水相连，有竹泉相映的莫干山、碧水如画的下渚湖、小桥流水的新市古镇，是休闲度假的好去处。这里诞生了国内首家地理信息众创空间、全国首颗以其县名命名的遥感卫星，落地了全国唯一的县域国家新一代人工智能创新发展试验区[1]。

作为长三角地区的生态名城，德清始终坚定践行“绿水青山就是金山银山”的发展理念。如何把“绿水青山”变成“金山银山”呢？德清率先探路，构建发展蓝图，把生态环境作为产业发展的起点，聚焦“绿水青山”，做大“金山银山”，大力发展地理信息产业，全力打造时空信息云平台，整合建立经济、社会、生态治理时空信息库，融合发展人工智能产业，走出了一条“德清新路”。

无中生有，“小”县城打造“大”产业

用“无中生有”来形容德清地理信息产业的发展历程毫不为过。2010年，国家布局地理信息产业“一主十副”园区，浙江省获得了仅有的一个宝贵名额，德清县政府敏锐地看到了其背后的巨大前景，主动争取，在土地、金融方面提供了最大限度的支持。经过多次对接，浙江省地理信息产业园终于在 2012 年落户德清科技新城，德清地理信息产业发展走出了第一步。

当浙江省各地还在奋力追逐、迎合电商新风口的时候，德清县却将当时较为冷门的地理信息产业纳入囊中，并开始了悉心的“育苗、

[1] 截至 2022 年 3 月底，我国已经有 18 个国家新一代人工智能创新发展试验区。

栽培”历程。

软硬兼修，筑得好巢引凤来。如何让一个毫无基础的产业开花结果？德清县政府给出了“一年起步，三年初具规模，五年形成完整的地理信息产业链”的回答。首先，建立了国内首家专业地理信息众创空间——“地信梦工场”，全面提供创业辅导、云上政务、技术攻坚、创业融资等服务，激发创业创新活力；其次，联合金融机构设立规模为5000万元的“地信梦基金”，并鼓励金融机构信贷投放向地理信息产业倾斜；最后，针对地理信息企业的需求痛点，先后引进中国联通华东云计算中心和中科院遥感所两大重量级科研机构，分别打造了能够容纳3万多个机柜的数据中心和可供产业园区所有企业低价使用的“遥感大数据超市”。在一系列办法、政策、举措密集实施下，地理信息相关企业迅速向德清集聚。

德清对地理信息产业的精心培育在5年后结出了丰硕的果实。截至2017年年底，德清县已经聚集了近200家地理信息企业，各类创业团队67个，中国测绘学会综合学术年会、联合国地理信息大会先后在德清隆重召开，德清地理信息产业的名堂就此打响。这座仅有43万人口的浙北小县，也凭借着其产值近百亿的地理信息产业在后续人工智能发展的大浪潮中占得了先机。

趁热打铁，下好融合应用先手棋

2017年前后，国家自然资源的专业化、集中化管理，空间规划“一张图”及“多规合一”，全国三维实景覆盖等战略举措的实施，加速了地理信息产业的深入发展。同时，信息化和互联网技术的加速迭代也使得地理信息产业呈现出以大数据、物联网、互联网为依托的多业共生、融合发展特征。

德清县政府敏锐地察觉到并把握了这一趋势，提出了依托德清独一无二的地理信息产业与全域开放优势，深化数据资源开放和应用，打造人工智能应用“天然试验场”的想法。

趁着联合国世界地理信息大会在德清落幕的余势，依托其实力雄厚的地理信息产业基础和遥遥领先的高精度地图技术资源，德清县政府经过一番科学的筹谋与规划，于2019年出台了《德清县车联网（智能网联汽车）产业规划（2019—2022)》，举办了全国“车联网+地理信息”产业高端研讨会，大力推动“车联网+地理信息”跨界融合。如今，德清已是浙江省唯一的全域城市级自动驾驶与智慧出行示范区，这也成为德清县政府在推动“地理信息+人工智能”跨界融合发展方面的首次成功尝试。

随后，德清县政府依靠其庞大的地理信息数据资源开展了一系列探索。一是，与阿里巴巴共建了县域首个ET城市大脑，归结各类数据资源近10亿条，搭建了融通政务数据和社会数据的公共数据服务管理平台；二是，顺应政府数字化转型的大趋势，深度开展“智慧政府”建设探索，率先启用工业企业大数据管理平台，并将其与雪亮工程、E监管、信用浙江等多个业务系统全面融合，依托税务、国土、安监等10多个部门700多万条经济数据生成德清“数字地图”，极大地提高了德清城市布局与发展的直观度、精确度，也提升了数据对政府的辅助决策支持水平。

在整个过程中，德清县始终坚持对应用场景的开放力度，积极引进了京东、华为、中电海康等龙头企业，落地了城市服务机器人、智慧城市云、超算中心等诸多项目，相继投入使用了首个县域医疗服务共同体统一支付平台、城管物联网平台和大数据平台、城市健康档案大数据中心、停车智能管理系统、垃圾分类智能监管系统等智慧平台，德清人工智能产业进入全面融合发展阶段。

及锋而试，莫干山中亦可论剑

人工智能的发展升级离不开智力的支撑，吸引更多高端人才成为推动德清人工智能产业再上巅峰的关键所在。

2020 年 6 月，湖州市市长王纲在“长三角企业家联盟”成立大会上发表了名为《重估湖州价值》的演讲，并提出“五谷丰登”的畅想，其中莫干山被赋予了“论剑谷”的角色和“思想智慧高峰”的使命。接到这一命题后，德清县政府迅速围绕莫干山“五十里青山五十里溪”的秀美生态本底，大胆开辟了“以莫干山风景为底色，以会议论坛为牵引，以创新育智为核心”的人工智能发展“新天地”。

首先，通过举办高水平人工智能学术会议和行业展会等方式打造德清的人工智能区域品牌，为莫干山高新区内的企业提供产业、智力资源对接窗口；其次，成立由潘云鹤院士领衔，9 位院士专家、20 余位人工智能行业领军人物、龙头企业负责人组成的咨询委员会，为德清人工智能产业发展及应用提供决策咨询；最后，大力发展研究院经济，把高质量的大院大所作为引领人工智能发展的先头部队，莫干山中的郡安里度假酒店也成为浙江省首批院士之家试点建设地，同时吸引同济大学中车捷运研究院莫干山分院、之江实验室、浙江大学人工智能研究所德清研究院、长三角人工智能城市规划德清研究院等高端科研载体落户莫干山，支持企业与实验室在大数据智能、群体智能、跨媒体智能、人机混合智能增强等前沿领域开展联合探索，全力打造“研究院+企业+大学+…”的“1+N”联合创新模式，将莫干山培育成县域人工智能发展的又一重要增长极。

随着大量人才涌入“论剑谷”，莫干山“国际会客厅和创新高地”的雏形跃然成形，德清人工智能发展获得了极大的创新推动力，年人均专利数一跃成为浙江第一。

开放合作，借智引智共谱新篇

随着人工智能产业要素的不断健全，德清县政府适时提出了打造“地理信息+人工智能”创新应用策源地，加速形成“地理信息+人工智能”两翼齐飞的发展定位。德清县政府深知发展人工智能产业不能闭门造车，开始以更加积极的姿态从人才、项目、技术等方面与全国头部城市开展合作。

借梯登高，全面融入杭州都市圈。2020 年 6 月，浙江省委审议通过了《关于建设高素质强大人才队伍，打造高水平创新型省份的决定》，提出要集中力量建设杭州城西科创大走廊，优化区域空间布局，拓展科创大走廊两翼，探索将德清相关区块纳入规划管理建设。德清县政府立刻着手顶层设计，规划建设城西科创大走廊德清片区，主动融入杭州城西科创大走廊，竭尽所能汲取来自杭州的能量。终于，德清于 2021 年 7 月成功被列为杭州城西科创大走廊北翼的中心城市。随后，德清还与同是北翼联动区的余杭区签署了《余杭区人民政府 德清县人民政府战略合作协议》，未来还将与杭州紫金港科技城、未来科技城、青山湖科技城、杭州云城等“人工智能标杆”形成协同发展之势。

双向飞地，搭建招商引才“桥头堡”。除了全面融杭，德清县还主动融入长三角一体化、“大湾区”、“上海大都市区”等重大发展战略平台，借势扩大与广东、深圳、上海等地的名企、高校的合作，集聚人工智能发展动能，在上海、深圳、杭州等城市建立多个人工智能“德清飞地”，承接具有成长潜力、市场前景的优质产业项目、人才项目落地德清，创新采用“孵化在外地，产业化在德清”的发展模式。

扎实的产业基础和清晰的发展路径，让德清的人工智能之路越发稳健、越发宽广。2021 年 11 月，德清成功获批首个全国县域国家新一代人工智能创新发展试验区。未来的德清，将凭借其在自动驾驶、县域智能治理等方面丰富的应用场景优势，持续探索人工智能引领发展的全新模式，成为县域经济高端化、智能化发展的新楷模！

众诚智库案例价值品鉴

- 人工智能产业的发展，取决于关联行业的建设基础和发展潜力，德清县政府培育独一无二的地理信息产业，夯实自身基本功，为后续人工智能的融合发展创造了最佳切入点。
- 在发展人工智能产业的过程中，离不开强大的智力支撑，通过依托本地秀美的生态环境，德清成功打造出了吸引人工智能人才的“漩涡”。
- 发展人工智能产业是一项跨区域、跨领域，且整合性强、融合性深的大工程，通过与最前沿地区开展高层次、多形式、广领域的开放交流合作，德清得以把准人工智能产业的发展脉搏。

大数据

三人行，必有我师

乌兰察布："草原云谷"崛起有"数"更有"术"

乌兰察布位于内蒙古自治区中部，其境内的四子王旗航天着陆场是我国两大航天着陆场之一，先后回收神舟一号到神舟十一号飞船，以及嫦娥五号 T1 试验器返回器。

以中部阴山系东段大青山为界，乌兰察布北部为平坦高原，南部为丘陵沟壑，年均气温 4.3℃，夏季平均气温 18.8℃，地质结构稳定，电力供应充足，比邻省会呼和浩特、接壤蒙古国、靠近京津冀与环渤海经济圈，是自治区东进西出的"桥头堡"和中蒙俄经济走廊的重要节点城市，兼具大数据中心建设的自然和经济区位条件。乌兰察布确实凭借着"天赐"的优势条件打造出与贵阳齐名的大数据中心地位，赢得了"南贵北乌"的美名。

集聚头部企业，确立发展基调

2013 年，被称为“中国大数据元年”，也是这一年，华为决定建设“北方云数据中心”，乌兰察布可以使 PUE[1]全年保持在 1.26 之下，相较于谷歌、微软等的数据中心的 PUE 在 1.8 上下，乌兰察布能够让数据中心的效率发挥到极致，双方敲定合作后，华为北方云数据中心于当年启动建设。

华为的到来，引起了诸多信息技术头部企业对乌兰察布的关注，今日头条、中国有线、中国疾控、国富瑞、中信国安等一大批企事业机构纷纷到乌兰察布调研建设大数据中心的可行性。

2015 年 2 月，乌兰察布与北京中关村科技园区达成合作协议，正式挂牌成立了总规划面积 11 平方千米的乌兰察布中关村科技产业园，重点培育云计算、大数据等相关产业，全力打造国家级大数据中心和“草原云谷”。

2017 年，华为北方云数据中心投入使用，华为“北方云”二期（共四期）顺利开工，苹果 iCloud 中国北方数据中心、阿里巴巴信息港项目 3 个数据中心等项目成功落户，软通动力大数据创新综合体项目启动建设，华唐、博岳、鸿联九五等企业加快集聚。与此同时，双方共建容纳云计算服务器 100 万台的中关村科技产业园，专门用于发展大数据产业。这也是内蒙古唯一一个与中关村的共建园区，它既可以承接北京大数据及相关产业的转移和外溢，充分利用北京的高端人才、科技等优势，高起点推进大数据产业发展，又可以通过这一平台为京津地区用户提供数据支持和服务。

---

[1] PUE 即 Power Usage Effectiveness，是评价数据中心能源效率的指标，是数据中心消耗的所有能源与 IT 负载消耗的能源的比值，PUE = 数据中心总能耗/IT 设备能耗。

在中国数据中心产业发展联盟举办的“2017—2018 年度数据中心评选”中，乌兰察布被评为“最适合投资数据中心的城市和地区”，这也为乌兰察布进一步聚集优势大数据产业资源提供了强有力的说服力。

借势国家、自治区，全力打造产业发展环境与配套条件

2016 年，国家发展改革委、工信部、中央网信办同意建设八大国家大数据综合试验区，内蒙古国家大数据综合试验区是其中之一。2017 年，内蒙古自治区编制印发《内蒙古自治区大数据发展总体规划（2017—2020 年）》，提出要发挥“一带一路”重要节点的区位优势，建设世界级大数据产业基地，优化大数据发展空间，加快建设包头大数据产业园及乌兰察布中关村科技产业园，形成“一核多点”的发展格局。

乌兰察布积极贯彻落实自治区大数据产业发展要求，相继出台了《乌兰察布市大数据产业发展规划（2017—2020）》《乌兰察布市发展云计算产业招商优惠政策》《乌兰察布市促进呼叫中心及服务外包产业发展优惠政策》等一系列促进云计算、大数据及相关产业发展的政策措施，全面营造产业发展环境，加快聚集国际化产业资源。

一方面，大力完善大数据基础设施建设。大力推进市政管网配套设施建设，建设集宁—北京点对点专用大容量光缆项目，打通“信息高速公路”；分别与内蒙古乾元驿实业、中森铁塔通信（北京）及北京汇金行投资基金达成战略投资合作协议，携手推进 5G 基站基础设施建设；推进国家电信普遍服务试点建设，提升农村牧区宽带覆盖，实现所有建制村（嘎查）光纤全覆盖；实施无线城市项目建设，实现全市免费 Wi-Fi 覆盖。

另一方面，全力保障电力能源供给。发挥乌兰察布能源基地资源

优势，在保持传统电力基本稳定的基础上，加快风电、光伏发电等的供应能力。截至2020年年底，全市发电装机总量达1473万千瓦，其中火电788万千瓦，新能源装机685万千瓦，且1700万千瓦风电基地已完成规划编制，600万千瓦风电基地首台风机已成功发电，新能源后备力量充足，为大数据产业稳定、可持续发展提供了有力保障。

围绕数据中心上下延伸，构建大数据产业链，产用并进

自2016年开始，乌兰察布在北京、深圳等地成功举办大数据产业推介会、投资推介会、招商推介会等，先后引入快手第一个超大规模大数据中心——智能云大数据中心项目、上海优刻得Ucloud数据中心项目、内蒙古亚信数据港项目、同舟汇通北方大数据中心项目、披云（乌兰察布）网络科技数据中心项目，以及上海万国数据中心项目等。截至2021年3月，乌兰察布已拥有12个大型数据中心。

数据中心的集聚带动了上下游产业链的发展。在产业链上游领域，乌兰察布延伸发展电子信息制造业及相关服务业，清华同方落地两条服务器生产线，优易大数据建成大数据清洗加工中心。在产业链下游领域，乌兰察布聚焦企业客户服务业务，继续集聚企业大数据呼叫中心，成功引入华唐、博岳、鸿联九五、中服英才等呼叫中心项目。截至2021年10月底，乌兰察布已拥有14家大数据服务外包企业，坐席规模达1万席。同时，乌兰察布大数据产业也带动了其他关联产业的发展和项目的落地，如美溪移动通信大数据登记结算中心顺利投入运营，香港博纳机器人、中深新航空产业园项目正式落地，中宇航通无人机、滨奥飞机制造、正道新能源汽车等智能制造项目也在陆续进驻中。

乌兰察布按照“应用尽用”原则推动数据应用。**在电子政务方面，**建立电子政务云中心，推动政务业务云化迁移，打通自治区、市、县互联互通外网。**在公共服务平台方面，**建设人口库、法人库、经济库、

空间地理信息库和建筑物库五大基础数据库，以及马铃薯、铁合金两大交易平台，工业能源管理公共服务平台等，实现业务协同、并联审批和三证合一的精准数据服务。**在食品药品安全方面**，建设食药品在线监控平台与集宁区食品药品安全监督指挥中心，实现从“田间地头”到“餐桌”全链条监管，群众可通过App随时了解、监督食品的加工过程和检测报告。**在数字化乡村建设方面**，建立扶贫攻坚大数据平台，与腾讯公司合作建设“乌兰察布‘为村’微信公众号软件及服务项目”，集便民生活、智慧村务、对外宣传、脱贫攻坚为一体，助力村庄发展。除此之外，智慧小区、精准医疗、智慧交通、数字教育等，也在大数据应用实践中大放异彩。

乌兰察布栽下大数据产业的“梧桐树”，引来了“金凤凰”，以“数”和“术”“乘云直上”，擦亮了“草原云谷·乌兰察布”的金字招牌。

面向未来，乌兰察布将着力于打造内蒙古大数据综合试验区的核心区和国家数据中心示范基地、国家级灾备基地、国家重要的服务外包基地、国家级双创示范基地、数据安全防护基地等。面向中北亚，奋力接轨“一带一路”，继续书写“数创未来”的新篇章。

众诚智库案例价值品鉴

- **充分发挥资源优势，提高产业准入门槛**。乌兰察布充分认识到独特的气候条件、平坦的地势条件、临近京津冀和“一带一路”节点的区位优势，全面提升产业准入门槛，严格把关不放松，严选入门产业资源，首先选中既符合当地发展需要又能满足企业战略布局的“华为”作为敲门砖，为后续优质资源的选入和招集奠定了基础。

- **广开招商门路，瞄准数据中心建设企业，实现精准招商**。搭建高端招商平台，选择在北京、深圳、上海等一线城市举办高规格、高水平的招商会、洽谈会、推介会等，瞄准需要建设数据中心、缺少北方市场布局的龙头企业集中招商，对达成合作的企业快速落地，实现了从“生根”到“发芽”再到“参天大树”的培育过程，快速实现产业规模化、聚集化发展。

❖ **重视科技创新与产业升级，强化数字成果应用，以培育市场。**建设数据中心但不局限于数据中心，全面放大产业效应，一方面精准定位补齐产业链；另一方面推进科技创新孵化，培育当地产业主体，形成大中小协同发展的企业梯队；同时，全面推进数字化应用，能用尽用，培育当地市场，对接京津冀市场及国际市场，参与高端市场竞争，锤炼产业过硬质量，不断迈上更高发展层级。

生物医药

三人行，必有我师

泰州：中国生物医药产业的新地标

嘀嗒……基于荧光 PCR 技术检测试剂，对新型冠状病毒实现 ORF1ab、E、N 三个基因靶标检测。嘀嘀嗒嗒的时钟声从未如此牵动人心。

接到需求 72 小时后，首批新型冠状病毒核酸检测试剂盒投产，一盒盒新型冠状病毒核酸检测试剂盒在坐落于江苏泰州中国医药城的硕世生物厂房内被贴上标签装箱，奔赴华中科技大学协和医院、武汉市中心医院等抗疫一线。随后这里的江苏默乐生物、江苏百世诺医疗、江苏康为世纪等也相继研发成功并通过检测，新冠病毒检测试剂盒被源源不断地运往疫情防控前线。

台上一分钟，台下十年功，这非常之年的“战疫”速度，是泰州医药产业高质量发展的一个高度缩影。我们不难推测，这里必定有中国医药领域优良的技术储备、人才储备和高速技术通道，以及完备的产业配套。而这样的发展成就，是泰州中国医药城十余年来的烽火“淬炼”。

高层指挥若定，绘就医药产业发展蓝图

2005年，江苏省委、省政府做出在泰州“加快建设医药产业园，打造中国医药城”的战略决策。泰州市委三届五次全会也明确表态举全市之力加速推进中国医药城发展，制定《关于加快泰州医药产业园建设与发展的若干意见》，国际化、规模化、示范化的发展定位为医药产业园的建设指明了方向。

创业伊始，厚积产业发展基础。2006年秋，一座集科研开发、生产制造、会展交易、康健医疗于一体的国内最大的生物医药类主题园区拔地而起，泰州为医药产业资源的落地做好了充分的准备。

2007年，时任市长助理、泰州医药产业园区管委会主任何榕寻访加州生物医药园，探寻医药城“加州模式”的核心要义，并吸纳国内外著名科研院所和高等院校，到园区设立研究中心，选择进入临床即将产业化的项目落户泰州，招引各路高层次人才研究成果在“泰州落户”。同年9月底，园区11幢标准厂房、GSP仓库、21幢独立式研发楼交付使用，美国QB3实验室等世界著名医药研发机构陆续进驻，并为研发机构提供从实验楼设备装置到人才安居一站式服务，使各研究团队可以带着成果拎包入住泰州医药园，研究成果顺利在泰州孵化、转化和产业化。

首先，“招商引资”与“招才引智”相结合，以人才带项目，以项目引人来。两年时间里，泰州凭着优质细致的服务和国际标准的产业平台，吸引葛兰素史克、复旦张江、美国eptomic公司等10多家国内外医药龙头企业纷纷落户，哈佛大学、美国得克萨斯大学休

斯敦健康医学中心等一批全球知名研发机构也相继到来。而商才结合的招商思路，也为园区引进了一批医药领域的国际高端人才，在人才的集聚作用下，世界唯一的流感病毒研究机构，世界上最大种群的疾病调查机构，国际前沿的基因研究、蛋白质研究中心相继在泰州扎根发芽。

其次，改变传统医药交易模式，创新研会促销新模式。泰州适时提出了“以研引会、以会带展、以展促销、以销助研”的循环发展模式，吸引国内外医药制造、流通企业前来设立窗口，在展示产品的同时，促进产品交易，同时导入电子商务、现代医药物流体系，打造一个集医药产品交易、医药科技交流、医药科研成果交易等为一体的 365 天永不落幕的展览交易盛会。

最后，打破地域虹吸效应，打造医药 CRO 产业平台。泰州通过合同形式向医药公司提供新药非临床研究和临床研究专业外包服务，这是当时医药产业发展的一个新特点。尤其在泰州处于长三角的虹吸漩涡的情况下，CRO 平台有效帮助泰州在竞争中另辟蹊径，成为招引国内外医药企业，特别是高端医药企业的重要载体。国际最新技术、管理理念的引进，使医药园区 CRO 产业基地具备了国际竞争力。

从对“加州模式”的借鉴到“泰州模式”的探索建立，是一个从学习到创新的艰难过程。初始时，泰州将研发、生产、交易、医疗四大板块的整合作为落脚点，将高端人才作为润滑剂、协调剂和动力源，配合研发机构和技术服务平台培育产业链条，形成聚集发展的“葡萄串效应”。发展中，泰州将疫苗、化学药新型制剂、生物医药、医疗器械、中成药提取等五大产业作为主导，以引进国内外高端科研机构和龙头企业为主要抓手，既具特色性又兼具国际竞争力。

二次创业，激发产业升级动能

2010 年，国务院发布《关于加快培育和发展战略性新兴产业的决定》，生物产业被列为七大重点发展领域之一，生物医药作为生物产业的重要组成部分，迅速成为全国各地关注和培植的重点，仅江苏就形成了南京、连云港、苏州、南通、徐州、常州等医药聚集地。“不积跬步无以至千里，不积小流无以成江海”，从量变到质变的突围，“群雄逐鹿”，泰州如何能再拔头筹？

首先，创新“政区合一”模式。医药高新区管委会作为市政府派出机构，管理机构和部门设置不完备，行政滞碍突出，影响经济发展的相关决策与执行。泰州创新“政区合一”模式，扩大园区空间，增强行政力量，以行政区更广阔的土地空间支撑项目的开发运营，保障高新技术产业的用地需求；以行政区的政策、环境配套支持推进高新区的创新发展[1]。此次融合不仅实现了社会治理模式的优化，还为举全市之力打造中国医药城打下了行政基础。

其次，加强省部共建提高资源利用效率。一方面，积极争取省部级资源，在江苏省两会上，泰州代表团建议建立完善的国家、省、市三级参与的省部共建“中国医药城联络员会议机制”；深化省部合作机制，支持泰州与四部委下属机构开展深层次合作，争取更多创新资源、试点政策、指导支持。另一方面，放大省部共建效应，与国家食药监总局药品审评中心、药品审核查验中心、中国食品药品检定研究院等建立定期沟通交流机制，解决园区生物制品的质量检定、产品审评、审核查验等方面的难题。

最后，打造“中国医药城”品牌。聚焦“中国第一、世界有名”的发展目标，将泰州打造为全国领先的医药地标产业。2018 年，国家

[1] 中科院科学政策与管理科学研究所相关专家的研究成果。

科技部中国生物技术发展中心发布的《2018年中国生物医药产业园区发展现状分析报告》显示，泰州医药高新区进入国家生物医药产业园区综合竞争力位列第12位。2020年12月31日，泰州市委全会提出，将中国医药城定义扩大到泰州全市域，泰州就是中国医药城，中国医药城就是泰州。泰州医药高新区作为中国医药城的核心区，逐渐形成以医药高新区为龙头、各市区各有侧重、全市域竞相发展的医药产业格局。至此，泰州作为中国医药城的城市品牌已树立起来。

继往开来，未来已来

2020年，在国内抗疫形势最为紧张的关头，中国医药城共有15家企业开展了21个新型冠状病毒诊断试剂产品的研发工作，共生产新型冠状病毒核酸检测试剂盒1500多万人份，服务全国29个省（区、直辖市）350多家疾控部门及医疗机构。与此同时，医药城先后参与5条技术路线6项新冠病毒疫苗的临床研究。目前，泰州已聚集了扬子江药业、济川药业、苏中药业等一批全国医药百强企业，以及1000多家国内外医药企业。傲人的发展成就使泰州不仅成为江苏省生物医药产业高地，也成为全国首屈一指的生物医药产业新地标。

面向未来，泰州市明确提出，围绕“建成全国一流的创新型特色园区、全球一流的生物医药研发生产基地”的目标，绘制三大先进制造业产业链图谱，制定出台《关于打造三大先进制造业集群推进产业强市的实施方案（2020—2022年）》及《泰州市三大先进制造业集群产业强链三年行动计划（2021—2023年）》，将重点发展生物药、化学药新型制剂、体外诊断试剂及高端医疗器械、中药现代化四大支柱产业，提升发展特医配方食品、医疗装备及新材料、动物保健类药物三大特色产业，大力发展精准健康服务业。一套高能级“组合拳”的实施，将中国医药城推向了高质量发展的“新赛道”。

特色鲜明的产业链、自主可控的创新链、协同发展的价值链——泰州正大步流星地走向它心中的中国医药城。

众诚智库案例价值品鉴

- **把握医药产业最成功的关键要素，着重发力。**对医药产业要素的精准把握是泰州决胜生物医药产业最关键的成功因素。把准“人才+平台+资金+专业”的产业脉搏，因材施策。人才是第一资源，对于医药产业来说更是“源头活水”。

- **平台是医药产业奔跑的赛道。**搭建覆盖医药研发、生产、销售全过程的平台体系，包括大小分子药物平台、临床诊断试剂研发平台、疫苗工程中心、药物安全性评价中心等 21 个公共服务平台。实施政府搭台、企业和团队负责运营维护平台管理的模式，实现了政府资源效益、政府公共服务的最优化。

- **创新金融支持体系，为医药企业长期“供氧”。**医药产业具有“长周期、高风险、高投入”的特点，资金支持融资需求贯穿医药产业企业的全生命周期。泰州医药高新区共设立国有基金 14 只，其中母基金 1 只、天使投资基金 1 只、创业投资基金 2 只、私募股权投资基金 10 只，满足了医药企业不同发展阶段的金融需求。

- **打造专业的“快速申报通道+园区人才服务”软环境。**构建专业化申报服务体系。利用省部共建资源优势，建立与国家食品药品监督管理局药品审评中心、器械审评中心、审核查验中心、中保委的交流通道；印发《新药申报服务中心服务事项清单（试行）》，提出 26 项规范化、长效化服务事项，为企业提供全过程高效服务。选送博士、硕士前往国家食药监总局、省食药监局跟班学习，熟悉生物制品申报流程、学习生物制品申报业务，“让专业的人做专业的事”，提高审评审批速度，是推进生物药产业加快发展的重要支撑。

亳州：药圃传千载，其香浓百年

亳州自古便因药而兴。早在东汉时期，神医华佗在此开辟的第一块药圃便为亳州注入了中药的基因。千百年来，亳州中药材种植、经营之风经久不衰，更由此衍生出了诊疗、养生之术。传承至明清时期，亳州已成为天下药商云集中心，“药都”亳州闻名遐迩。

“小黄城外芍药花，十里五里生朝霞。花前花后皆人家，家家种花如桑麻。”——这正是19世纪初清朝诗人刘开在亳州编修《亳州志》时描绘的城外遍布芍药的景象，从中我们可以一窥当年药都的盛况风貌。当今的亳州，盛况不减当年，亳州历届市政府坚持“以药立市”，为亳州中药产业把脉问诊，开出了“办会、兴贸、聚企、强医、拓创”五剂“新药方”，掀开了一幅浓墨重彩的世界中医药之都建设新画卷。

以“会”为媒，奏响产业第一乐章

党的十一届三中全会以后，富民政策大幅提升了农民种植药材的积极性，亳县政府也在此基础上积极引导、大力扶持，在深度挖掘本地传统优势药材的同时，积极引进外地优质药材良种加以推广，带动了本地药材种植面积和产量的大幅度增加。到了20世纪80年代初期，全县中药材种植面积近3万亩，中药材种植、经营已经成为亳州的优势产业。

有了产业基础，如何打通市场流通渠道，提高亳州药市的知名度和吸引力、提升道地药材的销售成为关键的下一步。经过酝酿讨论，当时的县委、县政府决定于1985年9月召开第一届全国中药材交流大会，并确定每年届时举行。

1985 年 9 月 11 日，经过精心策划和筹备的亳州首届全国中药材交流大会在原亳州剧场举行开幕式，时任安徽省副省长杨纪珂亲自为交流大会开幕剪彩。此次大会吸引来自全国 27 个省、市、自治区的药商、医药界代表共计 1200 多人，300 多家机构参与，交易额达到 1.1 亿元。

首届全国药交会的成功举办，如风乍起，不仅提升了亳州药市在全国的影响力，更调动了全县药农、药商种植、经销中药材的积极性。此后，药交会成为亳州的固定节日，亳州药商“以会为媒，广交药友”，中华药都的名头再次响彻全国。

以“贸”为链，赋予产业发展加速度

20 世纪 90 年代起始，随着交易渠道的拓宽，单一依赖药交会供货的传统交易方式受到了挑战，中药材交易的方式逐渐转向了专业批发市场。亳州市政府审时度势，以汇集资源为出发点，积极构建以中药材现货交易为主，集仓储、物流、质检等于一体的商贸配套服务体系，于 1994 年精心打造了中国（亳州）中药材交易中心，并建立起了与之相匹配的中华药都信息中心、中药材种苗检测中心，为中药材交易提供了良好的环境。

中国（亳州）中药材交易中心的建立，把亳州道地药材的整体优势集中展现在市场上，促成了更多交易活动，解决了以往“有产品无产业”的问题，同时极大地带动和促进了亳州市农村种植结构优化、关联加工和服务业发展。到 2000 年，全市中药材种植面积已发展到 100 多万亩，占到全国中药材种植规模的 10%，中草药新开发 208 个品种，从事中药材种植人员达 100 万人，形成近千个中药材种植专业村。中国（亳州）中药材交易中心日上市量达 7000 吨，上市品种达 2600 多种，日客流量近 6 万人，已经成为中国最大的中药材交易中心和中药材价格形成中心。

以“企”为本，汇聚产业“亳”力量

20 世纪末，得益于国际社会的健康理念发生深刻变化，中药产业在世界上的知名度逐渐兴起，与此同时占据主流地位的西方医学出现了日益明显的负面影响，如高昂的费用、资源的大量消耗、环境的污染、毒副作用及逐渐降低的效能价格比等，使人对其功用产生怀疑，于是回归自然，寻求安全、廉价又有合理效用价格比的中药作为新健康产品的代表则成为一种新的潮流。

2001 年，亳州市顺应趋势成立药业发展促进局，专门负责推动亳州现代中药产业做大做强，为处于蓬勃发展上升期的亳州中药发展又添了一把火。2003 年，药业发展促进局制定了《亳州市现代中药高科技产业化发展规划》，明确现代中药发展路线，一是大力实施“规模化、产业化、标准化”的发展策略，积极推广本地种植基地开展 GAP 认证、加工企业开展 GMP 认证；二是加快发展中药材深加工，推动亳州中医药由种植和初加工向中药饮片、有效成分提取及中成药生产领域拓展。

政策很快起到了效果，中药饮片厂如雨后春笋般在亳州破土动工，2003—2005 年间，共有 34 家医药企业落户亳州，18 家建成投产，14 家获得 GMP 认证，其中更包括盛林药业等一批中外合资的知名药企，而这也带动亳州中药材实现了由初级加工转向现代中成药生产体系的转变。

亳州现代中药产业规模日渐壮大，为了提高中药产业发展的集群效应，降低交易成本，整合外部产业资源并增强创新功能，亳州市政府于 2005 年前后提出了培育“现代中药城”的对策：一是投资 20 亿元，引导本地和外来药商在民营科技园区（今现代中药产业发展基地）投资兴办中药材项目；二是加大扶持力度，从发展中药 GAP 种植中的土地流转到扩大中药规范化生产水平，让企业都能获得相应配套政策和资金支持。在“政策洼地”和“投资高地”的双重作用下，从2005年到2010年，北京同仁堂、上海雷允上、江西草珊瑚、广州白云山、修正药业等一大批知名企业前来投资，共同汇聚成为亳州发展现代中药产业的“原始力量”。

亳州引企的热情并未就此打住。2010年之后，亳州市政府相继发布《亳州市现代中药产业集聚发展基地项目建设专项资金管理办法》《关于印发支持“三重一创”建设若干政策的通知》《关于市外知名企业并购本市药业企业有关事项的通知》等优惠政策，帮助企业整合资源，做大做强，加快中药产业集聚发展，进一步增强亳州现代中药产业的集群效应。

以“医”为基，做强产业坚实后盾

中药的发展离不开中医的支撑。2013年，亳州市政府深刻认识到提升中医服务能力和水平既是发扬中医药特色文化和传承中医内涵的必由之路，也是提升临床实践和中药产品研发能力的关键所在，更是扩大中医药终端市场规模的根本。随后，亳州市颁布了《亳州市中医药服务能力提升工程行动计划（2013—2015年）》，确立了“**中药中医，并驾齐驱**”的发展策略。首先，加强中医医院重点专科建设，打造中医特色突出、临床疗效显著的专科，并以特色专科为基础加强中药制剂的研究开发；其次，以亳州市名中医和副高以上中医专业技术人员为基础，开展市级名中医工作室建设，积极创建省级、国家级名中医工作室；最后，深入推进中医文化建设，挖掘中医“医乃仁术”“大医精诚”的价值观念，同时加强“华佗”“五禽戏”等传统医学品牌的宣传推广。通过大力扶持中医，亳州市不仅加强了本地中医药文化资源的开发利用，营造了全社会尊重、保护中医药传统知识、支持中医药事业发展的良好氛围，更有效整合了中医药科技资源和人才资源，加快了中医药科技的进步与创新，逐步建立起了符合中医药特点的科技创新体系和管理体制，为后续组织实施现代中药高技术产业化项目、完善中药新药开发、提升中药新药临床疗效做好支撑。

以“创”为擎，赋能产业新旧动能转换

坚持创新引领，提高产品附加值，走符合中药特点的高质量发展道路，是亳州市为发展现代中药产业开出的最后一方药。2015 年，亳州市人民政府出台《关于加快亳州现代中药产业发展的实施意见》，提出推动产学研深度融合、加强技术创新平台建设、培育发展技术中介服务机构三大举措，着力提升中药产业发展中的科技内涵。

自此，“传承精华、守正创新”也成为亳州发展现代中药产业的重要原则。而后，亳州市先后与天津中医药大学、中国药科大学、南京中医药大学、安徽中医药大学等 20 余所高校、科研院所建立战略合作关系，相继落地了国家级中药材检验检测中心、中药材技术性贸易措施研究评议基地、院士工作站、省级科技特派员工作站、国家级中药类工程研究中心、CNAS 认证检测中心等多种中医药科技创新平台，在中药材有效成分提取、中成药、配方颗粒、中药材标准等领域开展共性研究，提升产业发展质量，为产业发展注入强劲动能。2020 年 12 月 21 日，国家药监局出台《关于促进中药传承创新发展的实施意见》，大力推进我国中药产业创新发展，亳州中医药产业将迎来下一个高速发展期。

如今，亳州“华佗故里、药材之乡”的名号已响彻海内外，药交会也已度过了 37 载春秋，亳州中药材专业市场已成为全国规模最大、上市品种最多、交易最活跃的中药材市场，全国医药百强企业也有 69 家落户亳州，疏风解毒胶囊、牡荆素等校企合作研发的新药逐渐走出中国、走向世界，亳州在打造世界中医药之都的道路上脚步铿锵、稳步前行！

众诚智库案例价值品鉴

❖ 重视会展在产业发展中的作用。在亳州中药产业开拓市场、促进消费、加强合作交流、扩大产品出口过程中，药交会均起到了无可比拟的作用。

❖ 关注产业的市场流通环节。正是通过打造中国（亳州）中药材交易中心，亳州才可以在产业发展初期汇聚整合产业资源、引领产业升级。

❖ 打造产业文化，深挖产业内涵。提炼产业的当代价值，丰富其背后的理论体系，才能够提升特色产业的软实力，为产业发展提供强大动力。

高端装备

三人行，必有我师

株洲：与风竞速、逐梦高铁——百年轨道交通装备制造自强之路

2017 年 6 月 25 日，中国首列自主研发的标准动车组命名仪式在北京举行。这列吸引了全世界目光的中国标准动车组，正是随后叱咤全球的“复兴号”，它的诞生，不仅标志着我国在高铁领域真正实现了由“中国制造”到“中国标准”的华丽蜕变，也意味着我国铁路技术装备迈出从追赶到领跑的关键一步。

作为“复兴号”的“心脏”和“大脑”，列车的牵引传动系统和搭载的网络控制系统均由株洲自主研制。而在株洲深深影响中国轨道交通产业新格局的背后，是铁路在其身上留下的百年印记和近 40 年的积淀。

株洲，这座“火车拉来的城市”，被誉为“中国电力机车的摇篮”，其轨道交通装备产业的发展真正起源于 20 世纪 30 年代，时任政府在

株洲田心建起了一座修理铁路蒸汽机车的工厂——株洲总机厂，这是中车株洲电力机车有限公司的前身，从此株洲便与轨道装备制造血脉相连。

国家重点布局，打下扎实厚重的基础

1950 年前后，前铁道部决定重建株洲总机厂。作为当时少数具备“电力机车车辆工业”基础的地方，株洲担负起造车的重任，并在新中国启动的第一个五年计划中被列为重点建设的 15 大工业城市之一，集中布局了 7 个“一五”计划中限额以上工业项目，苏联援助中国的 156 项重点工程也有 4 项放在株洲。在苏联技术的支援下，1958 年，中车株机、湘潭电机厂联合研制出我国第一台电力机车并成功下线，从此也拉开了我国电气化铁路时代及株洲轨道交通装备制造产业集群发展的大幕。

发力自主创新，保障产业发展新活力

然而，电力机车的设计和研制是一个漫长的过程，要实现从无到有掌握核心技术，自主创新是唯一出路。为此，在往后的约 40 年间，株洲市政府及一众企业都高度重视创新。

株洲市政府一方面引进丁荣军、傅志寰、刘友梅等国家级高端人才来株，另一方面于 1984 年率先在全国开展科研院所体制改革，推动铁道部株洲电力机车研究所（以下简称株洲所）“自断皇粮”，在全国科研院所中率先取消事业费，走向自主经营、自负盈亏的市场经济模式，并经过自主创新，发展成为如今跨国跨界经营的大型高科技产业集团。

在企业方面，株洲所紧跟潮流，始终没有放松对世界前沿技术的跟踪，于 20 世纪 70 年代到 90 年代期间先后开展了对晶闸管、直流相控电力机车、微机控制系统、交流传动系统、直流传动动力集中式动车组的研发，这使得株洲轨道交通研发了多项首创技术和重大产品，如国内唯一“储能式电力牵引轻轨车辆”、国内首列商业运营的中低速磁悬浮列车、国内唯一 8 英寸大功率 IGBT 芯片及模块封装生产线、国内第一个高速永磁同步牵引系统及电机等。雄厚的科研和制造实力，是株洲在 21 世纪初与西门子等国际企业的技术合作中，打破了对方意欲垄断中国技术的想法的重要武器。

20 世纪末，株洲所一系列的成功创新将我国的轨道交通与国际先进水平的差距缩短至不到 20 年，且追赶的步伐越来越快。后续的发展事实也证明，这段时期积累的轨道交通技术基础不仅帮助株洲在 21 世纪高铁技术的“引进、消化、吸收、再创新”上发挥了关键作用，也使得株洲在轨道交通技术上的自主研发更加得心应手。

内功、外功兼修，打造株洲轨道交通的国际竞争力

时间来到 21 世纪初，5 年 4 次的“铁路大提速”使得我国当时的轨道装备技术越发跟不上现实的需求。面对这样的情况，2004 年 4 月，国务院召开专题会议，就发展高速铁路和机车装备问题制定了“引进先进技术，联合设计生产，打造中国品牌”的重大指导方针，株洲市政府积极响应，并针对本地轨道交通制造企业的国际化发展争取到了许多出口优惠政策，包括跨境结算试点、进出口关税降低等，相比传统电机出口 10%～12%的关税税率，株洲时代集团旗下高速电力机车高进（出）口税率只有3%，这无疑为促进株洲本地轨道交通制造企业“走出去”注入了一针强心剂。

2004 年年底，铁道部从德国西门子、法国阿尔斯通和日本东芝分别引进电力机车，并命名为和谐号 D1、和谐号 D2 和和谐号 D3，其中，和谐号 D1 指定株机厂负责对其“消化吸收”。趁着与西门子开展合作的机会，株洲市在积极引进、吸收先进技术的基础上，又进一步

做了本土化创新，将原有的产业领域由电力机车逐步扩展至城际动车、中低速磁悬浮列车、储能式电车、轨道交通工程车等多个新兴领域。随着产品的不断丰富，中车株机等龙头企业也不断延伸、裂变，形成了以南车株机车辆、南车时代新材、南车株机公司、南车四方车辆等 57 家企业为代表的，覆盖电力机车、客车及动车组、城轨车辆等多个领域的产业集群。2008 年 10 月，株洲南车时代电气股份首次跨出“国门”，并购加拿大丹尼克斯半导体公司，成为中国轨道交通装备制造领域第一家展开海外并购的企业。2011 年 2 月，旗下时代新材收购澳大利亚代尔克公司，株洲车企开始在全球轨道交通市场排兵布阵，大展拳脚。

多重保障，持续为产业发展注入“政策活力”

在株洲市轨道交通装备制造产业集群发展过程中，国家和地方政府共同为轨道交通产业集群发展培植了成长的沃土，打造了可持续发展的生态。

在国家层面，株洲市已经成为国家轨道交通装备高新技术的产业化基地，轨道交通装备制造产业已拥有国家创新型产业集群试点、国家战略性新兴产业区域集聚发展试点多块高含金量国家级“金字招牌”，3 个轨道交通项目被列入国家首批“智能制造”专项项目。

在省级层面，湖南省领导挂帅担任制造强省建设领导小组组长，37 个省直部门一把手为成员，定期召开联席会议，共同商讨解决重大问题，统筹省市资源支持产业集群发展，并出台实施了《加快轨道交通装备产业发展若干政策措施的通知》，同时还设立了 50 亿元的先进轨道交通装备产业发展子基金，引导各类社会资金、金融资本支持轨道交通装备产业发展。

在市级层面，株洲市先后出台《支持轨道交通装备产业发展的若干意见》《株洲市人民政府关于支持长株潭国家自主创新示范区建设的若干意见》等政策文件，在土地保障、标准厂房建设、完善基础设施、项目绿色审批、促进科技创新等方面全力支持轨道交通产业集群发展，在多重政策叠加红利的刺激下，株洲轨道交通装备制造产业将迎来又一次蜕变。

一条谷、一座城，“动力株洲”品牌名动世界

2013 年，株洲的轨道交通产业逐渐成为当地的突出优势产业，如何将其发扬光大、抢占全球轨道交通产业链价值链和科技创新制高点，为国家赢得创新发展主动权作出贡献成了株洲的首要问题。几经酝酿，株洲市委提出了承载着株洲产业转型升级、创新驱动理想的“中国动力谷”构想，并组织制定了《打造中国动力谷——株洲高新区创新驱动发展战略十年行动方案》。同年 8 月，株洲市委市政府将这一构想上升为全市发展“动力谷”的战略构想，提出以最先进的机车牵引引擎、最强大的航空动力引擎和最环保的汽车动力引擎为核心助推器，打造当今的“中国动力谷”和未来的“世界动力谷”。其中，在轨道交通产业方面，重点发展轨道交通整车及配套产业，将株洲高新区建设成为具有世界一流竞争力的“中国轨道交通城”。

同年 12 月，“中国动力谷”被纳入科技部与湖南省人民政府共建项目和长株潭国家自主创新示范区范围，上升为湖南省发展战略。一年之后，长株潭自主创新示范区获得国务院批复同意，“动力谷”是其中的核心内容之一。株洲市政府怀着更高更深层次的考量和谋划，将株洲打造成中国乃至世界的轨道交通制造产业地标。

龙头拉动配套，发展壮大产业集群规模。株洲市政府在《轨道交通装备产业振兴行动计划（2014—2017 年）》中提出千亿元发展目标，并采取了以龙头企业拉动配套企业入驻，尤其加大引进“三类 500 强”企业的整体方针，这不仅极大地助力了株洲轨道装备制造业产业链的

持续完善，也吸引了相关配套项目源源不断落户株洲。在持续推进强链、补链、延链措施的刺激下，株洲轨道交通产业集群在 2020 年年底已经成为国内首个突破千亿元产值的轨道交通装备产业集群，规模高达 1310 亿元。截至 2021 年年底，株洲动力谷内已经集聚了近 400 家轨道交通装备产业链上下游企业，本地配套率达 85%以上。

创新为要，赋予产业发展新动能。创新是株洲轨道交通装备制造产业得以扬势的关键所在。株洲市政府在全力做好国家先进轨道交通装备制造业创新中心建设的同时，依托国家产业技术创新重大需求和重大关键技术源头供给的优势提出了，到 2025 年，建成现代轨道交通科技城，打造世界一流的轨道交通装备研发中心、国际领先的轨道交通装备智造中心等发展目标。截至目前，株洲已建成国家级技术创新平台 24 家、省级创新技术平台 90 家、院士工作点 2 个、创新战略联盟 6 个，并成立了全国唯一的中国 IGBT 技术创新战略联盟。轨道装备制造产业链与创新链深度融合，合力在关键共性技术上实现突破，成为持续催生产业崭新生命力的重要支撑。

需求导向，引育多层次人才。株洲依托 400 家轨道交通相关企业，重视从科研人员到产业工人的各领域、各层次人才发展诉求。近年来，株洲还大力发展职业教育，形成了以湖南铁道职业技术学院、湖南省铁路科技职业技术学院、株洲铁路机电职业技术学院等共 48 所各级各类职业技术院校构成的强大后备支撑队伍，这些院校无一不深度参与了株洲轨道交通产业的发展，与企业密切交流合作，基本实现了轨道交通产业集群企业人才的“订单式”培养。

“长风浩荡催征帆，关山万里任驰骋”，从跟跑、并跑到领跑，株洲的轨道交通装备制造产业一直在不断提速的发展轨道上驰骋向前，期待未来的株洲高举这张来之不易的国家名片，再创辉煌！

众诚智库案例价值品鉴

- 自主创新与研发才是产业发展壮大、迈向国际产业链高端的保障，同时在条件允许的情况下，在引进国外先进技术的基础上，“吸收、消化”后进行“再创新”，实现核心技术的国产化。

- 围绕核心产业部署配套产业链，龙头企业拉动配套企业，创新链与产业链深度融合，是株洲轨道交通产业发展得以保持生命力、不断创造高峰的关键。

- 有高瞻远瞩的宽阔视野，以“领跑世界”的豪气和魄力，敢于“走出去”，为后续“中国标准”“中国品牌”产品走向世界打下基础。

镇江：舟楫往来古镇江，而今迈向新蓝海

“云阳上征去，两岸饶商贾。吴牛喘月时，拖船一何苦”，这是我国著名诗人李白行至京杭大运河江南道润州段（今镇江丹阳段）时写下的诗句。在诗仙的笔下，一千多年前的古城镇江是一派河网密布、舟楫交织的富饶景象。位于长江和古运河交汇处的镇江自古以来就是水上交通的要冲，发达的水运练就了镇江人民高超的造船技艺。时至今日，历史悠久、源远流长的造船业仍然是镇江的经济支柱，镇江市已然成为我国最大的特种船舶制造基地。

不可一日废舟楫，厚植镇江古城的制船 DNA

春秋时“以船为家，以楫为马”[1]的镇江人，已将独特而高超的造船技艺深深地刻在骨子里；汉代三国时期，镇江所造战舰“雕刻丹镂，青盖绛襜……艨冲斗舰之属，望之若山”[2]；初唐时期，敕宋州刺史王波利等发江南宣（宣城）、润（镇江）、常（常州）等十二州工人造大船数百艘[3]；到了宋朝，嘉定十五年镇江知府赵善湘“教浮水军五百人，又制多桨船五百艘，无间风势逆顺，捷疾如泥，‘赤鸟’‘白�’两大舟，每舟可载二千人”[4]，可见，唐宋时期的镇江造船业已呈规模化发展之势；元明时期，“镇江共设三处造船场，分别位于城西江口镇、通户门里樱桃园和小围桥西木场巷，主要负责生产用于明朝官府海上交通的“海风船”[5]；清初时，镇江则承担了制造海防战

[1] 引自《吴越春秋》。

[2] 引自《三国志·吴书·贺齐传》。

[3] 引自《资治通鉴》。

[4] 引自《资治通鉴长编》。

[5] 引自《万历镇江府志》和《镇江交通史》。

船的任务。“京口战船为防海而设，在镇江驻防之地修造，通计‘沙船’‘唬船’三百只。建厂高资港地方”[1]，当时在镇江境内的江河上，不仅有沙船、艟船、舫船、飞篷船、米客所用铁头船，还有“海哨船”“吧唬船”“快哨船”等各种战船，而这也成为镇江江河上一道独特的风景线。上至春秋下至明清，小到木舟大到战船，一艘艘船舶不仅见证着镇江跌宕起伏的历史，也赋予了镇江独具一格的城魂，与此同时，也带动了船舶缆索、桐油、铁钉、木材加工等相关行业的兴盛。今日城西江边的东坞街、西坞街、打索街等街巷，无一不在诉说着船舶带给镇江的深刻烙印。

蓄势静待破晓时，镇江造船业的蛰伏

中华人民共和国成立后，从未中断过的镇江航海造船业与当时的新中国一样百废待兴、百乱待理。如何传承造船基因、发挥优势、重塑发展路径成为当时镇江造船业面临的重要问题。

1951 年 5 月 25 日，国营华东内河轮船公司镇江船舶修理厂（镇江船厂前身）成立，成为新中国在江苏布局的第一家船舶制造企业。20 世纪 50—70 年代，镇江市政府依托镇江船厂完成了大量奠基性工作。

一是切实完成国家对旧有船厂技术改造和扩建的时代任务。20 世纪五六十年代，镇江船厂独自研制出 500 吨油压机、三星和七星滚、160 吨折边机、80 吨筋骨冷弯等设备，建成了承载能力 200～700 吨的露天船台和船台滑道，并终攻克了运用焊接方式分段造船的技术难题。

二是建成镇江船舶工业学校（镇江船舶学院和江苏科技大学前身）。1970 年 3 月 1 日，在镇江市政府的积极推动和配合下，上海船校被迁至镇江，更名为“镇江船舶工业学校”，成为镇江造船业的摇

[1] 引自《镇江府志》卷十六。

篮，为后续镇江造船事业的发展储备了大量的优质人才。

三是自主开展特种船舶、货驳及推、拖轮研发制造。1962 年，镇江船厂的工作重心开始由“修”向“造”转移。这期间的船舶建造经验不仅使得船厂造船队伍快速壮大，还促使镇江船舶工程实现了从仿制到自行研制的过程，为镇江特种工程船舶制造走向全国第一开了一个好局。

自 1973 年起，为了提高国内船舶配套自给能力，在交通部的支持下，镇江市政府先后投资 6000 万余元建立船舶辅机厂、锚链厂、船用柴油机厂、船用增压器厂、船舶螺旋桨厂、动力机厂等船舶配套设备制造厂，并开始向航海生产性服务业发展，逐渐形成了覆盖中速柴油机、螺旋桨、柴油发电机组、锚链、降放装置、齿轮箱、船舶管状电加热器、配电板、充电器领域的船舶配套产业。

截至 20 世纪末，镇江市一步一个脚印，紧跟国家船舶工业发展的步伐，结结实实地打牢了人才、企业、技术基础，逐步建立起了集船舶配套、船舶制造、船海科教、船海生产性服务为一体的船舶产业体系。此时欠缺的，只是一个平地而起的机会。

直挂云帆向蓝海，镇江市造船业再起航

顺势扬帆，提质扩量跨越发展。2006 年 8 月，国务院审议通过的《船舶工业中长期发展规划（2006—2015）》中指出，在国际舶制造业、船舶配套业向我国转移的大背景下，中国船舶工业是具有较强国际竞争力和综合发展优势显著的产业，未来十年是中国船舶工业发展的关键时期。江苏省委出台《江苏省沿江发展规划》和《江苏省国际制造业基地建设发展规划》，均将船舶工业列为沿江支柱产业予以扶持，并要求实现双倍增长。

时任市政协经科委主任姚安南和副主任蒋平权当即意识到这是

一个极好的发展风口，迅速以市政府办公室名义起草了《抓住机遇发展镇江船舶工业的建议》，并在此基础上由当时的市经贸委制定发布了《镇江船舶产业发展总体规划》，明确了镇江船舶制造的五条路线。

一是抓住船舶制造业和船舶配套产业转移战略的机遇，推动镇江船舶制造业跨越式成长为支柱产业。二是加强产学研联合，使镇江成为江苏造船技术高地。三是发挥“黄金岸线”区位优势，建立规划合理的船舶工业园区，提高产业集中度；鼓励和吸引外资、民资来镇投资，迎接日、韩造船产业转移；吸引中国船舶工业集团、重工集团及中远、中海集团来镇设厂。四是以特种工程船为先导，发展高附加值船舶和高性能船舶。五是积极承接国际船舶配套业的转移，加快发展船舶配套业。

规划发布后起到了奇效——江苏蓝波特种船舶项目、中船设备中速柴油机项目、大津重工项目等船舶制造和配套企业纷纷落户润州区，镇江船舶工业区、扬中夹江区域充分整合现有港口和公共码头建设，形成沿江、腹地共同推进产业布局发展局面。仅一年时间，镇江新设立的外资造船企业就达到 11 家，投资总额 2.99 亿美元，超过了历年总和，润州船舶及船用设备产业也一举成为省五大船舶产业集中区之一。海洋特种船舶制造领域，更是多点开花，遥遥领先。仅镇江船厂一家，就占据了国家特种船、工程船 70%的国内市场。镇江船舶工业发展迎来了 21 世纪以来的第一个高潮。

于危机中觅新机，以攻代守特色发展

然而好景不长，受国际金融危机影响，世界船舶工业蓬勃发展的势头受阻，也波及我国船舶工业的发展。2009 年，国务院出台的《船舶工业调整振兴规划》明确指出，规划出台后 3 年暂停现有船舶生产企业新上船坞、船台扩建项目，新增的中央投资将用于高技术新型船舶、海洋工程装备和重点配套设备的研发上。

这对镇江的船舶生产及配套企业无疑是一个利好消息。紧接着，镇江市政府便开启了一系列“组合拳”，以求困中破局：一是加快船舶配套产品的研发和技术改造，帮助转型企业通过船级社论证或通过“联姻”的方式拿到进军船舶配套的通行证；二是加速聚集、做大做强，制定《江苏省镇江高新技术船舶配套产业基地规划》，同时申报国家级船舶配套基地，积极促进船舶配套产业有序、高效集聚，形成“组团效应”。如此，镇江船舶业顺利“逆市上扬”，步入了平稳发展壮大之路。

砥砺奋进积跬步，镇江市造船业的进阶之路

2010 年后，国际船舶产业国际转移呈现三大新特征：一是由“核心船舶制造业”向“船舶主要配套、一般船舶设备配套业和船舶设备零部件产业”倾斜；二是由“产业垂直转移”的方式向“部分梯度的水平转移”改变；三是重心由“生产工序”向“制造中心、采购研发”转移[1]。

结合这一发展趋势，2013 年，时任镇江市副市长王常生提出要持续大力推进和深化产学研合作，重点打造以自主创新为主导的船舶技术研发基地、以特色产品为主导的船舶制造基地、以高附加值产品为重点的船舶配套基地，走“加速产业聚集，提升造船层次，错位竞争发展”的发展路径。首先，依托镇江的长江岸线资源，鼓励和吸引外资、民资来镇江，全力打造镇江特种船舶及海洋工程配套产业基地，先后引入新加坡亚拓公司、瓦锡兰集团等大型企业，努力把船舶工业培育成新的经济增长点或区域性支柱产业。其次，充分利用镇江高等院校的人才和实验条件，组建了镇江市首家技术创新战略联盟——特种船舶及海洋工程配套产业技术创新战略联盟，挂牌成立了“海工

[1] 陶永宏. 国际造船产业转移的现状、特点与中国应对策略[J]. 船舶，2005.

装备与船舶数字化制造技术国家地方联合工程实验室”国家级实验室，积极开展船舶创新技术研究，全力打造江苏造船技术高地。最后，依托江苏科技大学等，深化聚焦差异发展，以特种工程船为先导，发展高附加值船舶和高性能船舶。针对全回转拖船和海洋石油平台供应船两个系列特种船和中船动力陆用电站系统、镇江船舶电器岸电系统、挪威康士伯液位测量系统、德国贝克尔高性能船用导流罩等一批行业“单打冠军”开展自主研发，实现与周边地区错位竞争。

经过几十年的发展，数代人的艰辛努力，如今在镇江高新区 8 千米长江深水岸线上，已经形成了高达数百亿元产值的船舶特色产业集群，以及镇江高新区特种船舶与海工船舶配套设备、扬中海洋工程装备与高技术船舶两大产业园区。2021 年 10 月，镇江市政府出台《镇江市“十四五”船舶与海洋工程装备产业发展规划》，提出了打造国际有影响、国内有地位的船舶与海洋工程装备产业的愿景与目标。在“海洋强国”“长三角一体化”等国家发展战略背景下，镇江船舶制造业正继续破浪前行，迈向更深的蓝海！

众诚智库案例价值品鉴

- 产业发展离不开长久的积淀，镇江船舶制造和配套产业的跨越式发展离不开历史文化的深层基因和扎实的产业基础条件，两者共同造就了如今镇江造船业的繁荣。

- 坚持特色化发展路径，只有在保留了特种船和海洋工程船和若干船舶配套核心竞争优势的基础上，镇江才有了由小变大、由弱变强的逆势上扬劲头。

- 跟紧上位规划，无论是学院建设、技术改造、产品打造，还是地方规划出台，镇江都一步步跟紧了国家的步伐，在第一时间抢占了发展先机。

新能源

三人行，必有我师

张家口：华北最大新能源基地托起“零碳奥运”

“出了大境门就是漠北。”历史上的张家口商贸发达，但“坝上一场风，从春吹到冬”。由于张家口地处内蒙古高原与华北平原的过渡地带，同时受燕山山脉与太行山脉交汇的影响，气候多变、温差悬殊、空气对流频繁，西北风长年不断，风沙雨雪也常年伴随着南来北往的商贾旅人，几千年来，当地的人们“苦风沙久矣”，而这恰恰成了大自然给予张家口发展风电的最好“礼物”。张家口发挥风能储量丰富的优势，成为华北地区最大的新能源基地。

困极思变，从首都的“水池子”到“清洁能源池子”

中华人民共和国成立后，张家口被确定为首都的生态涵养地，为了保证北京水碧天蓝，张家口市内凡是向河里排水的、向天上扬沙的、向空中冒烟的企业，一律关停并转。仅 1996—2004 年间，张家口市就取缔污染企业 486 家，停产整改 256 家，还先后投入 7 亿元治理官厅水库周边的污染源。作为北京的水源地，张家口对生态保护提出了极为严格的要求，对产业的选择也戴上了极为严格的“紧箍咒”，虽煤炭储量丰富，但限制发展煤电和煤化工；虽区位条件优越，紧靠北京科研资源，却难以落地重工业；污染企业的取缔造成工人大量失业，并带来一系列的社会问题。极困之下，张家口思变突围，找准了发展新能源的强市之路。

把大黄风转变成“风电能量场”

张家口风能资源储量高达 4000 万千瓦，风电装机容量可达 800 万千瓦以上，占河北省陆上风能资源的 71%。张家口诱人的风能储备资源得到了众多企业的青睐。

1993 年，长城风电 24 台风机开始安装建设，张家口成为全国最早的一批风电基地之一，也是当时全国八大风场之一。

1995 年，原电力工业部提出了到 2000 年年底全国风电装机达到 100 万千瓦的目标，并制定发布了《风力发电场并网运行管理规定（试行）》，张家口开始逐渐放开手脚。

2002 年，张家口风电发展进入大规模建设阶段，尤其是 2006 年《中华人民共和国可再生能源法》的施行，张家口的风电开发进入了井喷期，华能集团、大唐集团、华电集团、国电集团、国华能源、中广核集团等 30 多家新能源开发“巨无霸”和“排头兵”便“趁机而入”，在张家口“抢滩登陆”。

截至 2014 年年底，张家口风电装机容量达 610 万千瓦，并网 580 万千瓦，共建成 75 个风电场，成为领先全国的风电大市，并成功入选国家能源局首批新能源示范城市。

发力太阳能，实现“光热电网一体化”

早在2013年张家口就建成了冀北地区第一个分布式光伏发电项目——张家口保胜新能源屋顶光伏项目并网发电，年均发电量66.42万千瓦时。

2014年，张家口大举推进光伏发电项目建设和光伏发电监控系统建设，相继启动海润光伏 50 兆瓦的光伏电站、江苏振发能源装机15GWp 光伏发电、华源电力 300 兆瓦光伏发电、江苏三丰光华河北分公司总装机量为30兆瓦的光伏电站等；尚义县与北车中铁等12家大型新能源企业一次性签订了总投资280亿元、总规模258万千瓦的36项光电开发协议；建设含采集、监测、存储、分析和显示为一体的信息化监控平台，全面实现光伏电站的平台化、智能化、远程化管理。

2015 年 7 月发布的《河北省张家口市可再生能源示范区发展规划》提出，因地制宜建设太阳能光伏（热）开发应用基地，一方面发展分布式光伏发电，广泛开展光伏精准扶贫工作，解决农村居民热水、供暖的需求，以及大型工业厂房用电、低能耗绿色建筑等需要。另一方面继续推广大容量储能电站，顺利建成国家风光储输示范工程，集风力发电、光伏发电、储能系统、智能输电功能于一体。截至 2021年年底，年发电量可达13亿度，相当于5个崇礼县城的年用电量。

在“低碳奥运”驱动下，“氢”尽所能助力冬奥会

2015年，“北京—张家口”2022年冬奥会申办成功，极其优良的生态环境、清洁环保的能源支撑是张家口必须完成的历史答卷。同年，张家口出台的《河北省张家口市可再生能源示范区发展规划》提出，到2020年，55%的电力消费来自可再生能源，全部城市公共交通、40%的城镇居民生活用能、50%的商业及公共建筑用能来自可再生能源，40%的工业企业实现零碳排放，建成国际领先的“低碳奥运专区”。

2015年，张家口市开始探索风电制氢发展路径。在技术层面，张家口充分利用已有风电基础，直接将风电通过水电解制氢制氧、氢能源存储与利用，实现全流程的“零碳”能源生产，相继建成并投产年产氢气1400吨的海珀尔制氢项目，以及年产氢气637吨的河北建投沽源风电制氢综合利用示范项目一期工程，这是张家口建成的国内第一个风电制氢示范项目。张家口通过内培外引、绿色金融、完善氢能综合应用基础设施、市场化投运等举措促进氢能源迈上发展快车道，为保障“零碳冬奥会”的需要做好充分的准备。张家口先后引进中节能、中氢储能、壳牌等29个产业项目落地，布局21个省重点项目，涵盖制氢、加氢站、氢燃料电池、整车、应用示范、研发等领域，并建成国家级氢能产业创新研发平台、氢燃料电池汽车及氢能研究院、氢能国家公共检测服务平台，全力构建氢能源全产业链发展格局。

在河北省张家口市城区行驶着一辆辆的蓝色公交车，这些车不采用燃油发动机，而是搭载了氢燃料电池，氢燃料电池汽车不仅功率密度高、续航里程长、加强速度快，而且全程可以做到零碳排放。到2022年3月底，已有444辆氢燃料电池公交车行驶在路上。冬奥会期间，张家口赛区累计加注氢气94.3吨，减少碳排放1414.5吨。张家口市已率先迈入了氢能源公交时代。

不仅如此，在张家口全面发展风、光、氢乃至地热、生物质等可再生资源基础上，张北可再生能源柔性直流电网试验示范工程将绿色电力成功接入北京电网，满足冬奥会北京、延庆两个赛区场馆的清洁用电需求，确保了冬奥会全部场馆100%使用清洁能源供电。

新能源产业作为张家口市的主导产业，历经近30年的积累和发展，已具有极强的产业带动作用。张家口市紧紧围绕新能源产业延链强链，统筹布局智能电网、新能源汽车、新材料、信息技术服务等科技服务业及旅游业等现代服务业，先后建成特高压变电站智能电网基础设施、能源装备特色产业基地、新能源新材料产业园、信息技术产业基地、三大大数据先行区、沽源奥运风光城等大型载体项目，进一步加快张家口市由“空天经济”全面向与“生态经济”相结合的“低碳经济”转变。

期待冀北“风光”无限、“氢装”上阵的张家口，在我国未来的“碳达峰”“碳中和”目标实现的路上一路领跑。

众诚智库案例价值品鉴

- **发挥当地能源资源优势，将劣势变优势。**始终保有对国家政策、国家动向的敏感性，结合当地自然资源优势，在国家导向初期就抢先发展风电、光伏发电等产业，先行先试，积极争取实验示范项目落地，持之以恒，坚持精耕细作，将小小萌芽培育成参天大树。

- **探索绿色能源发展途径，加大技术攻关。**与各大头部企业一起，积极探索风能、太阳能、氢能等新能源产业布局、核心技术、商业化应用等，在关键技术领域“死磕”到底，以技术保发展，打造科技硬、产业强、安全高效的新能源产业基地。

- **深化能源体制机制改革，推动能源革命。**通过示范区先行先试，率先打破制度藩篱，抓住新科技革命和新能源快速发展机遇，破解可再生能源发展的深层次矛盾，探索可再生能源市场化发展和创新驱动发展的新机制。

- **以大规模应用场景带动，推动商业应用。**以服务于冬奥会超大型应用场景为目标，广泛开始应用实验示范，率先实施城市新能源公交、加氢站基础设施、光伏高速公路、居民用电用能等实验示范，积累应用数据和经验，全面保障服务冬奥会目标的实现。

新能源汽车

三人行，必有我师

南京：四区联动，争当“新能源汽车之都”急先锋

随着国家“双碳”目标的实施，“新能源汽车之都”的争夺战也愈演愈烈，各大城市发展新能源汽车的浪潮迅速席卷中华大地。上海引入“超级鲶鱼”特斯拉，史上“最强风投”合肥把蔚来汽车投成超级大腕，广州全力培育“造车新势力”第一梯队的小鹏汽车，深圳坐拥我国新能源汽车当之无愧的明星企业比亚迪，总部位于北京的小米进军新能源汽车，长春依托“中国第一汽车集团”在新能源汽车领域高歌猛进……而既无基业又无顶级资源的南京是否能争得一席之地？南京市用事实给出了肯定的回答。

“识时务者为俊杰”，南京把握时势，果断出击

在 100 余年的汽车工业发展史中，传统汽车的组成部分均以机械

为主，以发动机技术为核心的竞争力始终是国际汽车产业竞争的“锁喉之技”，而新能源汽车将全面打破这一发展格局。除机械外，电池、芯片、软件、通信、人路车一体的传感体系等成为汽车最重要的组成部分，以发动机为核心的竞争力也将转变为以新能源电池、IT 技术、人机交互技术等多种部件协作的竞争力格局。如果说，中国在传统汽车领域难以打破国际技术垄断，那么在新能源汽车领域，领先的新一代信息技术和新能源后发优势将为我国的新能源汽车迎来一个千载难逢的制胜机遇。

发展新能源汽车不仅事关国际汽车科技竞争，全球传统汽车对不可再生化石能源的消耗量巨大，造成的环境污染也是世界难题之一，尤其我国人口基数大，汽车保有量连年递增，发展清洁型新能源汽车是缓解能源紧张、治理社会污染、促进“双碳”目标顺利实现的关键。这个千载难逢的历史风口，谁也不想与之失之交臂。由此，全国各地快马加鞭、争相布局新能源汽车产业便顺理成章。

2009 年，江苏省政府印发《江苏省汽车产业调整和振兴规划纲要》，提出组织实施新能源汽车工程，依托省内院校和科研院所搭建节能与新能源汽车共性技术研发平台，支持龙头骨干企业与国内外科研机构合作搭建节能与新能源汽车产品研发平台，加快共性技术和关键核心技术攻关等措施。

四区联动，发掘一切可以发掘的资源，形成产业发展合力

为了快速形成新能源汽车发展合力，实现全产业链协同发展，南京市在“江苏省汽车及零部件特色产业基地（南京）”，着力建设江北新区、江宁区、溧水区、南京经济开发区等新能源汽车产业基地。江北新区重点布局电池材料及网联汽车研发基地，南京经开区发力新能源电池和智能系统开发，溧水区聚焦新能源汽车整车及零配件制造业，江宁区打造以创新创意为内核的汽车文化小镇。

江北新区，科创为先

江北新区是江苏省唯一的国家级新区，主要由浦口区、六合区和栖霞区八卦洲街道构成。依维柯汽车公司与南京汽车集团合资组建南京依维柯汽车坐落在新区，南京依维柯汽车公司在 2008 年就牵手国家电网研发生产纯电动汽车，于 2009 年成功交付 10 辆零排放、零污染的纯电动轻客，成为首家获得工信部下发纯电动客车准生证的轻型商务车生产企业，在全国范围内率先实现纯电动客车的规模化生产。

2012 年，投资 10 亿元的越博新能源汽车产业园落地于浦口经济开发区，重点打造新能源汽车动力总成研发和生产基地；随后，上汽新能源、知豆汽车和博郡汽车等陆续落户浦口经开区，逐渐形成了覆盖新能源汽车整车及零配件研发、制造的产业链。

2018 年，南京市政府印发《南京市打造新能源汽车产业地标行动计划》，提出江北新区（含浦口区）同步建设全市新能源动力电池材料产业基地和全市智能网联研发中心。2019 年，“江苏汽车产业院士协同创新中心”成立；中斯新能源汽车国际研发中心落户，斯洛文尼亚马里博尔大学电气工程和计算机科学学院（院长）Borut Zalik 教授及其团队、南京智能制造产业园建设发展有限公司及中国和斯洛文尼亚合资企业南京奥克博汽车科技有限公司三方合作建设“南京马里博尔智能遥感研究院”；2020 年，江北新区成立南京新能源汽车产业创新中心，由清华大学欧阳明高院士团队、清华大学苏州汽车研究院、清华新能源产业创新联盟共同发起，依托清华大学汽车安全与节能国家重点实验室，联合国内整车及核心零部件企业共同设立。江北新区新能源汽车全面迈进由高端科技创新平台推动的高质量发展阶段。

南京经开区，系统为主轴

作为南京市绿色智能汽车四大产业基地之一，南京经开区已引进各类新能源汽车企业10余家，包括LG化学、蔚然动力、博世转向、奥托立夫、可隆等汽车零部件企业，尤其在2014年，南京LG化学新能源电池项目落户南京经开区，补上了南京市新能源汽车电池动力的关键一环。目前已形成了涵盖整车制造、电池系统、“三电”核心部件、电动转向及安全系统、无人驾驶、运营服务等在内的绿色智能网联汽车全产业链，成为南京新能源汽车产业链最为完整的园区。

《南京市打造新能源汽车产业地标行动计划》提出，南京经开区重点布局智能网联汽车系统产业。为了培育智能网联汽车智能系统产业，南京经开区着力实施打基础、造环境和育产业三大举措，积极利用各级科技载体平台，吸引一批智能汽车系统软件或芯片开发企业进驻经开区。

在打基础方面，南京经开区积极申报江苏省车联网示范先导区，设立“未来科技智慧中心”，建设车路协同应用示范路，推动相关基础设施建设为企业创造良好的发展条件。

在造环境方面，南京经开区制定《南京经济技术开发区车联网（智能网联汽车）先导区建设方案》，出台《南京经济技术开发区加快人工智能产业发展的扶持办法》，为科技企业提供场地支持、基金扶持、人才奖励等。

在育产业方面，南京经开区引进多个具有代表性的公司，如的卢技术、地平线、辛巴科技、雄狮科技、中智行、浦和数据等，涵盖自动驾驶算法、操作系统、芯片、软件、车路协同、数据处理等多个领域。南京经开区正积极推动新一代智能驾驶、自动驾驶整车的设计与生产等相关项目落地，逐步打造出一个完整的自动驾驶产业链。

溧水区，制造为王

溧水区作为南京市汽车产业的元老之一，在整车和零部件制造方面具有突出优势，聚集了南京金龙、比亚迪、南京银隆、长安新能源、恒天、开沃等整车企业，以及美国铭仕变速箱、意大利布雷博刹车系统、法国佛吉亚排气系统等 108 家核心零部件配套企业，拥有南京市 80%以上新能源大客车产能和 70%以上的新能源汽车零部件配套能力。

2018 年，溧水产业新城科创中心就已建成 1.62 千米全封闭测试路段，通过车身上加载的高清探头和传感器等各种装置采集数据，传递至控制中心，能为无人驾驶的测试车提供弯道转向、雨雾天气、隧道测试、紧急制动等 22 项智能测试场景。溧水区将与国家智能交通综合测试基地等多家省内智能网联汽车测试区运营主体合作共建江苏省重点测试场联合测试区，并规划建设 5 千米智能网联汽车公共测试道路和 9.5 千米智能网联汽车示范应用线路，作为溧水区国家级智能网联汽车测试基地建设的试点。

在建设国家级智能网联汽车测试基地的基础上，溧水区也在谋求新能源汽车及零部件制造业的升级发展。2019 年，溧水区集中签约了 17 个新能源汽车项目，其中设计研发类项目 3 个、科技类项目 5 个、产业类项目 9 个，溧水区新能源汽车及零配件制造业再添新翼。

江宁区，文化为魂

江宁区作为南京市最大的传统汽车产业基地，拥有上汽大众、长安马自达、奥特佳、国电南瑞等整车制造企业，福特、马自达、海拉、延锋伟世通等设计研发中心，法雷奥、佛吉亚、塔塔等近 140 家零部件企业，以及 90 多家精密加工、铸造、装备制造配套企业，具有集研发、整车及零部件制造、物流营销服务于一体的完整产业链。

在新能源汽车方面，江宁区集中进行电池、电机、电控、数字座舱、智能网联、整车、充电设施、后市场服务等核心领域的布局。此外，江宁区瞄准了汽车文化领域，倾力打造汽车文化小镇，集中建设汽车科技创新创业带、汽车文化主题公园、汽车销售聚集中心、汽车综合服务及互联网+中心、汽车综合商贸中心、汽车青年社区中心等。

注重创新与国际合作，充分发掘整合本市资源、国内外资源。南京市在新能源汽车与智能驾驶交织碰撞的赛道中，已占有一席之地，且正不断寻求新突破，打造新优势。

众诚智库案例价值品鉴

❖ **深刻认识并把握历史性战略机遇。**在国际汽车工业核心竞争力转移之时，深刻认识在新能源、新技术洗牌下的全球新能源汽车竞争被置于同一起跑线的历史性机遇，从零布局、勇于争先。

❖ **深刻剖析自身实际，放大资源效应。**依托南京理工大学、南京嘉远、依维柯汽车公司研发新能源汽车的“星星之火”，以政策推动为主要推手，大力支持企业研发，整合企业资源实现量产，推动应用场景建设，扩大生产，逐步实现规模化、产业化、多样化发展。

❖ **全市一盘棋，由市政府统筹各区布局。**本着汽车产业聚集发展的原则，在原有功能区传统汽车产业的基础上，谋划新能源汽车发展新高地，分区聚焦、特色化布局，不同功能区突出产业链的不同环节，协同发展，避免产业同构造成内部不良竞争，打造南京新能源汽车“强势能”。

❖ **科创驱动各区新能源汽车升级发展。**在突出各区特色、聚焦不同产业链环节的基础上，均将产品研发、技术创新作为核心驱动力，各区政府各显其能，分别整合国内外先进的科技创新资源，推动本区新能源汽车产业升级发展，顺利迈进高质量发展阶段。

节能环保

三人行，必有我师

谷城：变废为宝，成功创建国家循环经济示范县

谷城，隶属于素有“华夏第一城池”的襄阳市，北依汉江，南临神农架，西接丹江口与武当山，东达武汉，是“武汉—十堰”汽车工业长廊的节点城市之一，正因为此，谷城发现了汽车电池及零配件回收利用的“商机”。

20世纪末，谷城通过调查发现，周边地区报废的铅酸蓄电池、汽车配件数量巨大，既容易造成二次污染，也是极大的资源浪费，便打起了资源回收再加工、再利用的主意。于是，谷城组建再生资源回收集团公司，引导民间资本捡“破烂”，建立起覆盖“1+8”城市圈[1]的废铅酸蓄电池逆向回收网络，最终“捡”出了6家规上资源再生利用企业，节能环保产业成为谷城县的主导产业之一。

---

[1]“1+8”城市圈是以中国中部最大城市武汉为中心，由武汉和周边约半径100千米范围内的黄石、鄂州、孝感、黄冈、咸宁、仙桃、天门、潜江九市构成的城市联合体。

锚定资源回收利用，创建"火炬计划"节能与环保产业基地

20 世纪 80 年代，以生产铅酸蓄电池、纯铅薄极板卷绕电池、工业用阀控式密闭型铅蓄电池及动力型锂离子电池为主的龙头企业骆驼蓄电池，在实现年产值 5 亿元的同时，其长年累月、堆积如山的废旧蓄电池也造成了严重的环境污染。在此情况下，比邻企业湖北金洋与骆驼蓄电池达成合作意向，回收废旧蓄电池进行二次开发与利用。

1987 年，湖北金洋引进无污染再生铅高新技术——真空精炼技术，用一年多的时间研发出自己的铅基合金产品，并积极配合蓄电池生产厂家进行再生铅的再开发，将自己的初级产品再生铅升级为可用于生产蓄电池的系列铅合金。到 1995 年，湖北金洋的再生铅技术已基本与国际先进水平接轨，对当时的中国再生铅技术进步起到了引领、示范与推动作用。

湖北金洋尝到资源回收利用的甜头后，带动美亚达、车桥、格润等一大批企业纷纷加入循环经济的阵列。在此基础上，谷城县政府顺势而为，"十一五"期间，谷城县规划了资源回收利用、能源循环利用、资源科学开发利用等五大类 35 个节能环保项目，总投资 31.8 亿元，同时实施了一系列推动措施，激励资源回收开发业的发展。

一是搭建"销售—回收"两网合一的循环系统。依托大型企业在国内各大中小城市建立的销售网络搭建废旧资源回流网络，通过以旧换新的方式，大幅提高废旧电池的回收率。

二是搭建"政府—企业"统筹运作平台。在省政府的推动下，经省环保厅授权，推动湖北金洋搭建"1+8"城市圈废旧蓄电池回收网络试点，并组建谷城再生资源回收集团公司，代表众多企业与省供销社签署战略合作协议，利用供销社广泛的物资配送站回收废旧铅酸蓄电池、废旧金属和零部件，确保原料供应。

三是采用产业链精准回收模式。围绕蓄电池、废旧金属生产企业

生产过程、销售过程、利用过程等环节回收废旧商品。

四是主动对接资源搭建战略联盟回收渠道。促进湖北金洋等企业与中国移动、中国联通等大型企业建立废旧资源回收战略联盟，形成长期稳定的合作伙伴。

科技创新硕果累累。2002 年，谷城县依托 10 家骨干企业、16 个主导产品，成功申报科技部“国家火炬计划谷城节能与环保产业基地”，其中，湖北三环车桥的“汽车前轴成型辊锻工艺”达到了工业发达国家的水平，改写了传统生产工艺的多项纪录，节约投资 2/3、节能 37.9%、节材 17%；湖北金洋的“无污染再生铅技术”实现了废气、废水、噪声和固体废弃物等各项指标达到国家标准；谷城格润集制浆与治污于一身的“汽蒸喷放制浆技术装置”专利技术为非木材纤维做原料生产包装纸板的中小型造纸厂找到了一条兼有企业效益和环保效益的发展途径。

2005 年，基地拥有省级高新技术企业 9 家，国家级重点高新技术企业 1 家，累计组织实施了国家、省级以上各类科技计划 40 多项，获得节能与环保专利 13 件、发明 7 件，3 个产品被国家科技部、国家环保总局等 5 部门认定为国家重点新产品，10 个产品获省级重点新产品和省精品名牌称号，节能与环保产业实现年产值 20 多亿元。

升级节能与环保产业，创建国家级“城市矿产”示范基地

2007 年，谷城在此基础上规划建设再生资源园区，到 2010 年，园区内已建成 107 个废金属加工利用项目，形成了年回收废钢铁 60 万吨、废铅酸蓄电池及含铅废料 40 万吨、废铝 10 万吨、废塑料 3 万吨、其他废旧物资 7 万吨的规模，年利用各类再生资源也达到 78 万吨，规模以上工业总产值达 50 多亿元。

2011 年，谷城再生资源产业园区被国家发展改革委、财政部列为

湖北省第一家“国家城市矿产”示范基地，成为国家“十二五”规划的循环经济重点工程之一。谷城迅速行动，重点围绕再生铅、再生铝、再生钢铁三大产业，搭建“回收—再加工—再生产品返销”产业链，以及回收、再加工、新产品标准体系；建设覆盖中西部地区的再生资源交易中心，升级原有废旧资源回收网络为交易平台；与武汉大学、华中科技大学等院校加强协作，共建“城市矿产”示范基地技术研发中心，共同开发新产品、新材料、新工艺；奋力打造中国铅酸蓄电池制造基地、东风车用铝材供应基地、汽车零部件铸造基地、再生资源集散基地和全国一流的“城市矿产”示范基地等五大基地。

挣生态钱、吃生态饭，创建国家级循环经济示范县

循环经济是针对传统线性经济模式而言的，“资源—产品—再生资源”的物质循环利用模式是循环经济区别于传统经济的本质特征[1]，循环经济遵循生态学规律，强调清洁生产与资源的综合和高效利用，以“减量化、再利用、再循环”为原则，采用全过程处理模式，使经济系统和谐地纳入人与自然的物质循环过程。2013 年，谷城县被国家发展改革委确定为第一批国家循环经济示范县创建地区。谷城县在循环经济蒸蒸日上的同时，迈上了国家循环经济示范县的全面建设期。

规划引领，争当绿色发展排头兵。谷城县先后编制《谷城县发展循环经济规划纲要》《谷城县循环经济试点实施方案》和《谷城县循环经济园区产业发展规划》，提出“建设国家循环经济示范县，争当绿色发展排头兵”的奋斗目标，把转变发展方式、优化经济结构、转换发展动力作为重中之重，进一步突出绿色发展理念：一是向创新要活力，加快绿色发展体制机制创新，落实最严格清洁生产准入制度，加强清洁生产审核体系建设，努力做好清洁生产培训，督促企业淘汰

[1] 任勇，吴玉萍.中国循环经济内涵及有关理论问题探讨[J].中国人口资源与环境，2005，(4):131-136.

落后产能、拆除落后设施装置；二是强化科技和人才支撑，该县建成企业技术中心6个，工程技术研究中心4个，院士专家工作站8个；三是建立绿色发展指标统计体系和考核制度，建立资源产出率等指标统计体系和核算考核制度，纳入年底综合考评。

生态主打，促进经济社会和谐发展。时任谷城县委书记的伍义兵坚持在全县推行“兴一个产业、活一方经济、富一方百姓、美一方环境、促一方和谐”的发展理念，发布《谷城县创建国家生态文明建设示范县规划纲要（2021—2030年）》，全面践行“生态谷城”建设：一是发展循环型工业，重点打造“汽车零部件及装备制造、建材加工、纺织品加工、农产品加工”四大工业循环链，继续总结“金洋模式”近年来的先进经验，发扬光大；二是发展生态型农业，重点打造“林下经济、有机茶、生态养殖、生物质能源”四大农业循环链，践行五山镇“生态乡镇”发展模式，在全县推广实施；三是发展生态旅游，加快精品景点提档升级，努力打造鄂西生态文化旅游圈重要节点和旅游目的地，以“绿满谷城”“美丽乡村”建设为抓手，加大培育绿色旅游示范乡村建设；四是创建循环型社会，以发展绿色消费为重点，以“城市矿产”基地为示范，建立先进、适用的生活垃圾分类处置模式，城市典型废弃物集中处置模式，生活、生产系统循环耦合模式，并分别在各产业中推广，从而促进循环经济规模不断扩大。

当前，谷城县正在“绿水青山就是金山银山”理论和“双碳”发展目标的指导下，继续探索与努力，走出一条既保护绿水青山又赢得金山银山的绿色发展之路，走出一条山区强县之路。

众诚智库案例价值品鉴

❖ **企业主导、政府引导联合发力。**在当地骆驼蓄电池和湖北金洋通过模式创新“变废为宝”、创新图存时，政府及时总结先进发展经验，积极推广，出政策、搭平台、汇资源、创品牌等，政企协同，走出一条循环经济特色化发展壮大之路。

❖ **始终将科技创新作为内生动力**。鼓励、支持企业始终以科技创新为内核，对接国内外高端科技创新资源，搭建多种科技创新平台，如实验室、企业技术创新中心、工程技术中心、院士工作站等，积极引进中高端科技人才，不断地促进产业升级发展。

❖ **努力争取国家及省级更多支持**。在做出典型、成果迭出的过程中，努力争取省和国家层面的支持，积极申报省级和国家级认证体系，争取政策支持、产业扶持，在不同发展阶段都能找到有力抓手，不断突破升级。

新材料

三人行，必有我师

西太湖科技园：从“东方碳谷”到“碳材料硅谷”

常州西太湖科技园（常州武进经开区），凭借其深厚的积淀和雄厚的科研实力，围绕石墨烯领域，正成为攻克新材料“卡脖子”难题的担纲者之一。

树起“东方碳谷”大旗

常州是“苏南模式”的缔造者——“苏锡常”三大主角担当之一，也是长三角地区的中心城市之一和先进制造业基地。自改革开放起，伴随着长三角大量涌入的外资企业和民营经济的崛起，常州便打下了以纺织服装制造、电子信息制造、机械工程制造、医药化工制造等为核心的先进制造业基础。而先进制造业的兴起对新材料提出了市场需求。

在市场需求驱动下，20 世纪 90 年代，就有新材料外资企业到常州建厂，且当地的民营企业也如雨后春笋一般纷纷涌现。2003 年，常州武进区获批国家火炬计划武进材料产业基地。随后，基地在纺织新材料、复合材料、纳米材料及精细化工材料等领域开发出了一大批高新技术产品，部分产品填补了国内空白，代替了进口，且宏发公司的经编增强土工格栅、牛塘化工的精细化工材料、卓群公司的纳米稀土材料等在国内处于领先水平。2004 年，基地实现销售额 80.9 亿元。

2010 年，清华大学校庆期间，出生于常州武进、中国石墨烯产业的奠基人，后成为江南石墨烯研究院名誉院长的清华大学博导冯冠平教授刚从美国考察归来，在与时任常州市委书记范燕青会谈的过程中，向其推荐了石墨烯产业。尽管当时的石墨烯还在实验室阶段，但常州市政府敏感地意识到这是一个极具潜力的新材料发展领域，及时开展了多轮分析论证，最终决定在全国率先布局，树起“东方碳谷”的大旗。

2011 年，常州市政府引入了冯冠平教授推荐的两个石墨烯研究团队。为了充分发挥两个研究团队的科研作用、有效培育石墨烯产业化发展集群，常州市牵头、武进区落地，在武进经济开发区（现西太湖科技园）成立“江南石墨烯研究院”，同时启动常州石墨烯科技产业园建设。随后，研究院联合武进经开区，吸引社会资本，组建了注册资本 8500 万元的投资公司，共同致力于打造集“研究院—众创空间—孵化器—加速器—科技园”于一体的石墨烯创新创业载体——江南石墨烯高新技术创业服务中心，对石墨烯研发、小试、中试、试产、加工、销售、品牌等全产业链企业进行就地孵化。

2012 年年初，常州市和武进区提出建设常州西太湖科技园的设想，并将园区的特色产业定位为先进碳材料产业，西太湖科技园便承载起“东方碳谷”建设的使命。

2013年，江南石墨烯研究院孵化的第六元素、二维碳素两家公司分别建成投产全球首条年产100吨石墨烯粉体生产线和全球首条年产3万平方米石墨烯透明导电薄膜生产线，这标志着石墨烯的产业化进程有了突破性的进展。此后，全球第一款石墨烯手机电容触摸屏、全球第一款蛋白质分离试剂相继诞生，第一个国家级石墨烯新材料高新技术产业化基地也正式落户西太湖科技园。至此，西太湖科技园石墨烯产业基本形成了涵盖设备制造、原材料生产、下游应用、科技服务的完整产业链，“全国石墨烯看江苏，江苏石墨烯看常州”，“东方碳谷”的地标性品牌与常州、西太湖科技园紧紧地绑在了一起。

延伸链条，拓展领域，“东方碳谷”再升级

2014年，江南石墨烯研究院升级为江苏省产业技术研究院石墨烯材料研究所，并成为江苏省石墨烯产业技术创新战略联盟秘书处单位，西太湖科技园石墨烯产业正式进入国家阵营。此后的几年，常州石墨烯小镇被纳入全国典型经验特色小镇，常州石墨烯科技产业园向国家科技部成功申报全国唯一的国家石墨烯新材料高新技术产业化基地，新型碳材料产业集群被工信部列入国家先进制造业集群，江南石墨烯研究院先后成为国标委、钢标委分组长单位。

为了进一步激活碳材料产业，合力形成催化剂效应，西太湖科技园注重科研资源导入，不断创新，与石墨烯专利拥有“大户”清华大学合作组建未来石墨烯兴趣团队；与东南大学、中科院苏州纳米所、哈工大、南京工业大学、常州大学等16家大学建立稳定的合作关系；截至2020年11月底，已建成重点实验室13个，省级先进碳材料检测中心1个，集聚石墨烯人才团队40多个，孵育石墨烯相关企业162家，形成石墨烯原创产品150多种，其中10多项原创产品创造了全

球第一。石墨烯散热膜进入华为手机，石墨烯粉末涂料进入中国铁路，石墨烯导电剂进入比亚迪汽车，石墨烯发热系列产品正在进入千家万户，常州西太湖科技园成为中国的“碳材料硅谷”。

2020 年 11 月，“2020 江苏先进碳材料产业发展大会暨中国（常州）新材料院士专家报告会”在常州市武进区举行，《新华（常州）全球石墨烯指数报告》也正式对外发布。该报告表明，中国和美国位于第一梯队，中国“连续五年”稳居榜首。常州作为我国最重要的先进碳材料产业发展基地，集聚了一批具有自主知识产权与核心竞争力的碳纤维领军企业，已经形成了一批龙头企业和创新应用成果。

从决心培育石墨烯产业到取得如此成就，8 年时间已过，而时任常州市委书记范燕青的话犹然在耳：“产业培育不要说是 8 年、10 年的事情，就是 20 年、50 年能做好也实属不易，政府不做长期投资，谁来做？”敏锐把握机遇，清晰认识产业特性，有魄力，敢担当，放眼长远，这是常州市成功发展西太湖科技园的关键。

“2025 年，国产碳纤维在建筑、汽车领域的年用量将超过 1.8 万吨，2030 年将超过 5 万吨，碳纤维及其复合材料产值将达到 3000 亿元。”中国工程院院士、国家新材料产业发展专家咨询委员会主任干勇如是说。这对西太湖科技园是下一阶段量质齐升的要求，也是在新发展格局下，充分展示我国先进新材料国际竞争力的历史良机。

众诚智库案例价值品鉴

- **面向未来，瞄准趋势性产业，勇于做长期投资。**趋势性产业具有科技研发难、培育时间长、投入力度大、试错成本高等特点，但长期投资也具有抢先占领蓝海市场、经济效益好、技术领先优势等有利条件，常州市政府带头长期投资石墨烯产业，抢占先机，注重创新，培育了核心竞争力，形成了强大的发展动能。

❖ **科技为核的同时，培育产业化发展主体，形成产业闭环。**承接还在实验室阶段的新兴科技，注重科技孵化、产业化发展的落地工作，以应用实验、新产品研发、品牌创立等为核心工作，提高高新科技走向市场的时效，加速产业集聚与壮大。

❖ **注重人才引入，大力汇集有梯度的中高端人才。**常州市从引入研发团队做起，成立研究院，搭建从院士、博导到博士、硕士、工程师、企业领军人才等为梯度的中高端人才队伍，这是其科技转化、商业化、产品研发、企业运营成功的重要保障。

❖ **创立品牌，打响新兴产业具有地标识别度的口号。**常州市从石墨烯产业引入之初，就打出“东方碳谷”的地标性品牌口号，优先占领碳材料产业地域性品牌高地，具有业内及地域唯一识别性，有利于在国内及国际上形成“碳材料找常州西太湖科技园”的认知。

专题四

肆

产业转型升级

众诚视点

传统产业转型升级——构建现代产业体系的内在要求

转型，是自我否定后的“开天辟地”。

升级，是自我蜕变后的“翻山越岭”。

从农耕社会的手工业到机械化工业，又从机械化到自动化，从自动化到信息化，从信息化到当今的智能化和数字化，内驱力的转换推动着传统生产方式的改变，也推动着经济形态的升级，以及人类历史从农业文明到工业文明，又从工业文明到数字文明的转变。

什么是传统产业？什么又是产业转型升级呢？

传统产业的概念是相对的、呈动态变化的，不同时期的传统产业是不一样的。当前的传统产业一般是相对于战略性新兴产业而言的，是在工业化进程中或前期保留下来的一些产业，需要投入大量的自然资源、劳动力和资本，以传统技术为主的产业[1]。传统产业包括钢铁、煤炭、电力、建筑、汽车、纺织、轻工、造船等以传统技术进行生产

---

[1] 张维义．论新经济时代传统产业的挑战和发展［J］．中国新技术新产品，2009(9):188.

和服务的领域。传统产业主要指工业，也包含了传统农业和第三产业的一部分[1]，如餐饮、住宿等生活性服务业。

产业转型升级是指随着需求结构与要素结构的变化，经济活动从低技术水平、低附加值状态向高技术水平、高附加值状态的全面提升。当前，我国的传统农业、工业及部分服务业的转型升级主要利用信息技术、智能化和数字化技术，发挥现代人才、资本等要素的作用，全面提升生产效率、产品附加值和技术含量，以满足不断变化的市场需求。通俗来讲，转型即利用现代生产方式转变生产形态，升级即从低端向高端跃升，包括市场结构、产业结构、地区结构和产业链上的功能结构及发展方式的转换，这个过程顺应经济规律、符合生产力发展的内在要求[2]。

历史的经验一再证明，每次产业的转型升级都是兴衰交替、强弱更迭、进退轮换的演绎过程，是一个地方，甚至一个国家和地区经济实力保持领先水平的关键因素。

我国在历史上从顶峰到低谷的演变就是因为错失了一次工业转型升级的机会。在两千多年的农业文明史中，我国创造了一个又一个手工业的辉煌成就。陶瓷——中国的代名词，闪耀世界；纺织——沿着古丝绸之路远播欧亚，丝绸成为全世界公认的、顶级的奢侈品；冶炼——从青铜艺术到铁制农具，支撑了无数个时代的繁华；造船——随着郑和下西洋的船队首开国际最远航线，吸引万国来朝；造纸和印刷——位列中国古代四大发明，无声地记载和传播着三千年文明史；制茶——随着各国贸易船队在全世界“登堂入室”……

---

[1] 汤吉军. 传统产业转型升级理论与政策研究［M］. 北京：科学出版社，2014.

[2] 王珺. 解读汪洋提出的“转型升级必须破除不合理的利益格局”[N]. 南方日报，2012.

中华人民共和国成立后，我国树立了优先发展重工业的指导思想，油气开采、汽车厂、钢铁冶炼、煤炭、电力等一大批重工业项目纷纷上马，仅用不到 20 年的时间就建立起了完整的重工业体系。改革开放后，我国又凭借着劳动力、土地等生产要素成本的显著优势，在第四次全球产业转移过程中成长为“世界工厂”，并从 2010 年开始成为世界第二大经济体。

在体量达到世界第二的同时，我国传统农业、工业大而不强的问题摆在面前，很多以传统产业为主的城市遭遇经济持续下滑、动力不足的严峻形势，转变发展势在必行。

实际上，我国在诸多领域的成功转型升级已经树立了典范，最值得称道的是传统电网向智能电网的升级。35 千伏及以上输电线路从中华人民共和国成立之初仅有的 6475 千米到 2019 年的 197.5 万千米，可以绕赤道 49 圈；变压器容量从最初的 346 万千伏安到 2019 年突破 70 亿千伏安，一条条线路穿过了高山峻岭、激流险滩，点亮了最偏远的山村，点亮了世界屋脊，也点亮了中国的星夜版图。尤其是攻克了无数个关键核心技术的特高压直流电，已然上升为国家七大新基建之一，并走向了世界，目前依然在向更加高效、低损、集约而清洁的路上转型升级。此外，在钢铁冶炼方面，我国已研制出 2200 兆帕超级钢，一举打破国际技术垄断；在煤炭产业转型方面，煤炭已从传统粗放的一次性燃料成功转型为精细化生产，且化工工艺已达世界先进水平；在汽车制造方面，我国正处于新能源汽车研发上市高速增长期，拥有自主产权的比亚迪新能源汽车已进入全球领军梯队；数字化设计、智能织造、数控化印染、线上协同运维等已全面渗透纺织产品的全生命周期。还有装配式绿色建筑、数字农业、服务机器人等产业的兴起，几乎所有传统领域都在酝酿或迈入数字化、智能化转型的高质量发展阶段，势不可当，轰轰烈烈。

我国“十四五”规划中提出，“充分发挥海量数据和丰富应用场景优势，促进数字技术与实体经济深度融合，赋能传统产业转型升级。”

新时期，如何在“双碳”目标引领下，利用信息技术、数字技术和智能化技术促进传统产业新一轮的转型升级，是这个时代赋予我们的任务和使命。唯有摸着石头过河，勇于在黑暗中探索前行，才能不辱使命。

传统产业的转型升级不是一蹴而就的，需要沉住气、稳扎稳打，在产业结构优化和产业链高级化、集约化和绿色化方面，铆足劲、下足本、干到底，持续推进、循环往复，逐渐推动各个传统领域从价值链低端迈向高端，从低技术环节迈向高技术环节。

一是放大优势，促进产业结构合理化和高级化。每个地方的产业优势是不同的，放弃优势另起炉灶是不可取的，唯有围绕促进当地优势传统产业升级布局高技术、高价值的服务体系，才能在服务业和促进传统产业转型升级方面取得“双赢”的局面。

二是全力推进老工业转型和现有制造业升级。采取树典型、立标杆、做示范等方式，以重点培育老工业转型和制造业升级个例为突破口，以组织学习演练、对接资源、激励创新、奖励带头人等行动，带动当地老工业企业和制造业企业跟进，营造“比、学、赶、帮、超”氛围，配套上云用智、数字化转型相关政策，从转变内驱力、更新生产方式、打造体系化举措方面，真正实现地方传统产业的转型升级。

三是延伸链条，全面扩大高新技术的应用领域。在依托高新技术促进重点产业重点领域转型升级的过程中，积极引导高新技术的应用，加大政府投入，多领域打造应用场景，促进高新技术在传统农业、传统服务业中的应用，构牢地方经济全方位高质量发展体系。

传统产业转型升级是一个永久主题，虽任重道远，但终必至，革故鼎新间痛楚与撕裂常随，新旧轮换中成长与飞跃常有，各地政府须坚决摒除原地踏步、故步自封、因循守旧的观念，与时俱进，时刻与当地产业主体一起奋战在最前沿，在百折不挠中前进，在前进中超越、领先。

新型工业化

师夷长技，为我所用

东莞："智"造名城，吐故纳新

这是一座经济总量将破万亿元的现代制造业名城，40 多年前却曾是地区生产总值仅约 7 亿元的农业县。

这是一座国家创新型城市，也曾是一座因缺乏核心技术只能做贴牌、代工、加工的城市。

这是一座被华为、大疆、vivo 等科技巨头企业青睐有加的城市，也曾是一座低端制造业一霸天下的城市。

这是一座被联合国环境署认可的国际花园城市，也曾是一座因粗放发展导致环境污染严重、环境保护滞后的城市。

这座城市就是广东省辖地级市、被誉为"广东四小虎"之一的东莞市。

东莞，位于广东省中南部，东江下游、珠江口东岸的珠江三角洲。毗邻港澳，地处"广深经济走廊"中间，区位优势非常明显。自改革开放以来，东莞一路披荆斩棘、高歌猛进，塑造了一个个“东莞神话”“东莞奇迹”。“看似寻常最奇崛，成如容易却艰辛”，每个成就的背后，总伴随着一个关键的时刻。

改革开放和国际产业转移“相遇”之时，顺势而为

在我国吹响第一声改革开放的号角时，地缘区位优势极佳的东莞便应声而动。作为改革开放的先行地，我国第一家“三来一补”企业太平手袋厂落户东莞，并以此为标志，顺势拉开了东莞外向型经济发展的序幕。

当改革开放的春风吹遍神州大地，香港的劳动密集型制造业也急需可转移的空间，两地一拍即合，纺织、服装、鞋帽、日用品等加工企业便如潮水般涌入东莞。随后，台湾的传统制造业和电子产业也争相转移到珠三角区域，东莞则是这些产业的主要承接地之一[1]，“东莞第一次工业革命”战绩辉煌。但此时转移而来的产业集群，多为加工贸易类，主要采用来料加工、投资办厂和贴牌生产的方式，技术含量低、行业利润薄、进入门槛不高、竞争压力大，处于产业链加工环节的底层，十分脆弱。

1986 年，《国务院关于鼓励外商投资的规定》重磅出台，来自日本、韩国、欧美等国家的资源密集型和劳动密集型产业再次掀起了一波新的转移高潮，电子及通信设备制造业、化学原料及制品业、仓储和邮电通信业、批发和零售贸易、餐饮业及机电产业等[2]落户东莞，全市进入突飞猛进的“东莞第二次工业革命”时期。为适应国际产业

---

[1] 闵晓楠. 国际产业转移背景下珠江三角洲经济增长极的重塑[D]. 北京：中国石油大学，2006.

[2] 吴伟萍. 广东承接新一轮国际产业转移的策略研究[J]. 国际经贸探索，2003, 19(3)：73-77.

转移需求，东莞持续向农村工业化进军，撤县设市，设立工业园区等，以此适应经济的快速发展。随着国际产业转移规模不断扩大，东莞产业结构呈现出劳动密集型、资本密集型和技术密集型行业兼收并蓄的特征，以及资本密集型和低技术密集型行业不断扩大的趋势。

中国入“世”和经济全球化“相遇”，乘势而上

进入新世纪的东莞，面临以跨国公司为主角的经济全球化深入发展，以信息技术为主要代表的科技革命迅猛推进，新一轮产业结构调整在世界范围内迅速展开，资本、技术等生产要素重新优化配置的外部环境，以及中国成功加入世贸组织、全面融入经济全球化大环境的国内环境，这为东莞参与新一轮国际产业分工与协作、承接国际资本与技术转移创造了重大机遇。在 20 多年的发展中，东莞引进了大量外资和技术，成为广东省最重要的制造业中心，优先积累起雄厚的信息产品制造业规模与配套优势，但存在资金和技术密集的高新技术产业不多、民营经济综合实力不强、对外资依赖程度过高等问题。在以上背景下，东莞提出建设“国际制造业名城”战略目标，确立“一网两区三张牌”的战略思路，“一网”即高标准基础设施网，“两区”即建设城市新区和松山湖科技产业园区，“三张牌”即城市牌、外资牌、民营牌，“东莞工业 3.0”时代悄然来临。

围绕国际制造业名城建设，东莞采取了对内加快结构调整，对外扩大开放的策略：在加快结构调整过程中，大力发展 IT 产业、民营经济、园区经济、人才强市战略，相对应地推进产业结构、所有制、区域结构、人才结构优化；在扩大开放过程中，加大招商引资，吸引更多的研发中心、地区总部、采购中心等落户东莞。

2005 年，东莞市将电子信息制造业、电气机械制造业、纺织服装制造业、家具制造业、玩具制造业、造纸及纸制品业、食品饮料制造业、化工制品制造业确定为东莞的八大工业支柱产业。这是东莞市首

次确定本市的工业支柱产业，对明晰东莞市日后产业发展方向、调整产业结构和促进产业升级，具有相当重要的指导作用。

金融危机和创新驱动“相遇”，华丽转身

2008年全球金融危机令高歌猛进的东莞措手不及，经济增长明显放缓，外贸依存度高的领域增长高位回落，让东莞这座“没有冬天的城市”感受到了刺骨的“寒流”。这一年，大量的中小型加工贸易企业倒闭、工人失业，恐慌与焦虑在整个城市蔓延，东莞迅速成为全国关注的焦点，承受了巨大的社会压力。这一年，也是21世纪以来东莞经济社会发展最为困难的一年，更是东莞痛定思痛、下定决心扭转乾坤的一年。

东莞市以力挽狂澜、敢为天下先的勇气和决心，大开体制机制改革的先河，制定实施“1+26”政策及一系列扶持政策，如“营改增”“多证联办”“一站通”“商事登记制度”等系列改革，取得了可喜成绩。

促进产业转移，淘汰落后产能。东莞市与信宜市合作建立毛织产业转移工业园，把东莞市毛织产业的竞争优势和信宜市要素优势结合起来，不仅提升了东莞市加工贸易企业竞争力，也推动了信宜市经济发展。截至2014年年底，转移到信宜市的650家毛织企业年主营业务收入12亿元，新增就业6万多人。

促进产业升级，培育高新产业。东莞建永数码科技有限公司依托东莞市政府实行的“双转型”政策，加快公司产业结构转型，自主开发了技术含量较高的产品，还创立了自己的品牌。公司生产的数码音响系列产品成功进入欧美发达国家，创建的“kenwin”品牌也在中国、日本、美国、韩国、欧洲等国家注册，进一步提高了公司转型升级的积极性和主动性。

发展总部经济，壮大现代服务。东莞市深入企业海外总部，加强与香港生产力促进局的合作，引进了 15 家台湾产业服务机构，建立总部经济；同时，选择了 470 家有发展潜力的港台企业进行重点辅导，着力提高技术研发能力和生产管理水平，进而提高加工贸易企业的核心能力。

通过政府的积极努力和锐意改革，东莞市的经济实现了较快的恢复。从 2009 年到 2012 年，规模以上工业增加值增长速度分别为-6.4%、19%、7.5%及 5.6%。

度过金融危机后的世界经济正在经历新一轮的再平衡，低速增长态势仍将延续；反观，我国经济总体上正处于平稳增长的阶段，内需潜力不断释放。从经济危机中逐渐复苏过来的东莞，更加深刻地意识到以国内市场为主战场的自主创新的重要性。

从 2014 年开始，东莞相继开展了“机器换人”“小升规”“育苗造林”“筑巢育凤”“企业倍增”等行动，并出台扶持激励政策和市场监管政策，加快推进传统产业转型和高新技术产业发展。截至 2020 年年底，全市市场主体超过 134 万户，占全国总量的 1%；高新企业总数 6381 家，是 2015 年的 6.5 倍；外贸进出口额超 1.3 万亿元。

积厚以成势，登高更望远。

时下，东莞正在迎来“一带一路”和“三区”叠加（三区指粤港澳大湾区、深圳建设中国特色社会主义先行示范区、广东省制造业供给侧结构性改革创新实验区）的大好机遇，围绕建设“湾区都市、品质东莞”的战略部署，必将迎来更高质量的发展。

众诚智库案例价值品鉴

❖ 奋力抢抓国际国内机遇，抓住“改革开放”“国际产业转移”“中国入‘世’”“一带一路”“粤港澳大湾区”等机会，实现自身经济的快速发展。

❖ 具有积极应对国际国内局势的能力，面对“金融危机”“中美经贸摩擦”等挑战，创新出台多种扶持和鼓励政策，政府与企业一起共度难关。

❖ 具有对科技创新的自觉能力，开展“科技东莞”“机器换人”“育苗造林”“筑巢育凤”行动，实施“营改增”“一站通”“多证联办”等改革；同时，注重发挥园区在创新发展中的重要作用。

徐州：工业转型之路，行稳致远

彭祖故国、刘邦故里、项羽故都，有“三故胜境”之说。

战国争霸、楚汉相争、淮海战役，有“兵家必争地”之要。

京杭运河纵贯、京沪陇海交汇，有“淮海中心城市”之称。

这就是徐州，一座充满厚重感的战略要城。

工业兴，城市兴

工业曙光初现。清代末年，中国处于农业社会阶段，这时的徐州，工业发展初现端倪。1880 年，洪水冲刷，徐州贾汪一带发现露天煤线。次年，清政府制造枪炮轮船、筹备海防，开办利国铁矿，徐州成为江苏最早步入近代工业的城市之一。20 世纪初，徐州电力、机械工业，以及榨油、酿造、面粉、火柴、皮毛、纺织等轻工业和手工业兴盛。20 世纪 40 年代，受战乱影响，工业景况日衰，除少数煤矿和煤窑外，仅存面粉、制烟和铁加工等手工作坊。这时的徐州，受限于当时经济社会条件，工业发展较为初级。

资源禀赋托起工业大发展。中华人民共和国成立后，在国家“优先发展重工业”“有水快流”等战略方针指导下，徐州煤炭工业得到快速发展。徐州作为江苏省唯一的大型煤炭生产基地、中国重要的煤炭产地，不仅吸引了上海、扬州、连云港等周边城市在此建矿开采，还吸引了全国近千家大型煤炭企业前来建厂。依托煤炭资源，20 世纪 70 年代末，徐州建成了煤、火、电、建材为主的工业体系。这时的徐州，是名副其实的“煤城”，采煤业成为整个城市发展的发动机。

补齐短板，轻重工业并行。改革开放后，“一头重”“一煤独大”的局面逐渐得到了改观。1980 年，徐州市工业交通会议提出，重点发展煤炭、电力工业，大干快上补齐轻工业短板，积极发展建材及其他原材料工业。在此会议精神指引下，徐州帘子布厂纺织车间、酒厂啤酒冷库等重点轻工业项目陆续开工建设。20 世纪 80 年代末，徐州形成了以煤炭、火电和建材为基础，机械、化工、冶金、食品、纺织相应发展的工业体系。这时的徐州，工业上仍以采煤业为主，但呈现出了采煤业与制造业并行发展、轻重工业同步发展的新特点。

制造业成为支柱产业。20 世纪 90 年代开始，徐州工业经济的发展以贯彻邓小平南方谈话精神为主，实施产业结构战略性调整。此期间，徐州规划建设经济开发区，组建工业园区，孕育了徐工、维维、徐烟、恩华、万邦制造等一批本地企业。2004 年，徐州市政府印发《徐州市工商领域鼓励投资的产业、产品和技术导向目录》，明确了工业经济重点为机械、食品、化工、建材四大支柱产业。在政策的支持助力下，徐工集团成长为全国最大的工程机械制造企业，维维集团成长为全国最大的豆奶生产企业，万邦制药成长为全国最大的胰岛素生产企业。在大企业“顶天立地”的优势带动下，中小企业生机勃勃、“铺天盖地”，徐州工业经济群体效应逐渐形成。这时的徐州，制造业优势力量日益凸显。徐州工业发展“如日中天”，呈现一片“欣欣向荣”的繁荣景象。

传统工业四面楚歌，抢抓新兴产业转型之机

对煤炭资源的长期、过度开发，使徐州的工业发展亮起了红灯。首先，徐矿集团下属的 3 个煤矿破产；随后，徐州贾汪区位列国务院公布的第三批 25 个资源枯竭城市（地区）名单，徐州“百年煤城”

时代宣告结束，同时遗留了几十万亩地面塌陷，水源污染，地下水系毁坏等一系列生态环境问题。“进了徐州府，先喝二两土”也成了徐州城市环境的真实写照。

这时的徐州，经过长时间的透支发展，“生病”了。

不能坐以待毙，江苏省委、省政府出台《关于加快振兴徐州老工业基地的意见》，提出加快建设以工程机械为主的装备制造业基地、能源工业基地和现代农业基地“三大基地”，重点发展装备制造业、食品及农副产品加工业、能源产业、商贸物流旅游业。此文件的发布，标志着徐州正式步入“后煤时代”。

勠力前行，培育新兴产业。在传统煤炭产业方面，徐州通过淘汰落后产能、增加科技研发投入、支持企业走出去等方式，推动煤炭产业转型发展。截至目前，徐州已经关闭煤矿企业上千家。2016年，徐州也因提高煤炭利用效率、减少污染物排放、提升煤炭清洁利用成效突出等原因，入选全国首批“工业领域煤炭清洁高效利用示范市”名单。在徐州市委、市政府的大力支持下，徐矿集团等煤炭企业实施“走出去”战略，先后在新疆、陕西、甘肃、贵州、孟巴等地开设异地矿井，进行全球性布局。通过“异地开发”的方式，优化本地能源结构，输出先进管理和技术经验。

在支柱产业培育方面，徐州抢抓国家扩大内需、大力发展基础设施战略机遇，扶持徐工集团为代表的装备制造产业。2010年，徐州被中国机械工业联合会认定为“中国工程机械之都”。目前，徐州是中国工程机械生产企业最多、综合规模最大、品种覆盖面最广、产业集中度最高的城市，具有工程机械及相关行业企业1000余家，其中规模以上工程机械企业近400家，营业收入占全国工程机械行业总销售收入20%以上。工程机械的“王者”——徐工集团，也已成为中国机械行业的翘楚，“国之重器”的先锋，跻身世界工程机械前四强。现在，徐工集团正发力攻克共性核心技术、核心零部件等“卡脖子”技术，为打破国际垄断，挺起产业“脊梁”，续写实业报国时代传奇，实现从大国重器到智造先锋而努力。

在新能源产业方面，徐州大力发展光伏发电，积极提升改善本地能源结构。围绕太阳能光伏产业基地建设，徐州引进了鑫华半导体级多晶硅、茂迪太阳能电池、深圳正威新材料等多个重大项目，打造了多晶硅材料、太阳能光伏和硅半导体产业链，全力培育能源新增长点。

矿山关闭、矿区改制、矿企退出，也成为徐州此阶段的“常态”。这一问题，还带来了工人下岗和生活贫困等一系列民生和社会的连锁反应。为此，徐州市政府从精准扶贫、安置房、拓展就业渠道等方面，给予了政策倾斜。如，推广“社会主义大家庭”集中供养模式、将下岗职工迁至配套设施齐全的商品房、大力发展就业容量大的家具产业和电动车产业等措施，妥善解决职工安置问题，牢牢守住民生底线。

面对煤矿塌陷、污染治理等生态遗留问题，徐州实施了一大批矿区生态修复工程。本着“宜水则水、宜田则田、宜农则农、宜林则林”的原则，徐州启动了规模浩大的塌陷区整治修复行动，实施了“基本农田整理、塌陷区治理、生态环境修复、湿地景观开发”四位一体治理模式。截至 2017 年年底，徐州市已完成对近 20 万亩采煤塌陷地的综合治理。潘安湖、小南湖、商湖、月亮湖塌陷地治理后，现已打造成国家 4A 级潘安湖湿地风景区。此后，徐州作为全球唯一城市获得了“联合国人居奖”，实现了由“一城煤灰半城土”到“一城青山半城湖”的美丽嬗变。

新兴产业撑起高质量发展的脊梁

经过四年的努力，徐州的工业体系已从2017年的“6大优势产业+6大战略新兴产业”，调整为2021年的“6大战略新兴产业+4大传统优势产业”，现代工业结构呈现“体型更轻、体质更优、体能更强”的新特点。新的历史时期，徐州抢抓“一带一路”建设、长三角一体化和淮海经济区中心城市建设等多重机遇，正在推进“徐州制造”奋力向“徐州智造”“徐州创造”迈进。

这时的徐州，战略性新兴产业与优势传统产业进入了新发展阶段，步入了通往高端产业发展的康庄大道。

这就是徐州，从弱小工业起步，经煤炭产业过渡，向新兴产业进发。

这就是徐州，未雨绸缪，步步为营，攀上战略转型的巅峰时刻。

这就是徐州，从重资源城市到轻型新兴城市的百年转型“记”。

众诚智库案例价值品鉴

- 在产业结构转型方面，徐州从“采煤业”到“采煤业—制造业”再到“综合性工业城市”，同时从“传统产业—战略性新兴产业”到“战略性新兴产业+优势传统产业”，这种渐进式的产业结构调整，都是紧跟国家政策大势，顺时顺势调整产业发展方向，体现了当地政府对产业结构转型的大智慧、大布局、大构思。

- 在煤炭资源转型方面，徐州从新产业培育、煤产业提质、生态环境治理与再利用、工人安置等方面，全方位推进综合性的改革，打造了资源城市转型的成功典范。

❖ 在主导产业培育方面，徐州不是一味地抛弃“传统产业”，而是从如何更好地利用传统优势资源出发，在此基础上培育了徐工集团、徐矿集团等大型企业，与徐州工业、经济发展水乳交融、相辅相成。

息烽：一转“活”，二转“强”

息烽，属贵阳市辖，位于贵阳和遵义两市交界处，地处乌江之畔、渝黔桂南向大通道之上，自古战略地位重要，因此明崇祯皇帝赐名“息烽”，寓“烽火平息”之意。

长久以来，息烽默默无闻、鲜有人知，但它是坚韧与顽强的“化身”，在中国西部越来越开放的今天，息烽正以它独有的姿态，屹立于西南壮美山河之间。

中华人民共和国成立前，息烽给人的印象是又“小”又“穷”。当地人曾形象地戏称：小小息烽县，县城两边建；城内喊一声，城外听得见。那时的息烽，工业基础十分薄弱，全县仅有几家生产纸、土陶和酿酒的小型手工作坊，工业土壤十分贫瘠。

三线建设时期，迎来工业发展的“短暂春天”

20 世纪 60 年代，国家启动三线建设，贵州朝晖机械厂、拖拉机电机厂、拖拉机配件厂、汽油机厂在息烽“安营扎寨”，随后造纸厂及小型农具厂在息烽“安家落户”，造就了息烽那个年代“红红火火”的工业发展图景。时光荏苒，岁月变迁。1978 年，改革开放对于息烽来讲，犹如一场不大不小的雨，但足以浇灭这个“如火如荼”的工业小苗。朝晖机械厂、螺栓厂、拖拉机电机厂这些三线企业撤出了息烽，仅有的几家县属企业也在激烈的市场竞争中相继“凋敝”。此时，息烽工业似乎进入了“寂静的冬天”。

小寨坝上，工业发展喜迎“第二春”

20 世纪 80 年代中后期，就在大家以为息烽工业就此“一蹶不振”之时，息烽县依托丰富的磷矿资源，引进开磷集团重钙厂落户小寨坝，给息烽工业燃起新的希望。为做大做强磷化工产业，息烽县决定举全县之力打造小寨坝磷化工基地。2003 年，息烽县向贵阳市商行贷款 8000 万元，举债为小寨坝磷化工基地建设配套基础设施，并启动建设小寨坝磷化工业城，正式拉开了息烽县实施工业强县、建设东南亚最大磷化工基地的大幕。这一年，中国化工进出口总公司、贵阳市工业投资控股公司与开磷集团共同组建的合资公司——贵阳中化开磷化肥有限公司落户小寨坝，小寨坝工业发展迎来“开门红”。息烽县以此为契机，通过以商引商、项目招商、产业招商等形式，先后引入开磷物业、开磷建材、息烽合成氨、开磷化工装备制造等企业。2005 年，息烽形成磷及磷化工、生物制药、食品加工等支柱产业。2010 年，开磷磷业公司、开磷物业公司、开磷合成氨公司、开磷建筑建材公司等纷纷入驻，总资产达 115 亿元，产品由最初的黄磷、普钙、重钙发展到 NPK 复合肥、磷酸一铵、磷酸二铵、硫酸、磷酸、重过磷酸钙、普通过磷酸钙等 10 余种产品，化肥实物量超过 210 万吨，产品畅销国内外。磷产业成为息烽县的主导产业，开磷集团也成为息烽县当之无愧的龙头企业。

一转“活”，推进磷化工产业转型升级

依托本地资源发展磷矿资源开采与初加工业，推动了息烽经济的快速发展。息烽对传统资源的过分依赖，形成了一磷独大的工业结构，也严重破坏了生态环境。在 2008 年的金融危机之下，全国经济发展步调放缓，随之磷化工产能过剩、产品价格下跌，对于传统产业支撑发展的息烽来讲，工业发展遇到了前所未有的困难。息烽工业转型发展成为唯一出路，转型难度大、压力大，但决心也大。

为扭转工业下滑颓势，息烽以企业为支点，以科技进步为核心，全力推动产业转型升级。息烽县与开磷集团强强联手，在小寨坝磷煤精细化工基地建成了国内第一条具有自主知识产权和核心技术 10 亿块/年磷石膏标砖新型建材生产线、250 吨/小时污水处理站，利用余热、尾气为花卉大棚、厂房车间、职工宿舍及当地学校供暖，实现了污水“零”排放和废气、废渣的综合利用。

对于落后产能、污染企业，即使是纳税大户，息烽县也敢于“拔氧”。2018 年 7 月 23 日，开磷集团提前关停息烽小寨坝基地最后一条黄磷生产线。至此，在息烽小寨坝运行了 31 年的年产 2 万吨黄磷项目走向终结。作为息烽磷煤化工产业“开山鼻祖”的黄磷项目关停，预计让息烽县每年工业产值损失 4 亿元、税收减少 1500 万元。面对轰然倒下的黄磷项目，让几乎见证其“成长历程”的经开区副主任陈才忠心生感慨：“这是一次伟大的涅槃，所有的努力都是为了重生。”

同年，贵州省委省政府提出了“以渣定产”的工作要求，按照“谁排渣谁治理，谁利用谁受益”原则，将磷石膏产生企业消纳磷石膏情况与磷酸等产品生产挂钩，倒逼企业加快磷石膏资源综合利用，加快绿色化升级改造步伐，确保全省磷石膏新增堆存量为零，并逐年消纳已有存量。息烽县积极抓住“以渣定产”机遇期，推动磷化工产业延链，催生了石膏新型建材产业，到 2021 年，全县磷石膏资源综合利用企业从 2018 年的 3 家达到了 17 家，综合利用项目达 24 个。

二转“强”，另起炉灶打造“新起点”

随着国家进入“三期叠加”阶段，依托资源发展经济的传统模式遭到挑战。为应对市场环境变化，承载本地工业产业转型突围，作为“跳出能矿抓工业，再建一个属于息烽自己的新园区”实践载体——息烽永靖工业园，于 2014 年启动建设。

息烽永靖工业园不仅承载着息烽县做好现代工业的重要使命，更是在小寨坝磷化工基地后息烽县举全县之力打造的又一新型工业化园区。园区将高端装备和电气机械制造、电子信息、医药食品、高新技术作为发展重点，围绕贵阳综保区和中关村贵阳科技园做高新技术产业链的延伸业态，承接发达地区的产业转移，升级本土产业，决心用 2 到 3 年的时间打造出一个新的百亿级园区。

为强力推进园区建设，息烽县建立了联席会议制度，以便及时解决建设中的困难，完善 G210 国道 X057 县道互动匝道等重要基础设施，规划设计园区开发大道等项目。目前，息烽永靖工业园的“龙头”坪上地块涉及道路等“九通一平”基础配套设施全部竣工，800 余亩土地已全部配置给相关入驻企业。

永靖工业园基础设施的不断完善，相继吸引了中建科技、中国食品两个带动力极强的世界 500 强企业落户息烽。另外，贵州味美公司异地技改项目、县电商运营中心、开磷宏胜搬迁技改等项目也已在永靖工业园竣工投产。息烽县政府狠抓招商引资举措，前往园区考察的各类企业络绎不绝。

至此，在“以开发区建设为统揽，以园区建设为抓手”的总要求下，小寨坝和永靖分别开展了“盘活存量、转型升级”与“发展新兴产业、提高增量”的两条截然不同的提升发展路径。

工农旅协调发展，迎来发展新局面

改革开放 40 多年来，息烽县秉承党中央“集中力量干大事”的思想精华，在基础薄弱之时，集全县之力打造磷化工产业；在磷化工产业遇到挑战之时，又集全县之力打造新型工业园区；当前，息烽县重新集聚力量，以“七大工业”为发展蓝图，以农业现代化和旅游产业化为“左右手”，以生态环保为底色，为新的目标、新的梦想奋力拼搏、砥砺前行。

我们看到，息烽工业从“一磷独大”到“多业并举”，实现了质的跨越。现如今，围绕“七大产业”，昊越公司磷石膏新型建材、中建科技装配式建筑、贵阳化学原料药合成基地、磷化集团 40 万吨湿法磷酸净化、西洋实业年产 30 万吨生物菌肥、50 万吨针状肥等重大项目有序推进，产业集群发展态势基本形成。

我们也看到，息烽旅游在禀赋资源处着力，聚焦“红色圣地，氡泉之城”，围绕“红色、温泉、森林、乡村”等名片，重点培育红色教育、温泉康养、山地运动、乡村休闲、民俗体验等旅游业态，全力打造“红色文化旅游目的地”“大健康消费品牌集散地”。

我们还看到，息烽农业紧盯田园综合体建设载体，瞄准做强农业经营主体、提升农产品加工转化率、建设富美乡村三大目标，围绕服务城市、富裕农民两大任务，不断促进农业高质高效、乡村宜居宜业、农民富裕富足。

我们更看到，息烽生态坚持以“两山理念”为基，深化工业产业结构调整，推动绿色产业发展，破除传统产业过重的工业发展局面，继续打好蓝天、碧水、净土、固废治理、乡村环境整治战役，全力构建大能级城市的重要生态支撑。

春华秋实，岁物丰成。今天，站在新的历史节点上，敢于拼搏的息烽人，不畏艰难、不惧险阻，坚守发展和生态“两条底线”，抢抓“强省会”五年行动新机遇，围绕“一品一业、百业富贵”的新愿景，深入实施乡村振兴、大数据、大生态三大战略行动，大力加快新型工业化、新型城镇化、农业现代化、旅游产业化协同发展，推动县域经济提速增质，努力建成贵遵城市带上一座韧性、坚强的节点城市，努力成就高质量发展下的息烽“新天地”。

一张宏伟的蓝图，已经在息烽面前缓缓铺开。

众诚智库案例价值品鉴

❖ 传承党的优良传统，集中力量干大事。在力量有限的情况下，将优势资源集中起来，谋划建设县域重大项目，培育经济增长点。

❖ 脚踏实地做实业，是历代息烽政府主抓和重视的事情；无论道路如何崎岖，明确好了方向就要干的这种精神，一直鼓舞着息烽这几十年的快速发展。

❖ 坚定转型方向，力主从资源密集型产业向科技密集型转变，困难多、问题多、压力大，但息烽县拿出“壮士断腕”“刮骨疗毒”的态度，敢于直面当前遇到的短暂困难。

❖ 明确区域站位，加强与贵阳市区互动，从产业链的角度、从多产业发展的角度主动与贵阳协同发展，为产业转型谋好局、开好路、奠好基，表现出一种远见卓识。

山西转型综合改革示范区：刮骨疗伤，引领示范

2016 年，山西省工业增加值比 2012 年下降了 30%，增速水平全国倒数。曾经因煤炭资源富集的典型省份，经济下滑、资源枯竭、环境污染、生态破坏等问题接踵而至。唯有转变经济发展方式、彻底改革才有出路！山西省政府深刻意识到了这一点。2017 年，山西省转型综合改革示范区（以下简称综改区）挂牌成立，标志着山西省吹响了刀刃向内、自我改革的号角。

综改区由山西省会太原市和晋中市的 8 个国家级、省级产学园区组建而成，规划面积约 600 平方千米，是山西省深化转型综改的主战场、主引擎，担负着“先行先试、探路领跑”的重大责任，承载着“在转型发展上率先蹚出一条新路来”的殷切希望。

综改区成立以来，从顶层设计、产业发展、创新驱动、招商引资、营商环境等方面展开了探索与改革，艰难而坚定，成效也逐渐显现。

加强顶层设计，深化体制改革，注重政策落实

综改区成立了由省委书记、省长“双组长”的示范区建设领导小组，实行“三化三制”改革，即建立起专业化、市场化、国际化的管理团队，建立领导班子任期制、全员岗位聘任制和绩效工资制。

在发展方向上，聚焦“六新”（新基建、新技术、新材料、新装备、新产品、新业态）突破，提出打造“2+9”新兴产业集群。“2+9”指的是合成生物与电子信息两个千亿级产业集群，新材料、高端装备制造、光电、通用航空、智能网联新能源汽车、现代服务、新能源与节能环保、现代生物医药与大健康、新业态 9 个百亿级产业集群。

《关于建设山西转型综改示范区的实施方案》出台之后，《关于山西转型综合改革示范区行政管理事项的决定》《关于落实建设山西转型综改示范区实施方案的若干意见》两个文件及26个系列配套政策连续发布，形成“1+2+26”政策体系，明确了综改区发展战略、发展重点，通过政策体系引导落实，通过组织、市场、人才等各方面的适应性改革，形成综改区转型升级体系化推进的局面。

将创新作为转型升级的内核

大力扶持创新企业与创新平台。综改区先后出台《山西转型综合改革示范区促进企业自主创新扶持办法》《山西转型综合改革示范区支持科技研发创新平台建设运营扶持办法》等系列政策，发布实施《山西转型综合改革示范区支持人才发展实施办法》《山西转型综合改革示范区创新骨干人才引进支持计划》等配套文件。2017—2020年，落实各级各类科技项目扶持资金8.5亿元，从政策上支持创新发展。

大力引进创新人才。综改区与清华大学、复旦大学等20余所高校建立合作机制，引进吴光辉院士、张兴栋院士、上海凯赛刘修才博士等一流科学家团队。截至目前，60余位科研工作者入选国家“重大人才工程”。

大力推进科技成果转移转化。综改区先后与省内外高校共建科研平台延伸基地、高校科技成果转化基地，建设京晋电子信息协同创新中心、山西—大湾区创新中心等20余个异地协同创新中心，推动在京津、长三角、大湾区等创新密集区的前沿科技成果转移转化。

截至2021年10月底，综改区有省级以上研发平台123个、院士工作站9个、高新技术企业1007家、国家级专精特新“小巨人”企业21家、省级专精特新“小巨人”企业51家、主板上市公司5家、新三板挂牌企业30家、“晋兴板”挂牌企业94家，形成大中小企业融通创新、集群化发展的良性格局。综改区形成国家级众创空间 14 家，国家级孵化器 5 家，各类众创空间、科技企业孵化器面积达 39.84 万平方米，入驻企业 8000 余家。同时，引进清控科创、中关村智酷、浙江菜根等一流双创团队，打造“智创城”双创品牌。

布局新兴产业，塑造经济发展新动能

紧紧围绕“2+9”新兴产业集群，构建“小管委+大公司”专业化产业化招商引资服务体系，初步构建“承诺制+一网通办+全代办+标准地+一话通办+调度督办”的全生命周期服务体系，建立由班子成员任专班班长的 100 个重大项目专班，全面推动项目早落地、快见效。4 年的时间，综改区已经初步形成新兴产业框架。

在合成生物领域，综改区以打造全球规模最大的合成生物新材料产业基地为目标，吸引了上海凯赛生物、锦波生物等龙头企业入驻。2020 年 10 月，上海凯赛生物与示范区共建的山西合成生物产业生态园启动立项，一期投资约 450 亿元。锦波生物全球首创“重组Ⅲ型人源化胶原蛋白冻干纤维”获国家药监局批准上市。

在电子信息领域，综改区每年拿出 1000 万元补贴华为软件云平台，以此将软件开发云技术免费给软件开发企业用。这样的“数据磁铁”，吸引百度（山西）人工智能基础数据产业基地等 400 多家软件研发和应用企业集聚。带来的连锁反应是，百度（山西）人工智能基础数据产业基地又引进了 32 家专业的数据标注企业落户。同时，示范区也吸引了中电科、中科曙光、百信等龙头企业聚集，打造了中电科信创产业园、百信电子信息产业园、高端通用整机智能制造基地等一批重点项目，实现信创软硬件的集聚。

高端装备制造方面的太重智能高端装备生产项目、智能高端煤机装备生产项目，新型电池及汽车方面的中科海钠“钠离子电池原材料生产及电池组件生产线项目”、比亚迪 EHS 新能源汽车动力总成项目；通用航空方面的禧佑源航空科技再制造中心项目、中国商飞北方维修中心及民机完工中心项目……一批领军企业项目正在综改区有序开展。

在现代服务业领域，综改区设立了“汾河金融城”和“晋阳金融城”两个特色金融聚集区，引进了中美（太原）产业金融研究院等咨询中介机构，与中信银行太原分行、中国科创产业、中煤财险公司、长三角科技创新共同体产业投资基金等签署了战略合作协议等。同时，综改区形成了以快成物流、泛城控股、满帮科技、京东为龙头打造的现代物流网络体系，建成了全国首家数据流量生态园。

综改区自成立以来，获得“中国最具投资价值开发区”称号，探索实施上百项改革创新，42 项在全省复制推广，主要经济指标实现持续快速增长，重大项目招商建设实现历史性突破，一批大项目、好项目、转型项目快速推进。2017 年以来，山西工业增加值持续走高；2020 年，山西工业增加值增长至 6582.7 亿元。止跌快升的变化，与综改区的带动作用有着莫大的关联。

综改区将锚定“走在前、作示范、创一流”的工作目标，以战略性新兴产业为引领，带动产业转型，加快招商引资和项目建设，打造多个千亿级产业集群和一批百亿级新兴产业集群，加快构建以先进制造业为主导的现代产业体系。全面深化“放管服”改革，全力提高示范区治理效能，持续发挥综改区在经济高质量发展的排头兵作用。

众城智库案例价值品鉴

❖ 体系化推进。从顶层设计到体制机制改革再到政策制定落实，山西综改区的转型升级进行了彻底的、体系化的设计与推动，在各项工作开展过程中，同样注重体系化思路，如“1+2+26”政策体系，进行了从宏观方向到各专项政策的全面覆盖。

- ❖ 锚定目标，紧追不放。山西省意识到唯有转变经济发展方式、彻底改革才有出路之后，明确了综改区发展战略、发展重点，克服层层困难，持续不断推进组织、市场、人才等各方面的适应性改革。
- ❖ 通过政策体系引导落实，通过形成综改区，从领导体制、政策体系实现“一盘棋”统筹转型升级体系化推进的局面。

农业现代化

师夷长技，为我所用

寿光：从“粗放农业种植”到“蔬菜种业硅谷”

在中华人民共和国成立之初，寿光只是山东省一个其貌不扬的农业县，很多人或许都不知道它的名字。20 世纪 80 年代，寿光蔬菜大棚试验成功，不仅开创了中国农业北方种植“反季菜”的历史，更让寿光这座小城“一夜蹿红”。经过 40 多年的发展，寿光已发展成为国内外知名的蔬菜名城，成为中国蔬菜产业发展的标杆。现如今，寿光蔬菜更是一骑绝尘，大力进军蔬菜种业市场，为国家蔬菜种业技术进步贡献自己的力量。

在粮食为纲的年代，开始重视蔬菜生产和蔬菜流通，蔬菜种植业崭露头角

中华人民共和国成立后，中国农业正处于“以粮为纲”的年代。在改革开放东风的轻抚下，中国的农业结构散发出多样化发展的气

息。不甘于贫穷落后的寿光，凭借对市场经济变化的灵敏嗅觉和自身的坚强努力，在全国率先踏上了蔬菜的规模化种植之路。1980 年，时任县委书记王乐泉在全县有线广播大会的讲话里提出：必须改变农业构成，调整作物布局，扩大蔬菜种植面积。此次讲话，掀开了寿光规模化种植的序幕。1983 年，寿光蔬菜种植面积由改革开放前的不足 8 万亩，增长到 24 万亩，粮经结构也由 7∶3 调整到 6∶4。

随着蔬菜面积和产量的迅速增加，寿光市场发育滞后、流通不畅的问题日益凸显。1983 年，“市场流通不畅导致寿光 5000 万公斤蔬菜全部烂掉”，这让寿光市政府和菜农痛心不已。为此，1984 年，为解决蔬菜流通问题，县委县政府确立了“产销并重，生产流通一起抓”的思路，着力进行市场建设。这一年，寿光市建立了寿光蔬菜批发市场，开创了全国产地型蔬菜批发市场的先河。除此之外，为了搞活蔬菜流通问题，时任县委书记王伯祥还提出：蔬菜产量大的乡镇建立蔬菜购销公司，蔬菜生产集中的村建立蔬菜经销点，商业、供销部门也要分配相应的蔬菜销售任务。20 世纪 80 年代的寿光，已经与北京 8 个区的蔬菜公司和 5 个蔬菜批发市场建立了联营关系，用长期合同取代此前不稳定的零买零卖模式。至此，寿光蔬菜流通问题得以有效解决。

蔬菜大棚为本，展会经济为翼，助力寿光绿色蔬菜产业走向国际

规模扩张以后，寿光蔬菜产业发展又面临新的问题：大田种植“时令菜”，使蔬菜市场淡旺季分明，限制了蔬菜产业进一步发展。为此，寿光农民尝试建造“土温室”，通过烧炉子来提高室温，试图解决冬季种植蔬菜问题；但“土温室”模式种植的蔬菜产品、品质、效果等都不是很理想。如何改造“土温室”就成了寿光菜农急需破解的新难题。

1989 年，在寿光市三元朱村村支部书记王乐义带领下，冬暖式大棚在三元朱村试验成功，解决了寿光全季蔬菜冬季种植技术的“最棘手”问题。进入 1995 年，寿光市蔬菜专业村数量已经发展到了 58 个、

冬暖式大棚数量发展到了 20 万个，寿光蔬菜大棚技术、寿光蔬菜开始走向全国。这一年，寿光被评为“中国蔬菜之乡”。寿光蔬菜大棚不仅创造了中国北方地区蔬菜越冬史上的奇迹，更为中国“菜篮子”的保障发展作出了杰出贡献。

随着寿光蔬菜种植技术和大棚技术人才的输出，全国蔬菜大棚逐渐增多，寿光的“反季蔬菜”变得不再像以前那么稀奇，寿光蔬菜貌似走入“泯然众人矣”的境地。

此情此景，寿光也能意识到危机的来临。在危机面前，找准方向，敢于创新，这一次，寿光市政府提出了“跟蔬菜要质量”的发展方针，从政策、产业基地、检测中心等方面，全力打造寿光无公害蔬菜。为此，寿光市政府编制了《绿色食品蔬菜生产技术规程》，建立了五大无公害蔬菜基地，兴建了寿光市农副产品质量检测中心，全力推进寿光蔬菜的绿色化、无害化转型。如果说寿光蔬菜大棚让寿光蔬菜种植技术上有突破，那么，无公害蔬菜的推进，则让寿光蔬菜产业在品质上有了质的飞跃。“无公害品牌”让寿光蔬菜再次因为“你有我优”的优势，走到了蔬菜产业发展的前列。

为展示寿光蔬菜风采，加强技术交流合作，2000 年，寿光市政府按照“政府搭台，以菜为媒，经贸唱戏”的思路，举办了第一届“国际蔬菜科技博览会”。博览会顺利举办，超出所有寿光人的预期，仅 2000 年的第一次博览会上，寿光就与国内外客商签订协议 230 多份，协议额达 11.9 亿元。目前，寿光蔬菜博览会已经举办 22 届，共有 50 多个国家、地区和 31 个省、市、自治区 3000 多万人次参展参会，实现各类贸易额达 2400 多亿元。

在博览会的助力下，寿光已经成了中国最大的蔬菜集散中心。2009 年，中国·寿光农产品物流园作为亚洲占地最大的综合性农产品物流园投用，标志着寿光蔬菜“买全国、卖全国”地位的逐渐确立。

目前，该批发市场已经成为中国权威的蔬菜标准、价格形成中心，最大的蔬菜物流配送中心和现代化信息交易中心。截至目前，在国内，寿光与 200 个大中城市建立销售网络，与逾 20 个省市中心城市结成“姊妹市场”，寿光联系全国的蔬菜供应网络逐步确立；在国际上，寿光先后与美国、荷兰、法国、瑞士、澳大利亚等 27 个国家和地区建立起合作伙伴关系，蔬菜远销俄罗斯、日本、韩国、中国香港等 20 多个国家和地区。

除此之外，寿光在发展蔬菜产业方面，非常注重“引智”。在 20 世纪 90 年代，寿光市政府聘请中科院陈宜瑜等 13 位院士、专家担任“寿光市农业科技顾问”的新闻，在全国引起极大的轰动。

进军蔬菜种业，培育蔬菜种子硅谷，给蔬菜产业发展插上翅膀

发展蔬菜种业是推进蔬菜向高端化转型、抢占现代农业制高点的关键。寿光市很早就意识到蔬菜种业的重要地位，从 2000 年就开始布局蔬菜种业研究，成立了山东省蔬菜工程技术研究中心，向蔬菜产业链上游延伸。2006 年，寿光市依托该研究中心，成立了寿光蔬菜研究院。次年，寿光蔬菜育种基地建立。但寿光蔬菜种业的快速发展，要从 2016 年说起。

在这一年的政府工作报告中，寿光市提出打造“蔬菜种子硅谷”的目标，且在该目标提出之后，全国蔬菜质量标准中心、中国科学院沈阳应用生态研究所寿光设施农业研究中心、中国农业科学院寿光蔬菜研发中心、国家农业信息化工程技术研究中心寿光试验站、国家蔬菜工程技术研究中心寿光研发中心、农业农村部蔬菜种子质量监督检验测试中心寿光分中心等先后落户寿光。2020 年，寿光继续深化与中国农业科学院等机构的合作，建设全国最大的蔬菜分子育种中心和全

国种子种苗交易平台，努力打造中国“蔬菜种业硅谷”。

为了支持蔬菜种业发展，寿光市出台了《寿光市人民政府办公室关于加快蔬菜种业发展的实施意见》等激励政策，从政策、资金等方面给予蔬菜种业发展的大力支持，且从2012年12月起，寿光市设立蔬菜种质资源保护开发资金，每年拿出2亿元支持蔬菜种子产业自主研发。寿光市对省级以上审定新品种和推广万亩以上的新品种分别奖励20万元和100万元；对国家和省级蔬菜科研中心分别奖励100万元和50万元；对到寿光创新创业的蔬菜专家奖励50万～300万元；引进博士生人才，其编制、工资、职称等按事业单位管理，实行“工作在企业、人事在事业”，全面支持蔬菜种业发展。

寿光市政府对蔬菜种业的诸多努力，终于见到了成效。2019年12月14日，寿光市在蔬菜小镇成功举办“2019品牌蔬菜寿光峰会”，展示了以“寿光蔬菜”为代表的全国各类名优蔬菜新品，共6大类116个品种。2019年12月29日，寿光菜农之家联合社举行了“良品一良田”工程产品品鉴会，以直观的方式让消费者感受到寿光品牌蔬菜的优良品质，进一步提升了品牌蔬菜的社会美誉度，打开了广阔的市场。

寿光从“大田蔬菜”起步，经做大“大棚经济”，到做强“智能化蔬菜工厂”，最后到做尖“蔬菜种业”，一路披荆斩棘，一路创新无限，引领中国蔬菜产业“革新不断”。目前，寿光蔬菜大棚技术已发展到第七代，寿光蔬菜产业已进入智能化的新时代。在新的国际形势下，寿光市政府聚力农业科技创新，发力“蔬菜种业”研究，致力“蔬菜+科技”产业链跃升，奋力谱写新时代的蔬菜产业新华章。

众诚智库案例价值品鉴

- 农业中抓先机，以蔬菜种植为始，开启蔬菜规模化种植、蔬菜流通完善之路。

- 寿光从蔬菜种植开始，到试验蔬菜大棚、建立蔬菜批发市场、举办蔬菜博览会，再到种业发展，一路走来，无不体现“创新为魂”的发展理念。

- 为解决农民增收问题，开始种植蔬菜；为打破时令菜问题，试验蔬菜大棚；为解决蔬菜流通问题，兴建蔬菜批发市场。“遇山开路，逢水搭桥”，艰难面前不退缩的态度和能力，一直体现在寿光蔬菜产业的发展过程中。

五常：大米品牌成功之路

“千年水稻，百年贡米”，清道光十五年，吉林将军富俊征集部分朝鲜人在五常一带引水种稻，收获后的稻子用石碾碾制成大米，封为贡米，供皇室享用。五常大米的美誉源远流长。

而今，五常大米之所以闻名于世，除却历史因素，更多源于现代化的产业发展与品牌建设。

产区独特的地理环境，让五常大米“生而不同”

五常市地处黑龙江省南部，这里土壤肥沃、腐殖质高；昼夜温差大、积温高；自然水系贯穿，灌溉条件便利；稻作区三面环山，暖流可直入内部回旋。自然条件巧妙组合，构成了稻米生长的“天然温床”。

有了良好的自然条件，还需要后天万般呵护。五常市提出“像爱护眼睛一样保护五常大米种植环境”，制定了《五常市环境监管网格划分方案》《五常市水污染防治行动计划》等生态环境保护方面的政策，对企业实行严格准入，确保水稻生育期空气优良天数达 100%，确保灌溉用水达到Ⅲ类标准以上，确保用有机肥不用化肥、用生物制剂不用农药、用纸膜覆盖及人工除草等不用除草剂，实现对生态自然环境的全面保护。

宝贵种源，为“五常大米”品牌构建赋予了丰富内涵

谈到五常种源，不得不提一位老人田永太——五常市龙凤山乡农业技术推广站站长，他历经近 30 年，先后精选培育出 3 个优良品种，分别是 1972 年精选出的 517，1993 年精选出的 938（“五优稻 1 号”）

和2000年培育出的稻花香2号（“五优稻4号”）。

此后，五常市按照“种植一批、储备一批、研发一批”原则，依托中科院、中国农业大学、东北农业大学、黑龙江省第二水稻研究所等科研机构，对“稻花香2号”提纯复壮，研发新品种。经由“稻花香”母本培育杂交出“龙稻16”“龙稻18”“松粳19”“松粳22”等品种，并扩种到黑龙江北部、吉林、辽宁一带。可以说，五常大米种源的研发和培育，提高了东北大米的整体品质。

构建五常大米标准化体系，做实品牌化之路内核

五常市通过对种子—种植—收储物流—加工—销售全流程的高标准要求、高规格打造，将“五常大米”高端品质内核做实做精。

种子环节，依托优质稻种，五常市建立水稻原种基地1000亩、良种繁育基地2.2万亩、智能化育秧工厂14处，全力保障五常市优质芽种供给。同时，不断探索市场化、产业化育种，引进和培育种子育繁推一体化企业15家。实现全市良种覆盖率100%。

在种植环节，五常市注重引导农民按照绿色、有机等标准种植。2021年，全市绿色水稻种植全覆盖，有机水稻100万亩，执行欧盟有机标准水稻2万亩。除此之外，五常市还通过完善灌区配套，进行渠系硬化和暗灌明排改造，建立智慧农业物联网服务平台，探索鸭稻共生、土著农耕、纸膜覆盖除草种植模式，提升病虫害防治技术等方式，促进水稻高质量精细化种植。

在收储物流环节，五常市严格执行《粮食流通管理条例》和《农产品产地证明管理规定》（试行），推行水稻低温、恒温储藏，完善水稻收购环节流程，加强交通设施建设，铁路专用线7条，物流企业达130家，五常大米48小时内可被运输到除西藏、新疆外的省会城市。

在加工环节，五常市鼓励企业引进国内外高端设备和先进工艺，实现大中型稻米加工企业自动化流水线作业、无尘化加工；注重农业资源的循环利用，综合利用稻壳、稻草、米糠、碎米等副产品，推进生态循环化发展。培育乔府大院、金禾等本土稻米加工龙头企业，引进中粮、东方等大型企业集团，成立新型农业合作组织，全力做大市场主体。截至 2021 年年底，全市年加工 10 万吨以上企业 10 家，年纳税额超百万元企业 5 家，乔府大院和五米常香公司已在新三板上市；以农民水稻专业合作社为主的新型农民专业合作组织近千个。

在销售环节，五常市采用线上线下融合方式，全力构建起遍布全国的销售网络，线上，与阿里巴巴、京东等主流平台合作；线下，通过旗舰店、专卖店、连锁店等渠道覆盖 30 多个省市，426 个配送中心，进驻 2159 家超市。

产权保护，筑起了五常大米品牌的护城河

为提高品牌集中度和影响力，五常市对大米品牌进行整合，由 2013 年的 400 多个整合到 2016 年的不到 300 个。同时，规定凡是在五常划定产区所产稻谷，集中打造“五常大米”一个品牌，根据不同品种，可分别注册“五常大米”“五常香米”“五常糯米”和“五常黑米”四个商品名称。

同时，为防止品牌滥用，切实保护“五常大米”金字招牌，在五常市内，对稻种繁育、销售、生产加工、经销企业经营行为进行专项整治；在五常市外，采取“行政民事同步走，线上线下一起抓”方式，开展维权打假、清网行动。在品牌保护过程中，充分利用物联网等信息技术，成立包含五常市农业物联网服务中心（提供数据支撑）、五常大米网（公示企业和产品信息）和五常大米溯源防伪查询平台（消费者扫码查询）的五常大米溯源防伪体系，实现全链条管控。

在品牌宣传方面，从水稻春种到秋收到餐桌每个阶段，通过广告、参加各类展销会、邀请国家主流媒体和大型门户网站报道等形式对五常大米进行全方位、立体化宣传，“购五常大米，认溯源标识”“五常大米，一码锁定”人尽皆知，五常大米的金字招牌影响力越来越广。

政府高度重视，全力支持五常大米发展

五常市大米产业的发展除了良好的市场模式，政府层面的全力支持也起到了关键作用。

在组织架构层面，五常市成立了以市委书记、市长为组长，市委宣传部、政府办、农业农村局、市场监管局、税务局、商务局、财政局、电视台等部门为成员单位的工作领导小组；在农业农村局设有绿色食品产业办公室，在市场局设有地理标志产品保护管理办公室，全力统筹指导管理五常稻米产业发展工作。

在政策支持方面，五常市委、市政府先后发布《五常大米品牌建设与保护工作实施方案》《五常大米地理标志产品保护管理办法》《五常大米溯源防伪管理规定》《“五常大米”证明商标使用管理规则》等系列政策文件，规范五常大米产业发展。

在资金支持方面，政府每年最低投入 400 万元专项资金，用来组织溯源认证企业参加各类展销会、博览会；政府投入 4000 余万元，建成五常市农业物联网服务中心、五常大米溯源防伪查询平台和五常大米网，支持五常市大米产业发展。

在标准制定层面，五常市成立大米协会，组建五常大米联盟，加强行业标准制定，按照严于国际高端大米标准，对五常大米从良种繁育、浸种催芽、育苗插秧、收割仓储到加工销售的 27 个流程 99 道工序，逐一细化，制定出种子、环境、种植、投入品等八项标准，建立五常大米标准体系，全力推进五常大米标准化、品牌化进程。

2013 年，五常大米被央视纪录片《舌尖上的中国 2》赞为“中国最好的稻米”；2020 年，在第三届中国·黑龙江国际大米节稻米品评品鉴终评中，五常大米击败日本越光大米独揽 3 金；2021 年，据人民网报道，五常大米品牌价值 703.27 亿元，连续五年位列地标产品大米类全国第一。如今，五常大米不仅是五常市的亮丽名片，更是中国好大米的“代言人”。

五常市正在启动五常大米公共服务中心的建设，将五常打造成为中国优质大米产业标准的制定中心、大数据中心、定价中心。相信在不远的将来，五常大米将在乡村振兴中更显芳华，在中国农业的现代化征程中更放溢彩，在国际的舞台上更加亮眼。

众诚智库案例价值品鉴

- **把握住大米产品的质量和品牌两大关键要素**。在质量方面，充分利用独有的自然环境的基础上，进行产品种源、种植、仓储物流、销售等全流程标准化、规范化管理，追求极致；在品牌方面，统一品牌、集中打造。

- **尊重自然，充分利用自然，保护自然**。以大米这一农产品为载体走出一条健康、绿色、可持续发展之路。

- **行政手段与市场手段有机结合**。在种子研发、公共平台建设、品牌统筹等环节由政府主导，在产品种植、加工、营销等环节充分发挥市场的作用。最终实现独有自然资源的有效保护与社会要素资源的充分利用与优化配置。

- **充分利用信息技术进行知识产权与品牌保护**。建立五常市农业物联网服务中心（提供数据支撑）、五常大米网（公示企业和产品信息）和五常大米溯源防伪查询平台（消费者扫码查询）的五常大米溯源防伪体系，实现全链条管控。让用户买得放心，实现品牌高端化。

现代服务业

师夷长技，为我所用

林芝：用生态旅游“火车头”拉动全域产业大转型

地球上最大最深的峡谷雅鲁藏布江大峡谷所在地，“畅游西藏，从林开始”的起始地，318 最美公路的必经地，这个位于西藏东南、拉萨以东，神秘与神圣并存的地方就是西藏自治区的林芝市。

一个曾经远离人间烟火的城市，凭借独特的区位、资源，向世人展现了一幅融通全国乃至世界各地的美好画卷。

从天堂走入人间，林芝旅游蹚出一条特色崛起大道

曾处江湖之远，林芝遗世而独立。原始、生态、静谧是林芝的本色，这里除了雅鲁藏布大峡谷，还有中国最大的原始森林、中国最大的海洋性冰川阿扎冰川、优美的南迦巴瓦峰等自然景观，以及茶马古

道遗迹、烈山古墓、喇嘛岭寺等丰富多彩的民族文化和人文景观，这里也是苯教的发祥地，一方梵天净土里的世外桃源。

长期以来，318 国道是林芝与外界联系的唯一通道，对外交通相对闭塞。生活在这里的林芝人，种植青稞、小麦，养殖猪牛羊及家禽，过着日出而作、日落而息的生活。在这片小天地里，“自给自足”的农牧业是经济的主体。

1997 年，在亚洲金融危机的背景下，国家果断采取扩大内需的措施，这一年的中央经济工作会议将旅游业确定为国民经济新的增长点，我国旅游业进入大发展时期，2000 年的“黄金周”政策推波助澜，进一步拉动了旅游业爆发式的增长。林芝政府顺势决定把生态旅游业作为地区经济发展的支柱产业，推出了 8 个景区、102 个景点和 10 条旅游线路。凭借着优质、顶级的生态资源，抓住国家发展旅游业的大势，林芝正式开启了旅游发展之路。

打特色牌、走特色路。林芝凭借独特的区域优势、奇绝的雪域风貌、别具一格的藏东文化风情，突出“进藏旅游适应地”和“东游西藏桥头堡”地位，以“春赏桃花、夏沐林海、秋观红叶、冬享阳光”为口号，构筑全国特色品牌旅游目的地，打特色牌；以独特的藏江南风情、峡谷、冰川、森林、湖泊等自然资源为载体，打造“世界级生态旅游大地区”，走特色路。

项目带动、丰富体验。围绕建设国际生态旅游区目标，林芝全面启动全国首批“全域旅游示范区”创建工作，丰富观光游、乡村游、体验游内容，打造集康体疗养、生态旅游、休闲娱乐等功能于一体的鲁朗国际旅游小镇。同时，林芝加快 5A 级景区创建，提升 4A、3A 景区旅游品质与服务质量，初步形成大型项目引领、示范、带动发展的新局面。

以旅为核、完善配套。林芝开展基础设施精准扶贫，建设旅游基础设施类四个景区：墨脱景区、大香格里拉景区、桃花沟景区、尼洋河风光带景区；实施“厕所革命”行动；打通旅游消费“最后一公里”，开展“智慧旅游”建设布局；大力发展乡村旅馆，出台关于林芝旅游家庭旅馆准入与退出标准，实施惠民金融扶持政策，助力农牧户向乡村旅馆经营转型。

以节造市、以节促游。以林芝桃花文化旅游节、雅鲁藏布生态文化旅游节、集美自然生态旅游季的“两节一季”为重点，以各县旅游节为辅助，林芝有效培育旅游新兴消费市场，促进当地旅游业提质增效。

保护环境、打好生态资源牌。林芝始终坚持保护为主、适度开发的原则，始终贯彻“天人合一”的生态观，“三高”企业（高耗能、高危、高污）一律不准进入，将生态始终作为林芝特色旅游的底牌。

与此同时，西部大开发战略给林芝发展叠加了新的契机。2006年，作为西部大开发标志性工程的青藏铁路建成通车；同年，林芝米林机场正式通航；2013 年，墨脱公路正式全线通车……交通基础设施的不断改善，极大地改善了进出林芝的出行条件，为林芝旅游及经济社会的发展插上了腾飞的翅膀。

2016 年，林芝成功入选全国首批全域旅游示范区。2019 年，西藏夏季旅游大数据公布，林芝和拉萨成为最大赢家。林芝雅鲁藏布江大峡谷、苯日神山、鲁朗临海、卡定沟、巴松措等景点始终在热度排行榜上，力压群雄。随着全国各地游客纷至沓来，318 最美公路林芝段时常发生拥堵，这在以前都是难以想象的；各大景区人来人往、络绎不绝，旅馆几乎每天爆满，特色餐饮与文旅商品更是让人流连忘返……

神秘的林芝，搭载政策的快车，以旅游业为信使，走进人间、融入世界、实现跨越。

农牧业跑步搭上旅游快车

林芝旅游业的欣欣向荣和旅游消费的持续升级，有力驱动了当地农牧业发展思路的创新。随着品质消费时代的到来，人们对优质农产品、工业制造品、服务体验的需求不断高端化。在电子商务及物流业发达的时代，嫁接于旅游体验之上的品牌影响力完全能够通达全国各地，只要产品足够好。显而易见，特色化、高端化是林芝农牧业升级的必由之路，这也符合消费升级能够带动产业升级的理论[1]。于是，林芝实施了两大转变，在空间布局上，由各乡镇分散到分片集中转变；在发展方式上，由一产单一发展到二三产带动一产转变。

紧跟市场发展需求，实现农牧产业规模化、集群化发展。林芝盛产灵芝、雪莲、松茸等珍贵药材，高原高寒茶、高原林果、养殖藏猪等特色农牧产品，这些农牧产品天然携带雪域高原赋予它们的生态、绿色、营养、高级与神秘品质，深受旅游者及其他消费者的喜爱，成为游客们青睐的“伴手礼”。在知名度不断提升、市场范围覆盖面趋广、电商打破空间距离的前提下，大众对林芝农牧产品的需求急剧增加。2015 年，林芝提出“一带四基地”的特色农业发展战略，开展特色林果种植产业带，茶叶、蔬菜、藏药材种植基地和藏猪养殖基地建设，建成了米林农场、盛世农业、圣域农业、藏汉情缘等一批优秀的果品种植企业，形成了藏猪“相关企业—养殖基地—合作社—养殖户—饲料加工厂”体系化的市场主体发展格局。

紧抓二产杠杆撬动作用，促进农牧产业链向上延伸。目前，林芝已经集聚了以当地农牧业为特色的多种食品加工企业，成立了易贡茶场、墨脱茶业有限公司等为代表的茶叶加工企业；建成了以林果业初

[1] 杨天宇，陈明玉. 消费升级对产业迈向中高端的带动作用：理论逻辑和经验证据[J]. 经济学家，2018, (11): 48-54.

加工项目为特色的圣域农牧企业；聚集了灵芝、天麻、松茸等高原生物精深加工企业。

树立品牌支撑，促进农牧产业发展。建立健全林芝藏猪产业技术体系，林芝依靠中国农业大学、西藏农牧学院、广东援藏队等外部力量，先后完成藏猪繁殖、配方饲料、猪瘟复养等多个科研项目，开展藏猪养殖、加工、防疫等技能培训，落实对养猪主体的政策支持和资金支持，最大限度降低藏猪养殖户的风险。截至目前，林芝已经打造了“林芝藏香猪”公用母品牌和“黑珍猪”“藏好”“东元”等多个子品牌。除此之外，林芝还加强“林芝茶叶”“林芝苹果”品牌打造，提高品牌的溢价能力。

电商为媒，助力农牧产品走出去。林芝紧跟“电商”时代风口，通过“电商+农业”，把林芝的特色农牧产品销售出去。在国家“电子商务进农村”的政策支持下，林芝打造了“电商·消费扶贫一条街”“林芝市电子商务公共服务中心”“电子商务产业园”等项目，吸引了京东、净云、苏宁、邮乐购等一批企业入驻。以电商为纽带，推进线上线下融合发展，加快了林芝产品走出西藏、走向全国的步伐。“我做梦都想不到，在家里就可以把松茸卖出去。”当地 53 岁的村民卓玛央宗乐呵呵地说。

援藏队伍与本地政府携手铸就美好林芝

林芝的华丽嬗变，离不开党和国家对口援藏的政策支持，更离不开对口援藏省份的大力帮助。

从 1994—2015 年，福建携手林芝走过 21 个春秋，这期间福建省投入援藏资金 19.34 亿元，援藏项目达 700 多个，先后共派去 7 批援藏队伍，为林芝经济发展带去了资金、技术、项目和人才。在福建省的帮助下，林芝建成了西藏第一个财政涉农资金监管平台、改变了3县“有县无城”的历史、扭转了米林农场连年亏空的局面、开拓了闽台游客市场、开通了厦门到林芝的直飞航线等。

从1994—2021年，在支援林芝的27年间，广东省共派去9批援藏工作队，重点支援四县两场建设，期间先后投入援藏资金超过林芝27年的财政收入总和。2016年，福建省对口支援西藏的地区从林芝调整到昌都，广东省接续开展支援林芝工作，支援林芝1区6县3场建设。从这一年开始，广东省围绕“以民生援藏为龙头、以产业援藏和智力援藏为两翼”的总体思路，优化和提升产业援藏、智力支援、教育和医疗卫生援藏工作等。在广东省的对口支援下，形成了林芝经济开发区、粤林产业园、藏香猪产业链、“7+2”消费援藏平台、波密产业园、林芝科技产业园、鲁朗国际旅游小镇等一个个援藏结晶。

林芝充分运用对口支援省的力量，加强自身基础设施、民生事业、产业发展、品牌宣传等全方位的塑造，以“对口援藏”为抓手，结合自身生态区位优势特点，重点发展生态旅游、特色农牧、电子商务、无污染工业等对当地生态影响最小的产业，积极培育特色产业和支柱产业，增强自身“造血”功能。

“短短几十年，跨越上千年”，这是对林芝变化的真实写照。

如今的林芝，“铁公机”立体交通网络已经建成，“人间净地·醉美林芝”的品牌已经打响，以旅游为牵引的“多彩产业”格局已经形成。

进入“十四五”时期，林芝紧跟国家新一轮消费升级的浪潮，继续擘画着产业转型升级的新画卷，努力打造成高质量发展先行区、生态文明引领区、边境发展样板区。

众诚智库案例价值品鉴

❖ 把握消费升级机遇，借助对口支援政策，借力、借势、借机把旅游业作为主导产业来抓，带动本地农牧业、食品加工业规模化、专业化发展。

❖ 全力提高旅游到达性，完善旅游配套服务，在此基础上，不断丰富旅游内涵，实现旅游与农业、文化、乡村、民俗、体育等产业的融合发展。

❖ 打造林芝旅游和特色农牧产品品牌，整合药材、林果、藏猪等农牧资源，申报农牧产品地理品牌，打造旅游文化品牌，实现全产业提质增效。

遵化：坚持“遵”正出新，奋力“化”茧成蝶

位于唐山最北端的遵化市，因为清东陵坐落于此而与众不同，走进遵化，无论是城市的文化底蕴，还是经济发展、自然风貌，都觉得这个千年古县的知名度应该远不止于此。

跟着历史的车轮奔赴向前

中华人民共和国成立伊始，是国家粮食供应短缺及恢复农业生产的年代。遵化靠“三条腿”建起了“穷棒子社”，创造了“万里千担一亩田，青石板上创高产”的沙石峪村奇迹，成为当时中国农业“创业”的典范。后来，遵化为了支持农业发展，依托当地矿产资源，大力发展县社工业，在 20 世纪 70 年代，形成了小钢铁、小化肥、小农机、小纺织、小五金为主的“五小工业”。到了 20 世纪 80 年代，在国家“有水快流”的政策号召下，遵化出台了“国家集体个人一起上、大中小一起上、大矿大开、小矿小开”等政策措施，促进了当地采矿、矿机制造、钢铁冶炼等行业发展。20 世纪 90 年代后，伴随国家市场经济体制的确立，遵化工业迎来了快速发展阶段。2005 年，建龙、港陆两家企业先后跨入中国制造企业 500 强；这一年，世界 500 强宝钢集团投资建设的河北宝钢制罐北方有限公司也落户遵化。2010—2014 年，遵化 4 次入选中国最具投资潜力中小城市百强县（市）、3 次入选中国最具竞争力百强县（市）。

把握时代大势，果敢转型

国家“4 万亿”投资刺激政策带来的红利退去后，国内制造业、房地产业等钢铁下游行业增速回落，导致以钢铁为主的上游产业产能

严重过剩。在此背景下，昔日的全国百强、全省十强、唐山三甲——遵化，2013—2015 年主要经济指标连续三年下滑，经济发展遭遇前所未有的困难，遵化跌出了“全国百强县名单”。遵化，遭遇了工业发展的“滑铁卢”，经济徘徊不前。2015 年年底，遵化 144 家规上企业，74 家停产、半停产，且主要集中在采选矿、矿山机械、建筑建材三大传统产业。

国家战略性新兴产业及京津冀协同发展战略等相关政策文件先后出台，尤其是北京非首都功能纾解的深入实施，为具有资源禀赋、产业基础、交通区位优势及经济寻求转型交织在一起的遵化，带来了新的机遇。

2016 年，遵化市政府工作报告提出，未来五年，遵化建设“环京津新型工业基地、旅游商贸名城、魅力中等城市”的发展定位，确立“6+1”（其中，“6”为钢铁、装备制造、旅游服务、固废综合利用、现代物流、农产品加工；“1”为新兴产业）的产业结构，提出“重返百强、再创辉煌”的奋斗目标。

遵化立足自身区域优势，借助京津冀协同发展大势，围绕“环京津新型工业基地”建设，以京津为重点招商对象，以本地钢铁、旅游、装备制造、固废综合利用、物流、农产品加工等传统产业为重要基点，提出“接、联、换、转”的四字诀方案，因企施策，帮助企业“绝处逢生”。对于不能准确把握市场变化、不掌握先进技术的停产半停产企业，帮助它们引进新技术，用新技术嫁“接”老企业；对于竞争力弱、自我发展能力不足的企业，帮助它们加强与产业链高端企业“联”接，灵活采取股权合作、租赁经营等形式，用新模式提升老企业；对完全没有生机的企业，通过兼并重组、资源对接、以商招商等方式，推动其“浴火重生”，用新企业置“换”老企业；在转型发展中，“调旧”与“育新”协同发力，用新产品武装、转“换”老企业。

通过“因企施策”“分类施治”，遵化工业取得了“老树开花更芬芳”的效果。2016年年底，遵化成功跻身2016年中国工业百强县（市），“重返百强”，144家规上企业中停产、半停产的74家，已有42家重新焕发生机。港陆钢铁200万吨冷轧项目是遵化市港陆公司与中航合作后，利用新技术、新工艺，推进产业转型升级的“第一站”；该项目通过优化工艺生产和物流流程，推进节能减排、提高产品附加值；项目达产达效后，年可实现销售收入80亿元，增加税收5.1亿元。遵化市惠通机械有限公司，以前是一家仅生产矿山机械的小厂家，受市场形势影响，陷入濒临破产的境地，在遵化市政府的牵线搭桥下，该企业与唐山爱信集团达成合作，生产汽车变速箱零部件、大型锻造、精密铸造项目。山东孔圣堂制药有限公司是遵化市政府积极引进的一家山东制药企业；该企业入驻后，对长期停产闲置的圣大（唐山）药业进行整体收购，对现有软硬件设施进行升级改造，新增先进的颗粒、片剂、胶囊、散剂生产线；项目全部建成后，年可实现产值6亿元，利税1.5亿元，安排就业500人；目前，车间改造和设备安装调试已完成，正在进行试生产和新版GMP药品检验认证。除此之外，伴随遵化走过20年风雨历程的“老朋友”——建龙钢铁企业，也已经开始了退城搬迁工作……

除了在传统产业转型升级发力，遵化市还积极培育新兴产业。

遵化，拥有清东陵、古汤泉、古长城、般若湖、满族文化村、“穷棒子村”西铺村、当代愚公沙石峪等文化旅游资源，具有发展旅游的良好基础。围绕“文旅兴市”发展战略，遵化市政府积极推进清东陵——汤泉大旅游区打造，抢抓一批重大旅游项目建设。目前，遵化已经成功列入“国家全域旅游示范区”创建名单，北京金融街、中景信、河北省旅投、山东嘉隆地产等企业纷纷抛来“橄榄枝”，碧桂园航天农业生态健康城、北京金融街古温泉度假区、中景信般若湖景区开发、马兰峪皇家文化特色小镇等项目也已正式签约。“十四五”时期，遵化又提出打造“世界知名文化旅游胜地”。遵化旅游发展步伐加快，旅游发展思路更加清晰。

遵化，还着力建设“京津冀唯一、北方最大”的应急产业示范基地，引进了总投资 20 亿元的咸亨国际应急安全产业基地项目，一期应急安全培训中心、应急逃生体验馆已投入运营，二期应急安全产业园区、三期应急产业总部大厦同步扎实推进。同时，遵化引进的长顺安达制氮制冷、同海净化生物安全特种阀门生产线项目也已投产。

以文化塑造精神，彰显激情与魄力

如果要赋予遵化这个城市一个形象，那就是一个血气方刚的青年，敢于冒险，充满激情，有魄力，有冲劲。

而这个形象的背后，是更深层的文化浸染形成的强大精神动力。

的确，遵化是一座不缺文化，并且还是孕育伟大精神的城市。无论是诞生于 20 世纪 40—60 年代的鲁家峪抗战精神、王国藩合作社“穷棒子”精神、沙石峪“当代愚公”精神，还是新时期的“遵化精神”，都是遵化人民战天斗地、艰苦奋斗的精神结晶，都是激励一代又一代遵化人砥砺奋进、再创辉煌的宝贵财富，都是凝聚遵化人民团结奋进、共谋发展的强大精神动力。

在精神内核的驱动下，遵化取得了一个个惊人的成绩，实现了遵化的“厚积薄发”。遵化市政府工作人员凭借着“实干兴遵、富民强市”的工作精神，聚焦项目建设，大力改革创新，一举扭转了遵化市多年来拉练成绩在唐山倒数的落后局面；凭借着“服务企业、发展遵化”的服务精神，2×350MW 热电联产项目仅用 5 天就完成了 1100 亩全部土地的征地手续，打破了遵化征地时间最短的纪录；凭借着“团结奋斗、实干担当”的事业精神，面对城市发展的遗留问题，以实施棚户区改造为契机，彻底扭转了历史形成的城市开发征收难、安置难的被动局面，以钢铁手腕依法依规解决了遗留十多年的城市拆迁难题……

从昔日的“五小工业”到“十四五”时期的“3+3+2”的现代工业体系（3 个支柱产业、3 个新兴产业、2 个特色产业），遵化正加速在产业转型升级、加快产业创新、加强产业协同的道路上奔跑。进入新的历史时期，在新的发展格局下，遵化市政府领导始终坚持团结担当实干，以“干在实处、走在前列”为工作主旋律，以感悟“对党忠诚、艰苦创业、团结奋斗、敢为人先”红色遵化内涵为强劲动力，以“建设世界知名文化旅游胜地、京东商贸名城和先进制造基地、京津冀魅力中等城市”为发展定位，以“书香遵化、富强遵化、文明遵化”为建设载体，奋力推动经济社会高质量发展不断取得新突破。

众诚智库案例价值品鉴

- 充分利用资源优势，完成遵化市产业原始积累；在产业发展瓶颈期，采取“接、联、换、转”等有效手段，盘活存量资源，变包袱为财富；且在传统产业发展过程中，“与时俱进”的文化精神一直贯穿其中。

- 利用区位优势，紧盯京津产业纾解，聚焦京津的央企、国企，注重招大商、引大商，此举措为遵化传统产业转型发展及新兴产业培育带来新的力量。

- 根据国家未来发展大势，结合本地资源禀赋，挖掘文化旅游资源，引进大型文化、旅游相关企业，打造系列旅游项目，大力发展文化旅游产业。

- 发挥文化作为精神内核的强大力量，指引遵化市政府产业转型、城市发展、政府建设等方面的各项工作。

专题五

招商引资

伍

招商引资——中国经济高质量发展的主要抓手

1978年5月2日，一架载着特殊使团的飞机从北京首都机场破空起飞，这架飞机穿越亚欧大陆，飞向5个欧洲国家——法国、西德、瑞士、丹麦和比利时，使团由时任国务院副总理谷牧带队，包括6名部级干部在内共计20人，这是中华人民共和国成立以来中央第一次对外派遣政府经济考察团，在长达36天的时间里，考察团考察了欧洲五国的25个城市，80多个工厂、矿山、农场、港口码头、大学和科研单位，正式拉开了中国招商引资的序幕。1978年也因此被称为中国的招商元年，招商引资从此正式登上中国历史舞台，并在接下来的40多年里成为中国经济发展的重要角色。

改革开放初期，国内经济发展落后，百废待兴，由于国内资源尤其是资金严重缺乏，此时的招商引资主要以引进外资为主，重点流向中央确定的开放地区。1979年7月，《中华人民共和国中外合资经营企业法》颁布实施。1979年1月31日，深圳蛇口工业园经中共中央、国务院决策批准成立，并由香港招商集团负责集资和组织实施，成为中国首个外向型工业园区，承接国外资本、技术和项目的落地发展。

20世纪80年代末90年代初，随着民营资本的发展壮大，各地方政府招商引资的对象逐步由外资扩大到国内民营资本。1988 年，起源于“中关村电子一条街”的北京中关村地区，经国务院批准设立成为第一个国家级高新技术产业开发区、第一个国家自主创新示范区、第一个国家级人才特区。中关村科技园的出现是我国招商引资从单纯依赖国外输入企业为主，到自主创新成长的重要里程碑。

此后，随着改革开放的春风从南部沿海一路向北，吹过 960 万平方千米的国土，全国掀起了产业园区开发建设的浪潮。尤其在 2003 年以来，产业园区爆发式增长，工业园区和各类开发区成为招商引资的主角，从 1979 年蛇口工业园设立开始，截至 2021 年 5 月底，中国各类园区数量已超过 2 万家，其中经国务院核准的国家级开发区 500 多个，省级开发区 2000 多个。园区成为各地招商引资项目落地的主要载体。

中国过去 40 多年的经济发展实践证明，招商引资对中国经济和各地方经济发展发挥着重要作用。对国家而言，中国对外资的引入成就是巨大的，并且在改革开放的特殊时期，外资对中国的技术发展、人才进步，以及市场条件、市场机制和市场体系的创建等起到了重要的促进作用，为我国经济发展不断注入源头活水，推动国内市场主体主动参与全球产业分工，融入世界经济体系。对地方政府而言，招商引资是推动有效市场与有为政府更好结合的桥梁和纽带，对稳增长、调结构、惠民生发挥着关键作用，是各地经济发展最直接、最有力的抓手。

招商引资对于促进经济发展、增强区域竞争力的重要性毋庸置疑，但招商引资工作的复杂性却往往被人忽视。从工作逻辑上来说，招商引资是一个跨部门、跨专业、跨行业、跨行政区域的系统工程，在招商过程中需要围绕目标企业的发展需求，对当地的空间资源（土地或物理载体）、资金、技术、人才、市场、城市配套等进行系统而科学的整合，一个项目从初次对接到真正落地投产，需要经招商、发改、科技等政府部门进行一系列的审批和报备，涉及土地的项目，还需要与国土、规划部门打交道，而涉及需要政府产业引导基金支持的项目，还需要与政府投资平台进行长达半年到一年的专业沟通。这对于企业和政府招商人员来说都是一个极大的挑战，尤其是在没有经验和案例可借鉴的背景下，一切都是摸着石头过河。

在招商引资推进过程中也会出现一系列问题，需要纠正和调控。国家为此出台了一系列调控政策，其中2014年出台的62号文的调控力度最大，被誉为改革开放以来中国招商引资“最严格”的调控，也是地方招商引资发展的分水岭。该政策重点针对各地方为发展经济在招商引资过程中出现的低价出让土地、返还或减免税收等恶性竞争现象，解决并制止因此造成的土地资源大量浪费、税收流失、滋生腐败、扰乱市场秩序和国际准则等问题。半年之后，国务院又出台了25号文、5号文、79号文进行了缓冲和调整，但62号文对地方政府招商引资乱象的“紧急刹车”效果是明显的，开始倒逼地方政府从长远发展出发，增强服务，营造更好的投资经营环境，吸引优质产业和项目。可以说62号文与后续出台的系列政策，对规范中国招商引资市场秩序，建设公平、公正的市场环境，起到了良好的调控作用，也成为国家指导招商引资工作的重要宗旨。

今天，我们回过头来看中国招商引资40多年的发展，有失败，有曲折，但更多的是进步与蜕变。我们能看到招商引资方式开始由最初的基础设施和公共服务配套、优惠政策驱动向包括基础设施、优惠政策、市场及法治环境打造、产业基金引导、人才和技术服务等在内的系统化组合拳驱动转变；招商队伍也由单一政府部门向以政府部门为主、市场化招商引资机构为辅的格局转变，二者各自发挥优势、相辅相成；单一项目招商向遵循产业发展规律、打造完善上下游产业链条的集群化招商转变；从只关注项目招商向招商、引才、引智同步推进转变；在上海、成都等一些走在招商前沿的城市，开始探索从“全民招商”思维向由专业化部门、专业化团队为主体的“统筹招商”模式转变。在 40 多年的摸索和锤炼后，招商引资以一个全新的姿态迈入新时代，迎接新时代经济发展的新需求。

“十四五”时期，从国际形势看，世界正经历百年未有之大变局，新一轮科技革命和产业变革深入发展，国际力量对比深刻调整。在国际贸易摩擦和全球新冠肺炎疫情冲击下，欧美发达经济体实施科技创新和“再工业化”战略，积极推动制造业回流的反向招商，东南亚地区以成本优势大力吸引劳动密集型产业集聚，国际招商引资压力和竞争空前激烈；从国内形势看，中国经济由高速增长阶段转向高质量发展阶段，增长方式急待改变、产业结构急需调整，需要充分挖掘、培育、释放科技创新的核心驱动力，以实现新旧动能的转换和高质量体系的发展。同时，科技革命的深入发展推动了数字经济与实体经济加速融合，新产业、新业态、新模式层出不穷。

面向新的国内外形势，各地政府、各园区招商引资工作不再是简单的拼优惠政策、拼招商推广，而是要精准定位，深刻认知产业发展关键要素条件，尊重产业转移、企业发展特征与规律，充分发掘本地优势资源与整合外部资源相结合，才能有效实现产业落地发展的“最后一公里”。

城市招商

择善而从，择优而学

宁波：十年引才，“甬”城蝶变

宁波是一个典型的港口城市，位于南北沿海和长江航道的黄金交汇点，又背靠长三角经济圈，对于中国融入世界产业链条具有全局性意义。因为特殊的地理区位，宁波受到党中央的高度关注：1984 年，宁波成为中国 14 个沿海开放城市之一；1985 年 10 月，国内为了宁波这一个地方的经济发展，专门设立了协调小组，这在历史上是绝无仅有的；1987 年，宁波获批计划单列市，率先在经济上实现直辖。不仅如此，邓小平还曾就宁波大学、北仑港、宁波机场等事项，先后做了六次指示。

党中央大力开发宁波的背后，是对其世所罕见深水良港的高度期待。宁波确实不负所望，2020 年宁波舟山港完成货物吞吐量 11.72 亿吨，连续 12 年位居世界第一；集装箱吞吐量 2872 万标箱，跃居全球第三，仅次于上海港与新加坡港。宁波作为华东地区最重要的原油、铁矿石、煤炭、液化石油气等商品转运基地，是长三角工业发展不可或缺的重要支撑。如果说上海掌控了长三角工业下游产品的进出口渠道，宁波则是扼守住了长三角工业上游产品的进出口命脉。

而港口对宁波经济的拉动发展也足以吸引眼球，从 1990 年起到 2002 年，宁波市 GDP 增量几乎是以一年一百亿元的规模在“跳级”。从 2002 年到 2008 年，在“入世红利”的加持下，宁波年度 GDP 增量更是以超 300 亿元的规模在“跃进”，这段时间堪称宁波发展的黄金时期，GDP 长期“吊打”武汉、成都、南京、长沙，城镇居民人均可支配收入也甩杭州好“几条街”。

依托港口，宁波大力发展并构建起以石化、造船等为主的临港重工业体系，并利用劳动力资源优势，形成了“轻小加集”（轻工业、小作坊、加工制造业、劳动密集型）的服装、家电、注塑等出口外向型工业集群。这种依托港口的资本拉动、成本驱动产业发展模式短期效果非常突出，但对于城市产业的长期发展来说也存在较深隐患，一是港口经济外需依赖度高，导致经济发展波动大；二是产业创新力和韧性不足，在技术和市场发生较大变革时产业缺乏应变、演变、蜕变的基础及能力。2008 年，美国次贷危机、欧债危机陆续爆发，国际金融危机对全球经济影响巨大，外需低迷，宁波外贸型经济受挫，2009 年 GDP 排名被成都、武汉、沈阳、大连超越。新经济、新动力培育不足的宁波，经济增长陷入不稳定状态。

如何扭转局势？宁波从战略、产业、城市等各个维度进行了有益的探索、尝试和突破，而落在产业执行层面，比较迫切和现实的问题则是要招什么“商”？“商”怎么招？如何锁定优质增量要素，并实现有效吸引、落地和培育？这一次，宁波直指根本、放眼长远，将文章做在了“人（才）”上。

宁波自古就有重才之传统。在明代，宁波是浙江各府中考取进士最多的地区；天一阁藏书楼是中国现存最悠久的私人藏书楼，也是世界上现存历史最悠久的私人藏书楼之一。现今，宁波是著名的院士之乡，截至 2017 年年底，宁波籍两院院士多达 115 名，居全国各大城市之首。作为“人才”盛产和输出之地，为进一步提升经济发展质量，转变增长模式，宁波开启了长期的人才逆流吸引计划。

2011 年，宁波市正式启动“3315 计划”，面向全球招募高精尖人才。该计划设定了 5～10 年的目标，要以各类开发区、科研机构和留创园、研发园、创意园等为载体，制订了 300 名列入省海外高层次人才引进计划、1000 名列入市海外高层次人才引进计划、5000 名新增海外创新创业人才引进计划。计划还对人才创新创业水平、所在产业领域和方向做了明确指向：主要围绕宁波市经济社会发展需求，以“3511”先进制造业[1]为主，面向海内外择优支持符合宁波产业发展方向，有望提升产业水平、引领产业发展，产生显著经济效益和社会效益的高层次创新创业人才和团队。

2018 年，宁波市在“3315 计划”基础上，根据城市发展实际和产业发展趋势，又推出了“泛 3315 计划”和“3315 资本引才计划”，组成“3315 系列计划”。三个计划各有特色，互为补充：“3315 计划”更为关注新材料、高端装备、新一代信息技术等先进制造业领域的“硬科技”项目；“泛 3315 计划”则更加关注电子商务、港航物流、金融保险、文教卫体、专业服务、规划设计、时尚创意、科技服务、现代农业等领域的人才团队，与“3315 计划”形成有效的行业补充；“3315 资本引才计划”关注方向与“3315 计划”类似，但更多考虑项目获得

[1] 2016 年，宁波制定了“3511”产业体系。即 3 大战略产业：新材料、高端装备、新一代信息技术等；5 大优势产业：绿色石化、清洁能源、汽车、纺织服装、家用电器等；1 批新兴产业：生物医药、海洋高技术、节能环保等；1 批重点培育的细分行业：稀土磁性材料、高端金属合金材料、石墨烯、专用装备、关键基础件、光学电子、集成电路和工业物联网等。

民间资本青睐的创业团队。

但是“人才招商”不能“单兵作战”，附着在人才身上的技术、项目及优秀创新创业团队，才是推动地方产业发展的价值核心。宁波“3315 系列计划”深谙此理，几乎所有人才政策与技术、项目、团队均有不同程度挂钩，是以“人才”为核心的资源体系化招引计划。

人才也绝不能“一引了之”。“对于这些高层次人才来说，我们要做的就是搭好平台、提供好服务，让他们有施展才华的空间，可以充分地实现自己的梦想。”市委人才办有关负责人如是说。在“3315 计划”的引领带动下，宁波各区县（市）、开发区先后制定出台人才政策 70 余个，包括专项引才计划、安家与购房补贴、一站式工商注册与场地租金补贴、股改上市奖励与银行信贷贴息等。宁波市于 2018 年出台“1+*X*”人才生态建设系列举措，全面推进人才工程、政策、平台、服务升级，从住房、户籍、配偶就业、子女入学、医疗保障、绿色出行等“关键小事”入手，着力打造人才生态最优市。

“引才工作必须一以贯之，不能留空隙，不能有间断。”秉承这一理念，宁波在“人才”引进方面勤勤恳恳、苦心经营，十年的耕耘终于换来丰收的硕果，如春风拂面般对宁波这个传统港口城市悄悄带来很多意想不到又是情理之中的变化。

一是产业高端人才快速集聚。2011—2019 年的 8 年间，宁波“3315 计划”集聚高端人才数量保持年均 17.9%的较快增速，特优人才数量年均增长 37.4%，正高层次人才数量年均增长 26.7%。截至 2019 年年底，通过“3315 计划”，宁波已遴选支持国家级、省级高层次人才 535 人、团队 180 个，带动全市引育各类人才项目 2317 个、海外人才超 1.3 万人。

二是产业创新能力凸显。围绕人才、技术、项目的创新是“3315 计划”的根基，也是宁波立足市场需求、抢占产业竞争位势的重要抓手。截至 2018 年年底，“3315 计划”累计直接带动用人单位研发投入 18.5 亿元，累计获批发明专利 2616 项、发表 SCI 论文 5423 篇，累计转移转化科技成果 736 项、开展产学研合作 574 项。

三是创业氛围浓厚，创业成果丰硕。截至 2018 年年底，“3315 计划”累计支持人才创办企业 345 家，这 345 家企业累计 R&D 投入 30.9 亿元，估值 306.5 亿元，其中估值超亿元企业 68 家；销售、利税额保持年均 30%左右的高幅增长；共有 3 家企业在 A 股上市，4 家企业在新三板挂牌，17 家企业拟启动新三板挂牌或股份制改造，51 家企业挂牌宁波股权交易中心，已形成“上市一批、辅导一批、挂牌一批、储备一批”的上市企业梯队。

四是产业高质量发展、产业结构升级势头明显。宁波全市经济运行数据显示：2020 年，宁波高新技术产业增加值达 2338.8 亿元，占宁波规上工业增加值比重近 60%，高新技术企业数已达 3102 家，科技中小企业数达 18595 家，高新技术企业已经成为宁波高质量发展的主力军。

宁波“十年引才”的“成绩单”同样得到了专家的高度认可。2019 年，科技部科技评估中心组织的由 24 位“863 计划”“973 计划”“科技支撑计划”“国家科技重大专项”等顶尖技术专家、国内知名投资人组成的调研小组，在进行了长达 8 个月的详细调研后，对宁波“3315 计划”成效做出了高度评价：“‘3315 计划’投入与产出的效益非常明显，有效助推了宁波企业高质量发展。尤其是聚焦带动产业升级，为宁波可持续发展提供了良好保障。”

今天的宁波，已不仅是全国七大石化基地之一、全国四大家电基地之一、全国三大服装产业基地之一，它还快速成长为全国七大新材料产业基地之一、全国重要的先进制造业基地，在稀土磁性材料、高端金属合金材料、石墨烯、专用装备、关键基础件、光学电子、集成电路、工业物联网等细分行业，均有不俗表现。

而宁波的转型蝶变，以“3315系列计划”为支撑的“人才招商”是其中非常重要的一环。着眼于城市长远发展，以“高端人才”牵引尖端技术、高质量项目和优质团队集聚，推动高科技产业培育，并以“十年”光阴细细雕琢人才生态系统，构筑城市自身产业创新的基底，这是宁波“人才招商”最大的收益，也是对“人才兴企、人才兴产、人才兴邦”最有力的诠释！

近十年来，宁波因“才”破茧成蝶。宁波市“十四五”规划中，依然将加速开放揽才产业聚智作为打造高水平创新型城市的首要措施，提出实施甬江引才等系列行动，全力打造青年友好城，到2025年遴选支持领军型人才项目1000个、带动集聚高层次人才1万人，人才资源总量达到285万人，奋力打造制造业高质量发展先行城市！

众诚智库案例价值品鉴

- 继续发展宁波市重才的传统，把握招商引资中的关键因子——人才，且将人才与技术、项目、团队、资本、产业高度匹配和紧密挂钩。
- 将人才政策的制定和实施，做精做细，对人才的支持润物细无声、持续无间断。
- 以人才为牵引招商，过程中注重项目的高成长性、强创新性、高带动性，逐渐积累形成对城市产业竞争力的长远塑造能量。

区县招商

择善而从，择优而学

莱西： 借势而为，大鹏一日同风起

莱西，一座青岛北部正在崛起的绿色典范之城，因成为连续两届世界休闲体育大会举办地而走向世界。作为岛城的内陆地区，莱西在经济发展中也经历了从发掘内部力量，到酝酿积淀，再到开放薄发的过程，其内敛、恬静、淡雅的城市气质和生态、绿色、优美的城市环境正受到越来越多的人才和企业的青睐。

莱西作为青岛下辖的 3 个县级市之一，面积 1568 平方千米，人口 75 万，辖 8 镇、3 街道、1 个省级经济开发区，素有“青岛后花园”之称，先后被评为全国综合实力百强县（市）、全国县域经济综合竞争力百强县（市）、全国科技进步先进市、2020 年全国第四批“绿水青山就是金山银山”实践创新基地、国家城乡融合发展试验区、国家级生态示范区、中国社会治理百强县（市）、中国中小城市综合实力百强等。

新时期新优势层层叠加

随着我国从沿海、沿边、沿江开放向内陆全面开放格局转变，莱西所在的山东半岛城市群成为与韩日等东北亚区域合作的前沿阵地，被列为山东省重点开发区域，跻身为10个国家级城市群之一，具有极其优越的开放便利条件。高铁通车里程2110千米，高速公路通车里程7473千米，位于全国第一方阵；东西连通“丝绸之路经济带”和“海上丝绸之路”，“齐鲁号”欧亚班列直达“一带一路”沿线19个国家49个城市，拥有民用运输机场9个，通用机场9个，开通航线676条，79条国际航线直达中国香港、韩国首尔、日本东京、美国洛杉矶等国际都市，为区域产业发展构建了坚实的基础设施支撑，莱西在新时代跨越式发展的三大后发优势也显现出来。

一是市场覆盖优势。莱西地处胶东半岛的几何中心位置，形成了海、陆、空立体交通网络格局，实现了以莱西为中心的“半岛40分钟交通圈”，成为胶东经济圈中心乃至山东省重要的交通枢纽，覆盖胶东半岛3000万市场人群，这对于食品加工、纺织服装、绿色建筑等产业的龙头企业基于市场扩张的战略布局有着绝佳吸引力。

二是产业大配套优势。在新的交通网络格局中，莱西距青岛港80千米，距青岛前湾港110千米、距烟台港110千米、距龙口港100千米、距威海港150千米；距胶东国际机场100千米、距烟台蓬莱国际机场100千米。海港、空港及密集的高速公路路网，为产业原材料及产品的大进大出提供了完善便利的配套设施。

三是区域产业协同优势。青岛、烟台、威海沿海区域，在前一轮沿海开放中，已经建立了较为完备的产业体系，能够为莱西引入新产业提供充分的产业配套。在中心城区产业成本逐步走高的前提下，对于新产业培育、大项目落地存在一定瓶颈，莱西充沛的水资源、空间资源及优质的生态资源能够与沿海区域形成差异化优势。

凝心聚力，谱写招商引资新篇章

外部条件升级是莱西市招商优势的一部分，为莱西的发展提供优越的外部大环境和发展大平台，而内部条件的打造与内部氛围的营造则是客商叩访莱西后最为关心的问题。为此，莱西市把握关键环节、关键问题，勇于创新、潜心塑造。

转换角度，建立以企业为主的用户思维。为把营商环境建设切到企业需求实处、深处、细处，避免政府涉企职能部门“自问自答”，莱西市把“摸准用户需求”“扩大用户视角”作为优化营商环境的工作方法，站在企业的角度想问题、定政策、优服务。工作人员形成不间断走访、送服务上门机制，及时了解企业生产经营的难题，主动及时送政策上门，找准企业痛处，做到细处。

勇于创新，深化“放管服”和“一次办好”改革。莱西市在这方面获得了多项国家级奖项、“省内首例”荣誉和“创新奖项”，如秉持亲商、爱商、安商、扶商的理念，大力推行“主题式”“清单式”“保姆式”服务，发出青岛市首张行政综合许可证，“为民务实代理制”获全国地方政府创新奖；坚持“让企业舒服、让企业家舒心”原则，大力推进流程再造的“电子执照+电子印章应用”获第三届全国政务环境创新奖，“工程建设项目流程再造”入选省优化营商环境标杆案例；探索政务服务“区域通办”新模式，颁出全省首张跨区域营业执照，营商环境建设硕果累累，载誉颇丰。

全面取消审批前置，实行项目审批承诺制。着力推进审批服务、帮办代办服务、网上服务“三大服务平台建设”；推进“互联网+政务”，实现“一个主体对外，一枚印章审批，一个平台服务”；在全省率先推出“企呼市应”联动模式，创出青岛市“拿地即开工”先例。北汽新能源汽车莱西生产基地从开工到投产仅用 11 个月，被北汽集团称为“莱西速度”。世界 500 强企业雀巢公司从项目签约到土地证件领取仅用了 49 天，雀巢公司亚太区总裁称赞莱西“在全球树立了典范”。

制定项目审批“1130”目标，开办企业1个工作日内完成，不动产登记1个工作日内完成，建设项目从立项到施工许可30个工作日内完成，莱西速度成为常态。

求真务实，精准制定招商引资政策。在各地“比拼政策”招商的大环境下，企业面对“排山倒海”般的政策往往很难读懂。为此，莱西市从招商工作实际出发，集中出台了《莱西市支持“双招双引”和实体经济高质量发展若干政策》，整理、提炼了123条具体支持政策，涵盖招商引资、招才引智、产业升级和创新创业等领域，每条政策均明确了奖励对象、奖励标准和责任部门，其中涉及资金支持的政策细则仅97条，企业只需针对政策文件逐条对应，即能清楚自身能享受什么政策支持，简洁明了、一目了然。

狠抓人才要素支撑。随着中国经济由规模增长向高质量发展阶段转变，优质企业在布局选址时对当地人才、技术、资金等高端要素的配套需求越来越高。在人才方面，莱西市引培并举，积极实施“顶尖人才引领工程”“领军人才扩容工程”“学历人才集聚工程”“雁归工程”，建设了国际欧亚科学院跨尺度研究院、中科山建科技产业城、中科院兰化研究所莱西创新中心等一批科研院所，吸引了诺贝尔奖获得者、两院院士、国家级人才、泰山产业领军人才等160余名高层次人士在此创业发展。鼓励“自主育才”，积极引进青岛航空科技职业学院、山东文化产业职业学院、青岛农业大学海都学院、青岛市现代职教园、山东体育学院、青岛绿泽美术学院等，年培养高素质人才1万余人。目前，莱西市拥有各类技术人才9.8万余名，已成为各类优秀人才创新创意、安居乐业的理想选择。

注重资金要素核心支撑。莱西市围绕产业链积极布局资金链，通过青岛（姜山）基金小镇建设吸引天使基金、创业基金、股权基金、并购基金、产业母基金及其基金管理机构聚集，大力发展融资租赁、融资担保、供应链金融等新型金融业态，配置银行、证券、保险等传统金融机构，推动金融资源与产业项目良性互促。截至目前，小镇已累计注册基金类企业 1062 家，管理基金规模 1941.02 亿元，由基金小镇导入的实体项目高达 87 个，而青岛（姜山）基金小镇也成功跃居全国基金小镇热力指数第 2 位。

莱西市的踏实耕耘、创新突破换来了丰硕的招商成果。北京汽车整车制造基地二期项目顺利签约，全球 500 强雀巢集团时隔 27 年后再次落户莱西，相继成立雀巢即饮产品创新中心全国总部，建成投产嘉宝果泥新品项目，银鹭饮品全国总部入驻；青啤集团健康饮品、中建材凯盛浩丰、宜品乳业等一系列全国性总部项目也相继落地莱西；目前，韩国希杰集团将投资异地分公司的增资计划投资到莱西，近两年连续增资 5783 万美元，搭建集成智能物联、设计、制造、销售等一体化的整套工业生态体系；万丰通航、赛捷公务机、派珀飞机等航空产业项目先后落地。截至目前，莱西市已引入 37 家世界 500 强企业和 200 多家外资企业、5000 多家内资企业，形成了新能源汽车、新一代信息技术和智能制造、生物医药、通用航空、食品饮料、新材料等优势产业集群。产业提升为城市转型发展提供澎湃动力，莱西已成为美国、加拿大、欧洲、韩国、日本等国家和地区客商投资兴业的沃土。

顺势而起、借势而为，莱西的“为”，在于借势发展的同时，踏实耕耘、勇于创新、打造优质的营商环境，也在于紧跟产业动态，以“平台思维”构建产业发展生态，切实擦亮“投资何必去远方，莱西就是好地方”的城市 IP，为莱西经济社会高质量发展打开更为广阔的天地。

“大鹏一日同风起，扶摇直上九万里”，相信莱西的借势而为将塑就更多的大有可为！

众诚智库案例价值品鉴

- 努力实现外部趋势与内部优势的协同，借势与造势相结合，将地方招商优势最大化，使招商工作事半功倍。

- 将招商引资作为城市经济发展的主要抓手，思想上解放，以“用户思维”换位思考；行动中创新，把握重点要素、重点企业、重点环节，将最细致、最复杂的工作落实到位。

- 敢想敢干，在确定重点招商对象以后，尤其面向世界 500 强、国内 500 强等大型企业，在充分发挥莱西市内外部条件优势基础上，屡屡以凝聚力和决心啃下硬骨头。

路南区：不破不立，涅槃而生

京津冀经济圈是中国沿海三大经济圈之一，受各方面综合因素影响，京津冀区域协同发展相对缓慢，除京、津两大核心外，周边地区在开放程度、市场环境、创新氛围、招商理念等方面与珠三角、长三角城市有着明显差距，对于创新型产业的吸引力不足。虽然大环境如此，在京津冀区域依然有些城市和区县依据自身资源做出了特色尝试，唐山路南区，就是这些勇于尝试者之一。

起于铁路，兴于矿区

路南，1952年正式建区，因位于京山铁路以南而得名。但路南最早要追溯到清朝后期洋务运动时期，1882年，为便于开平煤矿煤炭运出、支持洋务运动的新式工业企业发展，清政府修建了第一条标准轨距铁路——唐胥铁路，铁路北端终点处是唐山火车站，铁路站点逐渐集聚商业和人气，孕育出与北京天桥、上海“大世界”齐名的小山繁商文化，此为路南区乃至唐山市的起源。

为维护铁路、修造机车，在铁路修建的同时，清政府同时开办了唐山机车厂，制造了中国第一辆蒸汽机车。不久后，督办铁路大臣袁世凯札令，将开办于清光绪二十二年的“山海关铁路学堂”迁址唐山重建，毗邻唐山机车厂，更名为“唐山路矿学堂”，这就是原唐山交通大学。至此，当初的路南区域形成了中国最早的近代工业基础和近代工业人才培养基地。路南，也因诞生了中国第一个机械化矿井、第一条标准轨距铁路、第一台蒸汽机车，被誉为“中国近代工业摇篮”。

凤凰涅槃，重塑城市发展新空间

1976 年唐山大地震，路南区作为重灾区，瞬间被夷为平地，变成一片废墟。在中央和省级政府的大力支持下，唐山城市重建和产业重建工作快速推进，历时 7 年多，到 1986 年年底基本完成。在产业重建方面，由于震前的唐山是一个资源型城市，煤炭、建材、冶金等重工业是其支柱产业，轻工业和高新技术产业薄弱，“轻工业过轻、重工业过重”一直是其明显的弊病，路南区也是如此。在恢复建设的过程中，唐山市多次提出要改变产业结构，发展高新技术产业，这些目标可见于当年的政府工作报告。但受各种因素限制，路南区在新型产业建设上的努力最终都无果而终。

20 世纪 90 年代中后期，为改善城市环境、提升城市形象、拓展城市空间，唐山市委、市政府本着“变劣势为优势、化腐朽为神奇”的方针，对路南区 130 多年煤矿开采形成的采煤沉降区，启动了一项长达十余年的城市改造工程（南湖公园建设工程）。该建设工程持续几届政府，自 1996 年年底启动，到 2009 年南湖公园正式对外开放，用时 13 年，唐山南湖公园坐落于路南区，距市中心仅 670 米，面积有 28 平方千米，其核心区面积约 28 万平方米，公园经过系统持续改造，已成为拥有九湖五岛的国家 4A 级景区，先后获得联合国中国范例卓越贡献最佳奖、中国人居环境范例奖、中国最佳休闲中央公园等殊荣，并成功承办了举世瞩目的 2016 年世界园艺博览会、中东欧论坛、拉美峰会等国际盛会，成为唐山重要的“城市会客厅”。

在城市环境和形象提升之后，路南区的产业发展还面临另外一个困境，即发展空间不足。路南区正式建区时总面积仅有 67.3 平方千米，在南湖公园建设完成后，城市发展空间的约束越来越突出。为解决路南区产业发展空间问题，2013 年 12 月，唐山市政府决定，在行政区划不变的前提下，将丰南区稻地镇（稻地镇总面积 50.1 平方千米）整体托管给路南区管辖，2014 年，稻地镇划归路南区。调整后，路南区实际管辖面积 117.4 平方千米。2017 年，为进一步加大产业集聚，尤其是对战略性新兴产业的承载，路南区整合南部空间和新划归的稻地镇部分资源，成立了城南经济开发区（省级经济开发区），规划面积 23.64 平方千米，重点承载战略新兴产业发展。

至此，路南区初步形成了老交大老火车站片区“文脉传承地”、南湖公园“城市会客厅”、城南经济开发区“产城融合示范区”三大重点建设片区，分别从文化商业、文旅休闲、高科技产业三大方向，相互支撑、促进，形成了良好的互动效应，也为后来路南区发展战略新兴产业、提升招商引资吸引力奠定了良好的基础。

引入新产业，构建新服务

由于地处城市主城区，发展空间有限，路南区的产业和城市一直是交织发展的，虽然充分的城市配套为产业发展提供了较好的支撑，但空间的受限和城市固有的机理也使得路南区难以形成规模化的产业集聚，对于引入和培育新一代信息技术、高端智能制造等战略新兴产业的发展也存在明显掣肘。

随着城南经济开发区的筹建，路南区产业发展空间得到大幅提升，城南经济开发区也成为路南区吸引培育战略新兴产业、推动产业转型升级的重要载体和平台，从产业定位、招商方向、产业服务等各个维度和环节积极推进革新，打造路南区产业新名片。

第一，确立战略性新兴产业发展方向和重点。经过充分调研，立足区位特点和发展机遇，科学分析路南区产业发展形势和问题短板，确立了以航空航天、现代应急、智能制造三大产业为主导的战略性新兴产业发展方向，不断增强路南区转型发展的新动能。

第二，突出产业精准招商。抢抓国家“新基建”、商用卫星发展等行业机遇，进一步完善战略新兴产业招商指导目录和项目库，成立战略新兴产业专门招商团队，赴北京、上海、杭州等地开展定点招商、以商招商，陆续成功签约了中熠皓然、应急管道检测机器人等战略新兴产业项目 12 个。

第三，搭建产业承接平台。以城南经济开发区为平台载体，聚焦项目落地需求，从“项目等土地”转变为“土地迎项目”。与南方不同，北方因受气候影响，一年中有小半年时间无法动工，加上环北京，为保障首都重大国际会议活动等因素，施工时间受到影响，因此在北方的项目落地，如需要用到土地，从土地收储到企业拍地建设，周期普遍要长于南方地区。为加快招商进度，加快企业落地，路南区一改以往根据项目需求进行土地收储的“项目等地”做法，提前完成城南经济开发区的土地拆迁、平整收储及园区水电气热等基础设施工作，提高各项配套和服务质效，新创“土地迎项目”做法。在地方政府财力普遍吃紧、产业用地价格倒挂、产业投资回报周期较长的大背景下，路南区的做法需要足够的勇气和魄力。

第四，健全政策激励机制，创新产业招商方式。在土地、财税等一般性政策激励基础上，为契合战略性新兴产业发展需求，路南区积极推动传统招商向“基金招商”等赋能式招商转变。以路南区引入北京九天微星项目为例，九天微星成立于 2015 年，定位为小卫星全产业链服务商。自 2017 年起，在预研百公斤级卫星“瓢虫一号”的同时，先行启动通信系统及地面终端研发，与多个行业头部机构建立卫星互联网示范应用合作关系。2017 年年底，九天微星启动了卫星智能制造产线的方案论证，路南区为引入九天微星的制造项目落户，与九天微星积极对接，详细了解并跟进九天微星发展需求。为满足企业落地投资需求，在自身产业引导基金尚未提上日程的前提下，路南区积极与航空工业中航资本旗下基金中航产投、北京国富资本等机构对接，协助企业解决融资问题。2020 年 9 月，九天微星卫星研发制造基地项目在城南经济开发区正式开工建设，该项目填补了唐山市乃至河北省航空航天产业的空白。借助九天微星在行业的龙头引领作用和产业协作效应，路南区成功树立了京津冀“航空航天产业基地”的产业品牌，并为后续引入卫星制造上下游环节建立了很好的锚定效应，吸引了中科数遥、航天宏图等一批航空航天类产业项目，形成了涵盖卫星零部件制造、整星组装、卫星数据接收、卫星数据应用的全产业链条。九天微星项目落地后，路南区进一步完善了与战略性新兴产业相关的融资配套政策，加速推进产业基金对优质项目的引导。

第五，强化落地推进机制，创新产业精准服务，切实解决企业落地各环节关键问题。围绕解决战略新兴产业项目落地的痛点、难点、堵点，路南区成立工作专班。从项目签约落地到达产见效一包到底，为项目提供保姆式服务，“我们多跑一些，企业就可以少跑一些，腾出时间和精力到发展上来。发扬‘店小二’精神，打造更加优良的营商环境，已经成为我们工作中必不可少的一部分。”服务项目建设，服务企业发展，成为路南区全区干部职工的共识，形成了积极、高效、优质的营商氛围。坚持“签约项目抓开工、开工项目抓进度”，践行“一天也不耽误”的服务承诺，主动协调解决资金、土地等瓶颈，对手续跑办、过程监管、配套服务等各环节全程跟踪，以“保姆式”服务支持开发区建设提速突破。

依托南湖公园改造工程实现城市总体环境和形象的提升及营销，集中资源全力塑造城南经济开发区产业发展空间和平台，创新招商方式和服务体系，打造适宜战略性新兴产业发展的营商环境。路南区的“城市基底—产业空间—服务创新”三位一体模式，构建了新时期支撑战略性新兴产业发展的战略框架，推动昔日铁路上的传统城区向科技型产城融合示范区蜕变。随着九天微星、中科数遥、航天宏图、耀伦机械、富春网营物联等一批高科技项目的入驻，路南区已逐步成为唐山这个重工业城市产业转型升级中最亮眼的一颗新星。

众诚智库案例价值品鉴

❖ 在整体趋于保守和传统的大环境中，破旧立新更需要足够的魄力和勇气，但亦能带来意想不到的效果。

❖ 招商引资是政府产业工作最前端也是最敏感的触角，对于城市大环境、产业中生态、服务微细节各个层次的立体感知，是决定一区域整体营商环境和招商吸引力的关键。

园区招商

择善而从，择优而学

杭州经开区：拥抱变革，与时偕行

杭州经济开发区（以下简称杭州经开区）多年位列全国国家级开发区第一方阵，辉瑞、默沙东、玫琳凯、松下等 50 多个国家和地区的 700 余家外商在这里投资。作为全国唯一一个集工业园区、高教园区、综合保税区于一体的综合性园区，杭州经开区已成为杭州工业经济“主平台”“主阵地”和对外开放的“主窗口”。

这片位于钱塘江下游北岸的滩涂，何以能吸引世界各地如此多企业的目光和投资，并持续加大在该地的投入，使其迅速跻身全国第一梯队？纵观杭州经开区 32 年的发展历程，其中既有长三角作为中国改革开放前头兵带来的时代机遇和政策红利，更有杭州经开区拥抱外部变革、不断调整自身定位和方向、不断塑造强化自身优势和招商吸引力的努力。

1990—2003 年：从围垦滩涂到国家级开发区，构筑国际招商引资最佳窗口

从邓小平 1986 年在天津经济技术开发区题写的“开发区大有希望”，到明确提出开发开放浦东，开发区建设在中国进入一个新时期。当时浙江省、杭州市决策层认为有必要开辟一方开发区高地，构建一整套适合区域实际的特色管理模式和制度，使其成为杭州市乃至浙江省改革的试验田和先行区。在这样的背景下，杭州经开区诞生了。

杭州经开区最初的定位是紧抓对外开放大机遇，“以现代工业为主，以吸引外资为主，以拓展出口为主”。围绕这一定位，杭州经开区从各个维度提升招商引资吸引力。首先，在园区开发建设上展现“下沙速度”。紧紧抓住“规划、建设、招商”三大主线，集中力量在高起点、高标准、高强度上取得突破。在跨国企业进入长三角的黄金窗口期尽可能多地抢抓大项目、好项目。仅 1992 年一年，杭州经开区就接待了中外客商 1000 余批次，落实境外投资项目 22 个；其次，围绕外商跨境投资，从法制、服务、政策等维度建设与国际接轨的营商环境。针对外企首次进入中国面临的法制环境不熟悉问题，杭州经开区积极响应贯彻杭州市各项外资利用相关法治建设，努力创造公开、公平、公正的市场竞争环境，逐步补充完善符合世贸组织要求的各项政策法规，提高政策透明度，使投资者有法可依，合法权益得到保障。最后，积极申报出口加工区，降低跨境投资成本，提升外商投资吸引力。2000 年，杭州经开区抓住中央要在全国开发区确定一批出口加工区的机遇，将浙江省唯一的名额争取到手。在出口加工区封关运作的第二年（2002 年），世界电子业巨头、享誉世界的跨国公司日本东芝，将其全球化 IT 生产基地放到了出口加工区，松下、易威电子、泰谷诺石英等世界知名企业也相继落户出口加工区。

杭州经开区秉承“让投资者获利，让创业者成功”的理念，从各个维度消除外商投资者进驻的信息障碍，降低投资成本，营造优质的

国际营商环境。

跨国企业和国内企业的大量集聚，对于人才规模的需求越来越大。杭州经开区高瞻远瞩，考虑到给企业配套的需求，更考虑到未来产业升级的长远目标，积极把握浙江省大力发展高等教育、建设高教园区的机会，在园区北部开辟 10.91 平方千米土地，2000 年 12 月启动建设下沙高教园，引入了中国计量大学、浙江理工大学、杭州电子科技大学、浙江工商大学、浙江财经大学、浙江传媒学院等 14 所理工类、综合类高等学校，约 14 万名在校大学生，为杭州经开区工业企业提供产研互动发展平台，也为经开区产业由“制造”向“创造”“创新”发展提供了坚实的人才支撑。

2004—2016 年：“园区”向“城市”转变，“下沙制造”向“智造”转型

为一改“简单加工”“代工”的园区性质，2004 年，杭州经开区借助建设“杭州副城”的战略机会，开启了重塑新阶段园区新形象、构筑新招商吸引力的新征程。

盘好底子、构筑绿色生态空间。从针对化工、印染、电镀行业的涉污企业开展专项整治和搬迁腾退，到推进沿江绿化、金沙湖公园等生态工程，构建起了“一江一湖二廊三园”七大生态功能区，绿地面积达到 778 万平方米，绿化覆盖率达 42.1%，形成了独具特色的生态环境和城市品位。

完善配套、构建宜居新城区。建设地铁、快速路，提升杭州经开区与外部尤其是主城区的交通速达性，真正实现“20 分钟接轨主城、10 分钟接轨地铁”，与主城区无缝衔接；引入商业、教育、医疗、住宅等生活配套资源，推动开发区从单一“工业区”形象向综合“宜居新城”转变。

盘活资源、构建产学研合作平台。为更好地促进高校、研发机构

与区内企业的合作，2006 年 11 月，杭州经开区正式挂牌成立“产学研合作中心”，促进开发区内人才合作、科技平台建设。通过促进区内企业与高校的积极互动，区内形成了良好的科技创新氛围。

建设“双港”，全面推动创新战略。2013 年，杭州经开区陆续出台《关于大力实施创新驱动战略加快建设杭州“东部科技港”的实施意见》《关于进一步推进高层次人才创业创新加快东部人才港建设的意见》《开发区打造“东部人才港”发展规划纲要》等文件，积极推进“东部科技港”“东部人才港”建设，从资金、载体、人才、政策等各个维度推动现有企业加大创新力度、吸引外部高端产业资源入驻。在鼓励研发创新方面，《关于大力实施创新驱动战略加快建设杭州东部科技港的实施意见》提出 22 条新政，每年安排科技创新专项资金 6 亿元，从房租补助、研发投资补助、人才奖励、高新认定奖励、专利奖励等各个维度大力引进研发机构、鼓励区内企业加大研发创新力度。在新政刺激下，杭州经开区不少企业纷纷建起专属研发中心，仅 2014 年，全区就新增市级以上研发（技术）中心 28 家。松下、东芝、玫琳凯等外资企业也陆续在经开区建设研发中心。在招才引智方面，杭州经开区自 2013 年起，每年安排 3 亿元人才资金，五年内培育 100 家销售收入上千万元高层次人才创办企业；并制定了涵盖创业资助、科技创新、产业发展、平台建设、金融扶持、安居乐业等一系列政策举措，基本形成人才创新创业要素高度集聚的“1+*X*”政策支撑体系，政策吸引力不断增强。在创新载体平台方面，杭州经开区投资 1 亿元建成新药研发公共服务平台，与浙江理工大学等 5 所高校建立价值 5 亿元的大型设备仪器共享平台，与浙江工业大学共建长三角绿色制药研究院，并推动国家级高科技企业孵化器、浙江海外留学人员创业园、新加坡杭州科技园、杭州东部产学研创新示范园等创新创业平台建设，形成了孵化器、加速器、产业园为主的创新空间保障体系。

杭州经开区重塑园区形象、推动产业转型、提升对高端产业资源吸引力的“组合拳”形成了巨大的感召力，林标扬（杭州普望生物有限公司创办人）、黄宁杰（三花控股集团首席科学家）、李湘（中科院化学研究所理学博士、著名化学药物专家、杭州中肽生化有限公司创办人）、盛晓霞（明尼苏达大学化学工程博士、杭州领业医药科技有限公司创办人）等各自专业领域的专家纷纷携先进科技项目入驻杭州经开区。

2017 年至今：三次创业、精准构建产业创新生态

如果说，前 10～20 年，杭州经开区的竞争主要是区位条件的竞争、招商政策的竞争，那么，新时期杭州经开区的竞争则是综合环境、文化软实力的竞争，以及在特定产业领域构建纵深配套优势的竞争。前者称为城市生态，后者称为产业生态。

2017—2018 年，杭州市陆续出台《中共杭州市委杭州市人民政府关于实施“拥江发展”战略的意见》《杭州市拥江发展四年行动计划（2018—2021 年）》，杭州城市由西湖时代到钱江时代转变，杭州经开区所处的下沙片区成为杭州城市开发建设的核心区。在这一背景下，杭州经开区积极抢抓机遇，全面部署实施“创新驱动、转型升级、产城融合”三大战略，并明确了建设成为“城东智造大走廊的引领区、国家级开发区转型升级示范区、一流的现代化国际化新城区”的三大目标。在市级重点战略推动和各项重点工程实施推动下，杭州经开区的生态环境、城市配套、开放格局、发展空间、文化氛围都得到了极大提升，为产业提升构筑了优良的城市生态。

围绕产业生态，杭州经开区以“创新”为核心，加速各创新要素的集聚和水平提升。坚持高端引领，大力引育“领军人才+创新团队”；打造“杭州医药港小镇”“大创小镇”双小镇，集聚人才、资本、平台、研发机构等各类创新要素，构筑杭州经开区“双创”主平台；杭

州经开区聚焦集成电路、生物医药、汽车三大主导产业，通过运用“链长制”，精准扶持，推动构建了完善的产业内创新生态系统。2020年，杭州经开区因集成电路产业链（“芯智造”）被评为浙江省2020年“链长制”优秀示范单位。

从赶潮围垦的先驱者，到对外开放主窗口，从招商引资大平台、产业发展主战场，到转型升级、创新引领的排头兵，杭州经开区站立于长三角改革前沿阵地，在不断接受时代变革的洗礼中，主动求新、求变，对自身区域优势和吸引力的塑造永不停息。

众诚智库案例价值品鉴

❖ “招商引资”是产业发展永恒的话题，而“变化”则是招商引资永恒的话题。尤其是在中国的沿海地区，国际环境变化、产业技术变迁、区域协作分工与竞合、城市定位调整、市场环境变幻，其变革往往就在朝夕之间。杭州经开区快速适应内外部环境的变化，及早洞悉发展态势和机遇，及时调整自身站位和资源投向，持续塑造自身比较优势和吸引力，化“变”为“机”，抢抓招商“先机”。

海港开发区：港产城融合的招商之路

海港开发区依港而建、依港而兴，这里的港是唐山港的京唐港[1]，早在 1919 年，孙中山先生在《建国方略》中就提出了“筑北方大港于直隶湾”的宏伟计划，拟建港址位于“清河、滦河两口之间”，即今天京唐港的位置。

1991 年 8 月 28 日，京唐港实现首次通航，打通了唐山通往世界的黄金水道。30 年来，京唐港已经从一个地方小港发展成为通达世界 70 多个国家、190 多个港口的重要枢纽。2020 年，京唐港和曹妃甸港共同组成的唐山港货物吞吐量达到 7.02 亿吨，跃居世界沿海港口第 2 位；集装箱吞吐量 312 万标箱，跻身世界百强港口。

海港开发区地处渤海湾及京津冀都市圈核心地带，位于京、津、唐、秦四个中心城市的交叉辐射区，距唐山市中心 80 千米，距北京 233 千米，距天津 208 千米，海上距曹妃甸港区 33 海里，距秦皇岛港 64 海里，距天津新港 70 海里，距上海港 669 海里，距香港 1360 海里，距韩国仁川港 400 海里，距日本长崎港 680 海里，内有京唐港，毗邻曹妃甸港，与辽东半岛、山东半岛遥相呼应，面向东北亚经济区，具有承接东北亚辐射、带动广阔腹地发展的巨大潜力。

基于独特港口优势和区位优势，海港开发区从发展战略和管理体制机制上采用了港产城融合建设的模式，也因此，开发区的招商引资具有良好的系统性，方向明确，重点突出，抓手精准，效果逐渐显现。

---

[1] 唐山港包括京唐港区和曹妃甸港区，分别于 1991 年、2005 年建成通航。

围绕港口特点与地缘经济优势确定招商引资产业方向

海港开发区所在的唐山市是一座以煤而建、以钢而兴的城市。号称“中国近代煤炭工业源头”“中国北方民族工业摇篮”的开滦煤矿有着绵长的历史根脉。早在19世纪70年代，唐山所在区域就被勘查发现蕴藏有丰富的煤炭资源；1881年，开平矿务局唐山煤矿正式投产，后开平矿务局与其后创办的滦州官矿公司合并为开滦矿务局，逐渐发展成为中国最大的煤炭基地；1999年改制后成为现在的开滦集团。2008年以来，开滦集团致力于加快企业转型发展，业务领域向煤化工、煤电热、装备制造等下游延伸，从而奠定了唐山范围内煤化工产业发展的坚实基础。自20世纪80年代以来，钢铁一直是唐山市的支柱产业，20世纪90年代以来，省属特大型企业唐钢和地方钢铁企业都得到了迅速发展，在唐山市经济总量中占据着举足轻重的地位。

海港开发区一方面依托港口优势，发展港口及港口物流产业，物流产业聚集区连续多年被评为全国优秀物流园区，其中石材加工特色园区引进浙物、安通、海盈、中远海、拾起卖、远成等十几家知名物流企业，集仓储、加工、交易、展销、物流等功能于一体，成功转型为现代物流园区；另一方面紧紧围绕唐山市的基底产业——煤化工和钢铁产业，发展产业链延伸的新材料产业、装备制造产业，在确定产业方向的基础上，充分把握京津冀协同资源优势，有的放矢，启动招商引资工作。同时，推进传统产业的高端化，2013年11月19日，唐山海港开发区与开滦集团签订了建立战略合作关系协议书，开滦集团与唐山海港开发区将紧密围绕延伸煤化工产业链条，促进煤化工循环产业园区壮大规模、提升档次。

打造“科技海港城、生态新城区”，以“城”配“产”

海港开发区基于煤化工、钢铁等工业产业空间环境需求特点，充分发挥新建城区的后发优势，采用产城分区布局方式，对城市建设的居住、商业、文化设施等功能进行合理布局，建成总长10千米、“十一纵八横”贯通全区的城市路网；兴建文化中心、海韵广场、湖林新河生态公园等一批地标性建筑；电力、燃气、供水、污水处理等配套设施和星级酒店、商场、海滨浴场等商业服务设施齐全；扎实推进园林绿化工程，绿化覆盖率达39.28%；大力营造景观带、休闲公园、交通干线节点，形成朝气蓬勃的、现代的、便利的、美丽宜居的城市环境，为产业发展留住人才、吸引人才都创造了良好配套条件。

海港开发区始终把生态文明建设摆在突出位置，组建生态环境保护指挥中心，进行硬件升级改造，整合生态保护委员会各成员单位力量，实行集中办公、统一调度、综合执法，切实提升工作合力；对区内水质进行有效治理，5条市控河流断面水质全部达标，有效解决粉尘和异味污染问题，2020年PM2.5平均浓度降至43微克/立方米，低于市下达的目标。

为进一步加强移动源污染防治，持续改善大气环境，2021年，海港开发区划定唐山港京唐港区为禁止使用高排放非道路移动机械区域，包括未达到国三（国家第三阶段机动车污染物排放标准）及以上排放标准（《非道路移动机械用柴油机排气污染物排放限制及测量方法（中国第三、四阶段）》）的工程机械，如挖掘机、装载机、推土机、叉车、柴油发电机组等，禁止在京唐港首钢矿石码头有限公司疏港路（含）—港兴大街（含）—海滨大路（含）包围内的唐山港京唐港区范围内使用。

海港开发区良好的城市建设与城市环境在唐山市乃至周边地区形成了较强的企业与人才吸引力。2020年，海港开发区大专及以上人口占比 20.54%，比唐山高新技术产业开发区还高出 0.5 个百分点。高端人才聚集效应持续增强，生态环境持续向好，不断提升海港开发区可持续发展能力，进而增强企业吸引力。

利用先天优势、创造后天优势吸引企业

海港开发区全力打造稳定优越的投资环境，充分借助辖区内丰富的旅游资源优势，菩提岛月岛、祥云岛为国家 4A 级风景区，是华北地区距北京最近的海岛；充分发挥京唐港区物流优势，区内海关、海事、边检、检验检疫、工商、税务、公安、消防、通信、保险、银行等服务机构健全，享有设区市审批权限，政务服务中心为企业提供一站式、个性化、专业化服务。除此以外，海港开发区大力推行重点项目全程代办制，成立重点项目代办中心，设置专职代办员，负责为投资者全程代办项目审批手续，真正免除了外地投资者的奔波劳碌之苦，打响了海港开发区的企业服务品牌。

海港开发区始终把教育置于优先发展地位，教育资金优先投入，教育资源优先配置，教育人才优先保障，教育事业发展迅速，不断完善教育设施，海港中学和海港二中近几年高考成绩一直位居全市前列，初步形成唐山市教育高地。同时，加快推进幼儿园、小学、初中、青少年活动中心建设，教育体系日益完备。完善的教育体系对于唐山市人才流动形成较强的虹吸效应，尤其是处于工作巅峰状态、注重教育的 30～50 岁高端人才，这对于海港开发区打造现代化活力城市创造了重要的基础要素条件。

海港开发区多年来形成的招商引资文化影响深远，秉承“投资者是上帝，引荐者是功臣”的理念，“人人都是投资环境、人人服务海港发展”的意识深入人心。在全区推行“零距离”指导、“零关系”办事、“零利益”服务、“零障碍”落实的办事模式，营造了宽松优惠的政策环境、运转高效的政务环境、保障有力的法制环境、投资创业

的商务环境。

截至 2021 年年底，海港开发区形成煤气、焦油、粗苯精加工新材料 3 条完整的产业链条，改性聚苯醚填补了国内新材料领域空白。积极承接钢铁企业搬迁转移，坚持把承接钢铁企业搬迁作为头等大事，为精品钢铁产业园区建设创造了良好条件，钢铁年产能达到 450 万吨左右，形成了以中材装备制造、首钢建设钢结构为龙头的加工制造产业，产品远销欧盟、北美、澳大利亚、日本等海外国家和地区。

“十四五”时期，海港开发区将抓住国家“一带一路”及京津冀协同发展机遇，依托京唐港物流枢纽优势及开发区海洋资源与临港制造业基础，驱动交通、钢铁、化工、海关特殊监管区等基础资源裂变，推进码头深水化、泊位专业化、集装箱化和布局园区化，加速建设国内一流、国际知名的现代化科学发展示范港口。加速推动“传统产业新兴化”向“新兴产业规模化”转变，构建以港口物流与后服务业、精品钢铁与装备制造业、精细化工与新材料产业为主导产业，新能源产业、新型建材产业、文旅康养产业为新兴产业的“3+3”现代产业体系，加快建设唐山战略新兴产业孵化基地，提升开发区生产与生活配套服务水平，到“十四五”期末，争取各项经济指标均位列唐山市第一方阵，晋级国家级经济开发区。

一座年轻有活力的海港城，在重工业与绿色环保、制造业与港口后服务业、产业发展与城市建设中不断探索新的平衡，寻求港产城的不断融合升级。

众诚智库案例价值品鉴

- 紧紧围绕港口优势，一方面，打造港口依赖性强、腹地辐射性大的大宗货物港口物流；另一方面，依托港口的物流、人流效应，发展后服务业，丰富城市要素体系，提升开发区内生发展动能。健康向上的区域形象提升了企业吸引力。

- 注重绿色发展，为开发区可持续升级奠定重要基础。面向以化工、钢铁等环保压力较大的主导产业，海港开发区始终注重生态环境保护，且充分发掘辖区内旅游资源优势，形成健康绿色的区域形象。

- 注重人才培育与吸引。面向年轻人才，以教育为抓手，吸引注重子女教育的中高端人才到海港开发区工作、生活。

专题六

区域协调

陆

众诚视点

区域协调发展——中国经济高质量发展的重要路径

自古以来，人们对理想社会的追求一直孜孜不倦。从古时中国的“人人为公，天下大同”、古希腊时期的“理想国”，到近代的“空想社会主义”等，跨过数千年的历史长河，无数先贤上下求索，最朴素的理想始终如空中楼阁。直到新中国的诞生，并以“两个一百年”奋斗目标为发展路线，全面建成小康社会的第一个百年奋斗目标已经完成，待把我国建成富强、民主、文明、和谐、美丽的社会主义现代化强国的第二个百年奋斗目标实现，理想社会将会变成现实。

而通往这个现实的路径，就是区域协调发展！

回顾历史，敢教日月换新天。翻开历史厚重的书页，热火朝天全面建设新中国，初步缩小了我国东西部差距。中华人民共和国成立之初，国家将156个苏联援建项目及1100多个中大型项目重点布局于中西部地区，武汉、包头、兰州、西安、太原、郑州、洛阳、成都、哈尔滨、长春等城市成为新中国第一代宠儿；随后，投入2052亿元资金和近千万人力，在中西部地区和东部各省腹地，建成了攀枝花、六盘水等30个新兴城市和5大科研基地，初步缩小了东西部地区的经济差距。

吹响改革开放的号角，东部地区率先拥抱全世界，先发展起来。改革开放后，国际上盛行的梯度推移理论被引入我国生产力布局与区域经济研究中，并得到广泛应用。我国先后在东部沿海地区开放19个港口城市，通过设置经济特区、经济技术开发区、经济开放区，加大对东部沿海城市的政策倾斜。2000年，又提出了西部大开发战略；2003年，推出东北等老工业基地振兴战略；2004年，实施中部崛起战略；2008年，为应对全球金融危机对中国沿海地区的冲击，东部率先转型升级战略启动。至此，西部大开发、东北振兴、中部崛起、东部率先“四大板块”的区域发展战略全面实施。

站在新时代中国特色社会主义的历史方位上，区域经济发展要追求多个层次的全面协调发展，注重区域经济发展的平衡性、系统性与可持续性。随着东西部发展差距、城乡发展差距越来越大，2017年，党的十九大报告把区域协调发展上升为国家七大战略之一。经过近几年的发展，我国的区域发展战略从“四大板块”逐渐升级为“四大板块+四大战略+两大引领区”的区域协调发展战略体系，形成内外协同、区域协调发展的新格局。其中，四大战略即“一带一路”倡议、京津冀协同发展、长江经济带发展、黄河流域生态保护和高质量发展；“两大引领区”即粤港澳大湾区和长三角区。

纵观我国乃至全球区域协调发展的模式，主要有三类：“众星拱月型”“多星组合型”和“繁星连带型”，即大都市圈、城市群和城市经济带。

众星拱月型，星月同辉。自1957年法国著名经济学家戈特曼教授提出“大都市圈”，这一概念已被全世界广泛应用。此种类型以一个或两个超大城市为核心，辐射周边多个大中城市形成大都市圈，如以北京为首的京津冀、以上海为首的长三角、以成都和重庆为核心的成渝地区双城经济圈。这种模式一方面通过调整产业结构、促进产业转移、拓展发展功能区、推动基础设施建设等方式，形成以一个或两个特大城市为核心的区域发展中心；另一方面，周边卫星城市通过承接产业转移、共建发展空间、打造基础设施节点、发展公共配套等方式，提升产业协同发展水平、满足核心城市发展需要的同时，实现自身发展。

多星组合型，群星闪耀。20 世纪 50 年代，法国经济学家佩鲁提出增长极理论，与戈特曼教授的大都市圈理论结合应用，逐渐形成城市群发展原理。此种类型以多个大城市强强联合、共同带动区域协调发展为主。如粤港澳大湾区广泛带动了广东、广西、湖南南部地区近百个大中小城市；再如由多个城市共同组成的山东半岛城市群、中原城市群、长江中游城市群、海峡两岸城市群、北部湾城市群等，城市群的各大城市以破除壁垒、疏通堵点为主，构建统一开放、竞争有序的区域市场，抱团发展。

繁星连带型，星河灿烂。按照城市经济学和城市地理学的观点，城市经济带是以若干城市为节点，大城市与周围地区保持强烈交互作用和密切社会联系，沿一条或多条交通走廊分布的巨型城乡一体化区域。如东南沿海经济带连接多个城市群，共同构成我国对外开放的门户，长江经济带贯穿东中西，京广京哈经济带穿越南北，陇海—兰新经济带联通亚欧等。在一个经济带中，各城市之间通过搭建区域发展平台、转移产业梯度、共建产业集群、完善基础设施、实施区域补偿机制推动区域生态共同治理等方式实现区域的协调发展。

“十四五”时期，从经济发展角度看，区域协调发展的目的在于构建高质量发展的区域经济布局和国土空间支撑体系。当然，区域协调发展不仅是协调经济发展的问题，而且是全方位的协调，包括人与自然、经济发展与生态环境、人与社会的和谐与协调，更加强调的是“全国一盘棋”的整体发展和科学定位分工。

在新时期区域协调发展战略框架下，各地政府该如何把握战略机遇、正确定位自身功能、实现要素资源流动基础上的充分利用呢？

对于区域中心城市，要以“破的勇气、立的魄力”消除障碍，主动开放市场，清除各种显性、隐性市场壁垒与行政性壁垒，形成一体化统筹发展机制和市场体系，发展“飞地经济”，开展多层次、多类型、多形式的经济技术合作。

对于非中心城市，主动融入区域发展大战略、大平台，主动对接热点地区，推进技术合作、人才交流、数据互通、人文互动，促进市场融合、产业链衔接，逆向设立“科创飞地”，鼓励企业将优秀人才、研发项目放在一线城市，把生产基地放在当地，实现对优质项目前后端的深度捆绑。

除国内范畴的区域协同外，各地也要重视基于对外开放的内外协同发展。以“丝绸之路”为蓝本，中国提出“一带一路”倡议，推动构建人类命运共同体，这是21世纪最具中国特色的世界话语，中国面对全球化新进程，积极贡献中国智慧与中国方案，以线带面串联起内外协同发展的大格局。到2020年年底，中国已与138个国家、31个国际组织签署了201份共建“一带一路”合作文件，分别在国际合作、政治互信、交通通信基础设施、贸易往来、金融合作、民心互通水平上增进明显。而加入RECP[1]，则有助于我国通过更全

[1] RECP即《区域经济全面伙伴关系协定》，是由东盟10国和中国、日本、韩国、澳大利亚、新西兰等15方共同制定的协定，2022年1月1日正式生效，标志着全球人口最多、经贸规模最大、最具发展潜力的自由贸易区正式落地。

面、更深入、更多元的对外开放进一步优化对外贸易和投资布局，构建更高水平的开放型经济新体制。各城市要立足地方，要主动、切实用好有利的外部机遇，以现代跨境物流、跨境电子商务、发挥企业对外贸易的主体作用为抓手，大力促进跨境经贸合作与进出口提质增效。

区域协调发展

取人之长，固己之益

京津冀：区域壁垒与协同发展机制破立之路

先破后立，不破不立。坚壁破除之难，难如登天，京津冀区域一体化发展战略的推行就是从破除区域壁垒开始的。

京津冀一体化发展的构想发端于20世纪70年代，1976年京津唐国土规划研究提出京津冀跨区域发展概念，围绕这一区域的协同发展，陆续有范围大大小小、内容各有侧重的战略与方案提出，比如，1982年《北京城市建设总体规划方案》提出“首都圈”，“九五”计划提出建设“环渤海综合经济圈”，国家“十二五”规划提出推动“京津冀一体化”，2015年《京津冀协同发展规划纲要》出台。但历经30余年的呼吁、论证和尝试，京津冀协同发展始终步履维艰。

刨根问底，京津冀区域协同发展难在哪里？

空间一体化和市场一体化是区域协同发展的前提。因此，区域难以协同发展，根本上是由区域间的行政壁垒与市场分割造成的。首先，在我国现行的行政区划体制下，“一亩三分地”思想、“我的地盘我做主”意识、“肥水不流外人田”的利益羁绊使行政壁垒破除异常艰难，深深影响着区域间的开放合作与生产要素的自由流动。其次，天津、河北与北京经济发展水平差距大，在承接北京产业转移与辐射带动方面有局限性，且北京作为首都，是我国的政治、经济、文化和国际交往中心，对周边产生强大的虹吸效应，极大地影响了北京经济社会资源向周边城市有序蔓延与辐射，进一步弱化了区域协同发展条件。

重大转折，京津冀协同发展迎来破壁发展的历史时刻

2015 年，统筹京津冀一体化发展的顶层设计文件《京津冀协同发展规划纲要》发布，京津冀协同发展有了明确的行动纲领。

2017 年，党的十九大报告明确要求“以疏解北京非首都功能为‘牛鼻子’推动京津冀协同发展”，京津冀协同发展进入加速推进阶段：通过在通州设立北京城市副中心、规划建设雄安新区，架起承接北京非首都功能转移、衔接河北与天津的阶梯；通过构建轨道交通、津冀沿海港口群、大兴机场等为引领的航空枢纽群、公路交通网络，以及环境共同治理、社会保障等公共服务一体化工程，逐渐破除区域行政壁垒的制约。

雷厉风行，解难点、疏堵点、医痛点，破除一体化障碍

在推进京津冀协同发展的过程中，区域内各地政府各有发展诉求。要破除行政壁垒，如何平衡各地的“发展权”是关键，既不损坏强者利益，又要兼顾弱者需要，加强对话与交流是头等大事，达成利益共识是重中之重，各项举措落实到位是充分保障。随着各项举措陆续推行，京津冀协同发展效应逐渐显现。

组织先行，成立京津冀协同发展领导小组。2014 年 6 月，国务院成立京津冀协同发展领导小组，并在此框架下成立京津冀交通一体化领导小组、京津冀协同发展税收工作领导小组、京津冀及周边地区大气污染防治协作小组等专项工作推进小组。同时，京津冀三地又分别成立省级领导小组，统筹京津冀协同发展在生态、产业、交通、公共服务等方面的落地工作。

干部交流，加强京津冀三地之间党政干部流动。进行大规模的党政干部调整、互相调任，以加强区域内对话与沟通。如 2017 年 10 月，天津市委副书记、市长王东峰调任河北省委书记；2019 年 12 月，天津河北区区长李新同志任中共北京市石景山区委员会委员、常委、副书记，北京市丰台区区长王力军调任天津市蓟州区委书记。同时，加强区域间领导干部的挂职体验与学习，促进区域资源之间的流动，如北京市大兴区副区长喻华锋到河北廊坊任副市长伊始，就为廊坊带去一份“厚礼”——大兴区与廊坊市签署《电子商务产业全面战略合作协议》，欲将两地打造成京津冀电商产业协同发展的示范区。京冀两地组织部门联合出台《关于围绕京津冀协同发展进一步推进京冀干部人才双向挂职的意见》，互相派遣领导干部达 400 余人，分别在农业、教育、医疗、经济、社会治理、生态环境治理等方面加强了解，为诸多领域的协同发展举措落地发挥了重大作用。

规划主导，打造京津冀三地协同行动纲领体系。自京津冀协同发

展领导小组成立以来，打造三地协同发展政策体系和协作体制机制成为首要任务，生态、产业、交通是京津冀协同发展切入点。在产业方面，先后发布关于产业转移指南、产业转移对接企业税收收入分享、国民经济和社会发展规划相关专项等政策文件；在交通方面，先后发布关于交通一体化、率先突破实施方案，城际铁路网规划修编方案等；在生态环境治理方面，先后发布关于生态环境保护、大气污染防治等文件。随后，在跨区投资、能源协同、人才、城市空间等方面分别发布关于开发性金融支持、能源协同发展、人才一体化、通州区与廊坊北三县统筹发展等政策。这些不同层面的规划、方案、政策文件作为京津冀各领域协同发展的行动纲领，为京津冀区域战略落地提供具体指导。

基建互通，加快区域市场要素流通和配置效率。京津冀协同发展在战略规划指导下，分别在推进数据共享与业务协同、一体化交通网络建设、人才区域流动、重大项目共建共享方面全面落实。京津冀三地信息化主管部门在北京签署《京津冀协同制造工业云战略合作框架协议》《京津冀电子认证战略合作协议》等合作协议，2016 年，京津冀大数据综合试验区获批，分别建成了交通管理、AI 政务、市政交通一卡通、超大城市社区治理等大数据共享平台，以及生态环保大数据动态监测、精准招商引资等数据应用场景，有效打破了“数据孤岛”，推进了区域内部的数据共享与业务协同。京津冀地区已初步形成了“京津保”一小时通勤圈，新建了 24 条 3450 千米的城际铁路网，连接所有地级及以上城市，预计到 2035 年，整个京津冀区域的铁路网规模将超过 1.3 万千米，高速铁路超 4000 千米。同时，空中枢纽、港口枢纽基本建成。雄安新区、冬奥会场馆、大兴机场，共建共投，有效打破了区域空间壁垒。数据显示，从 2014 年到 2020 年，三地互投金额从 1495 亿元增长到 5304 亿元，其中，北京对津冀的投资达到 4273.81 亿元。

合作互认，大力推进教育医疗等公共服务协同发展。京津冀三地分别在人才、教育、医疗、社保互认建设方面开展协同。在人才流动方面，制定了关于人才一体化的发展规划，建立联席会议机制，召开“京津冀引智引才协作联席会”“京津冀留学回国人员工作联席会”等，建立常态化合作机制。建立“京津冀人才协会联盟”，开展引智引才区域合作，促进海外人才自由流动。签订京津冀专业技术人员职称资格、外籍人才流动资质等互认协议。在教育协同发展方面，2019年，发布旨在推动基础教育优质发展、加快职业教育融合发展、推动高等教育创新发展的《京津冀教育协同发展行动计划》，继续推动京津冀优质中小学（幼儿园）采取教育集团、学校联盟、结对帮扶、委托管理、开办分校等方式，与河北省中小学（幼儿园）开展跨省域合作办学。依托职业教育集团促进院校服务能力升级，深化京津冀高校联盟建设。在医疗协同发展方面，京津冀三地已陆续签订医政、疾病防控、采供血、卫生应急、综合监督、药品医用耗材集中采购等方面的工作合作协议，在建立信息共享平台、突发事件协调联动、血液应急调剂等方面取得了积极进展；建成京津冀药品信息数据库，完成了三地药品编码的比对，实现了定期交换药品资质信息及药品价格信息的共享机制等。在社保互认方面，2018年，京津冀三地人力资源和社会保障部门在河北雄安签署《京津冀工伤保险工作合作框架协议》，三地在工伤认定、工作劳动能力鉴定和工伤医疗康复三个方面开展合作。2020年，京津冀三省（市）社保经办机构签订《京津冀异地居住人员领取养老（工伤）保险待遇资格协助认证合作三方框架协议书》，实现三地异地居住人员领取社保待遇信息互通协同认证。

“十四五”期间，京津冀协同发展将向高质量发展迈进，深化产业链、供应链协作，培育世界级产业集群，建设世界级城市群，为构建以国内大循环为主体、国内国际双循环相互促进的新格局发挥示范作用，京津冀协同发展将逐渐形成纵深、泛在的融合态势。

众诚智库案例价值品鉴

- 首位城市找准疏解功能，推动协同发展的“牛鼻子”。
- 共同寻找或构建不同层次的发展载体，搭建资源转移和辐射有效阶梯，在通州设立北京城市副中心，雄安新区建设是京津冀协同起来的破题之举。
- 加强干部交流，提高信息通透程度，为找准落实协同点奠定基础。

长三角：化无形为有形，有效发挥市场的资源配置作用

掌控无形的规律，化为有形的力量！如何发挥市场在资源配置中的决定性作用？长江三角洲的一体化过程是一个典型的范本。

市场是一双“无形的手”，市场配置资源的手段主要通过自发调整供求、价格、竞争关系来实现。随着信息技术的广泛应用，信息化成为当今配置资源的主要手段之一，长三角地区在一体化发展的过程中对资源的配置主要就是通过供求关系、竞争关系和信息化来调解的。

拥抱、追赶、引领，长三角地区市场化发展模式竞相齐飞

抱团改革，长三角城市同步构建开放格局。继建设深圳、珠海、厦门、汕头经济特区以后，1984 年，党中央和国务院进一步开放 14 个港口城市，长三角地区占其中 5 席，即连云港、南通、上海、宁波、温州，各城市开始兴办经济技术开发区；次年，长三角地区被设为经济开放区；1990 年，党中央和国务院部署开发上海浦东新区，初步构建以港口为桥头堡、以上海经济区[1]为腹地的长三角一体化发展格局。这一阶段，长三角地区的市场化建设非常缓慢，尤其是外资进入中国尚处于试探和观望阶段。产业结构以传统机械与纺织为主，市场主体仍以全民所有制和集体所有制企业为主。1990 年，全民所有制和集体所有制工业企业占所有工业企业的 88.1%，商业不发达，公路、铁路、

[1] 1982 年由国务院批准，由上海市和江浙两省的苏锡常通、杭嘉湖甬绍等市组成。

航运、航空里程有限，严重限制了长三角地区要素流通的效率和资源的有效配置，致使长三角一体化发展的步伐极其缓慢。但在 1990 年，上海证券交易所成立，开启了长三角发展的新时代。

拥抱开放，长三角大踏步迈入全球化浪潮。1991—2000 年，是长三角地区市场经济体制改革最迅猛的十年。对外开放的大门逐步打开，面对中国庞大的市场，数量庞大的外资企业在全球化网络布局中首先瞄准了长三角地区，一时如潮水般涌来。除此之外，长三角地区的民营企业也如雨后春笋般破土而出，其茂盛之势如林如蓬。截至 2000 年年底，仅上海一地，公有制工业总产值占比已由 1990 年的 84.5%降至 27.2%，外商和港澳台投资工业总产值占比 52.9%，非公有制工业总产值占比 19.9%[1]。江苏、浙江两省的民营经济更是如爆棚之势，2000 年，以银行、保险、证券、基金为基础的金融业框架也已初步构建，上海公开发售发行股票的企业累计 100 多家，长三角的发展由助跑起飞向腾飞迈进，以资本为驱动力有效推动了长三角地区一体化的发展。

自主升级，长三角在国际竞争中曲折前行。20 世纪末的十年间，虽然长三角地区的民营经济得到了长足的发展，但民营企业在资本、技术、人才、市场上均不占优势，尤其是生产技术的不足极大地限制了其发展，长期无序的模仿、仿造严重破坏了市场竞争秩序，且随着国内消费品市场的日趋饱和，民营企业的发展困难重重，对技术的需求极其迫切。2001 年，中国加入世界贸易组织（WTO）给长三角地区带来了更大的开放机遇，江浙两省的民营企业为了获取更大的海外市场，向资本、技术、港口优势集中的上海转移的势头不断扩大，纷纷在上海设立总部、分公司、研发和生产基地，大大提高了江浙沪三地之间资本、人才、技术等要素的自由流通程度，逐渐形成“上海总部—周边生产”或“上海研发—周边生产”的上海模式，以新型“农

[1] 数据来源：上海市 1991 年、2001 年统计年鉴。

村包围城市”为发展路径的温州模式，以城市群组团发展的苏南模式，以民间资本主导的自主创业、多种所有制共存与多元混合的产权制度创新、政府和民间组织共同纠偏为发展路径的浙江模式等。

长三角地区间的合作具有典型的自下而上的特点，并逐渐形成“市场主导、政府与市场调控相协调”的互动合作机制。在政府层面，园区共建、产业转移承接、产业分工协作等措施不断出现，且在市场一体化的推动下，产学研企之间、企业与市场之间联动发展使得三地联手打造区域交通网络、加强区域旅游合作、建设多层多样的生态环境协同保护治理机制、建立区域公共治理合作机制等诉求日益强烈和具体化，江浙沪三地政府应时而动，逐一落实，长三角地区初步形成空间一体化和市场一体化发展格局。

摸索、实践、创新，从中国增长极到高质量发展样板

进入21世纪，长三角地区的外贸依存度日渐提高，从1984年的17.7%提升到了2009年的76.5%，2007年更是达到了历史最高峰108.89%[1]，外部潜在风险日益突出。2008年全球金融危机后，江浙等地以出口加工为主的经济发展模式受到较大冲击，引发了长三角地区对原有发展模式的重新思考，全面提升产业内核实力、增强外部风险防御能力、降低外贸依存度、促进产业发展由资本密集型向技术密集型转变成为当时亟待解决的问题。在价值竞争主导下，长三角选择了以科技创新驱动实现华丽转身。

顺应市场快速分化、高级化、品质化发展需要，长三角地区加速提升全产业链、供应链的数智化水平，政府和企业不约而同地向关键技术自主可控发起冲锋，区域内各地政府超前布局半导体、新能源汽车、智能制造、生物医药等战略性新兴产业，并有序引导劳动密集型

[1] 王文明. 我国长三角地区外贸依存度问题研究。

产业向外转移，此时，向外转移的目光锁定在安徽省。2008年年底，长三角地区主要领导座谈会首次邀请安徽省委书记、省长出席，标志着长三角经济合作区的范围从一市两省扩大到一市三省，安徽省加入长三角一体化发展的队伍中，成为第一个大规模承接长三角产业转移的省份。自此，长三角地区毅然走上了企业自发与政府引导相结合的科技创新一体化（协同创新）发展、高质量发展之路。还要提到的一点是，长三角产业转移方向除了内地，还有城市外围的乡村，极大促进了乡村的全面振兴和农业的现代化进程。

协同创新是指创新资源和要素有效汇聚，通过突破创新主体间的壁垒，充分释放“人才、资本、信息、技术”等创新要素活力而实现深度合作[1]。在政府层面，长三角地区通过联合项目攻关、创新券通用通兑、知识产权联合执法等措施鼓励和保护高新技术产业的发展。同时，构建G60科创走廊，共同发布《G60科创走廊松江宣言》，打造长三角一体化高质量发展的重要引擎。在企业层面，长三角地区通过产业飞地与创新飞地相结合、企业总部与其他业务分开布局、生产制造与现代服务业务链条拆分等方式增加技术研发投入，降低生产成本；通过龙头企业合作创新、搭建产业创新联盟、投资孵化创新模块、共享科技资源等方式，完成产业基础高级化、产业链现代化的跃升。

2019年12月，《长江三角洲区域一体化发展规划纲要》印发。2021年，国家“十四五”规划纲要将上海张江、安徽合肥纳入综合性国家科学中心建设。经过长期坚持不懈的科研创新投入，以高价值生产性服务业、技术密集型装备制造业、资本密集型先进制造业支撑的长三角城市群综合竞争力日益突出。在此过程中，企业链、产业价值链在空间上的分离与区位再选择，再次重组长三角区域的城乡价值链和城市间价值链，长三角区域内城市的能级在科技创新驱动下不断提升，

[1] 胡艳，潘婷，张桅. 一体化国家战略下长三角城市群协同创新的经济增长效应研究[N]. 华东师范大学学报（哲学社会科学版），2019.

其辐射的外延也不断扩大，区域协调发展的意义在未来的不断实践中将被赋予新的诠释。

众诚智库案例价值品鉴

❖ 市场主导，变革彻底。顺势而为，市场化改革启动早、行动快、较彻底，营造“大众创业”的发展环境。城市以承接产业转移为切入点，乡村以兴办民营企业为切入点，以满足国内外市场需求为导向，通过技术创新、金融服务、要素流通等手段，积极融入区域大战略，形成你中有我、我中有你的协同发展态势。

❖ 去同质化，齐头并进。长三角区域内各地政府针对民营经济同质化的问题，发挥市场驱动和政府引导的合力作用，找到符合本地发展的路径和方法，实现协同发展、配套发展。

❖ 创新驱动，基础产业高级化。重视技术引进和科技创新。一方面，面向市场向内要质量、要效率，推动制造业生产技术升级；另一方面，面向消费向外要市场、要效益，加快消费技术应用普及，形成闭环管理模式。同时，加强技术自主可控，加快科技应用创新、加大原始创新投入，加强基础研究强度。

成渝：从蜀道难到通九州，打造内陆开放高地

众人皆知“蜀道之难，难于上青天”，但少有人知道蜀道为何如此之难！巴蜀之地，北有大巴山和秦岭，两千余年仅有八条驿道（蜀道），西有青藏高原天然屏障，南有云贵高原绵延不绝，唯有向东可顺长江而下，过巫山穿三峡方至中枢之地，西向跨区贸易基本全靠肩扛马驮的古代交通路线——茶马古道。即便到了近代，现状也未有多大改观。据史料记载，陈毅元帅年轻时去法国留学前，从成都去重庆，得先坐轿，再翻龙泉山，在山上住一夜后，次日方可下山到简阳石桥上船，由沱江至泸州入长江到重庆，历时 9 天。历史上的巴蜀之地，走出去实在太难了！

交通是兴国之要、强国之基。20 世纪 60 年代，德国学者沃纳·松巴特（Werner Sombart）提出生长轴理论，他认为，新的交通干线对产业和劳动力具有吸引力，能够形成有利的投资环境，使产业和人口向交通干线集聚，产生新的工业区和居民点[1]。交通，是经济赖以发展的动脉和先导工程，承担着物流、人流和商贸交往的流通，是人类文明的生命线，是社会经济文化活动的纽带，“要想富先修路”的理念也广泛厚植于中国广大人民心中。而对于西南部地区来说，自中华人民共和国成立以来，历经 70 余年锲而不舍的修路史，是数百万西南军民史诗级血与汗的奋斗史，也正是一条条交通线路的开通逐渐铺开了成渝地区双城经济圈协同发展与向内陆开放的画卷。

---

[1] 张文尝，金凤君，樊杰．交通经济带[M]．北京：科学出版社，2002.

通九州、振经济，从西南一隅到西部交通枢纽的飞跃

开天辟地，自主建成第一条成渝经济保障线——成渝铁路。成渝地界相接，往来熙熙，打通成渝之间的交通线是数千年来两地人民最殷切的期望。1950 年，成渝铁路正式动工，巴蜀十余万军民自力更生，自制炸药爆山破石，用以建造桥墩与隧道；鞍钢钢锭、上海钢材、武汉机车源源不断而来，铁轨、水泥、螺丝钉等全部自制，人们踊跃捐献枕木 129 万根，筑路大军火把照明，钢钎、大锤、十字镐开凿，誓让"万山低头、千水让路"，仅历时两年便建成神奇之路。

成渝铁路改变了巴蜀交通的格局，实现了两地 10 小时火车直达，首次将成渝两地连为一体，对两地发展工业、繁荣经济起到了非常重要的联通作用。20 世纪 90 年代初，成渝铁路沿线年人均工农业总产值从通车前的 183.2 元提高到 3218 元，简阳的矿产、内江的建材、永川的汽车零部件、江津的新型材料……成渝铁路 2020 年发运量达 2620 万吨，加上数倍于此的到达量，几经扩能升级，这条老铁路始终发挥着成渝地区经济发展重要保障线的作用。

宝成精神撼天下，彻底改写蜀道难历史。宝成铁路北起陕西省宝鸡市，向南穿越秦岭到达四川省成都市，全长 668.198 千米，是一条连接中国西北地区和西南地区的交通动脉。要使秦岭、巴山变通途，需打穿数百座大山，填平数百处深渊，而在生产力水平极其低下的当年，全靠人力腰挂肩抗上高山、下深渊，凿通 304 座隧道，架起 986 座大小桥梁，土石方约 6000 万吨，足以绕赤道一圈半，同时，为缓冲 6 千米内 680 米高差，采用迂回、盘旋、回旋 360°，重叠 3 层，16 次跨越嘉陵江。宝成铁路历时 6 年于 1958 年顺利建成通车，一改"蜀道难"的局面，首次实现西南人民大道出川的夙愿！1975 年，宝成铁路全线完成电气化改造，成为中国第一条电气化铁路。2018 年，宝成铁路被列入中国工业遗产保护第一批名录，其不仅为成渝地区经

济的起飞输入了源源不断的动力，也为60年后成渝地区向北对接“一带一路”大通道打下了坚实的基础，为成渝地区融入更大范围的区域协调发展与对外开放提供了先决条件。

一跃跨千年，成渝开启交通经济大发展的新历史。为打通成渝地区南向对外通道，20世纪50年代，两地先后谋划建设从重庆到贵阳、从成都至昆明的川黔铁路、成昆铁路两条交通大动脉，并分别于1965年、1970年建成通车。1985年，成昆铁路荣获中国科学技术进步特等奖，并与美国阿波罗宇宙飞船登月活动及苏联第一颗人造卫星共同被联合国组织评为“象征20世纪人类征服自然的三大奇迹”。成昆铁路四川段货物发货量由1971年的467万吨提高至2018年的2048.4万吨，川黔铁路的建设促使遵义古城成为贵州省第二大工业城市。到1995年年底，全川（含重庆）准轨铁路运营里程3024.4千米，成为为我国重要的交通枢纽。在公路建设方面，成渝地区实现了县县通公路，建成达州至成都全国第一条市域铁路——“成灌铁路”，成渝内部的交通网络也逐渐织密，为城市间、城乡间要素流通疏通了“经脉”。

延伸交通大动脉，率先打造内陆外向型经济新模式。2010年，惠普等电子信息制造龙头企业落户重庆，急需提高货运物流的运输效率并降低成本，时任重庆市市长黄奇帆组队数次赶赴北京，向海关总署、铁道部提出建一条重庆至欧洲的铁路大通道的请求，最终获得支持。2011年3月19日，一辆载着惠普在重庆生产的电子产品的列车，从重庆出发，经安康到西安对接亚欧大陆桥，历经16天，顺利抵达德国的杜伊斯堡，中欧班列（渝新欧）正式启用。2013年，从成都出发经宝鸡到西安和兰州，对接“一带一路”大动脉的蓉欧国际快速铁路（蓉欧班列）开通。之后，成渝两大中欧班列全面融入“一带一路”倡议，并以此为核心延伸交通大动脉，打造国际陆海贸易新通道。

从交通经济到全面协调发展，成渝共建内陆开放新高地

“一带一路”倡议、新时代推进西部大开发形成新格局、西部陆海新通道的建设之于我国西部内陆地区是前所未有的历史机遇，使西部多个省份跳出地理区位的制约，站到了对外开放的最前沿，尤其是成渝两地凭借坚实的交通基础，先人一步成为西部对外开放的领头羊。

向外用好开放环境。“一带一路”倡议实施后，陕西、甘肃、宁夏、新疆、云南、内蒙古等地重点城市成为西部对外开放的新节点，成渝积极打通与节点城市的对接通道，持续放大对外开放效应。2019年，国家发展改革委印发《西部陆海新通道总体规划》，西部陆海新通道建设规划北接丝绸之路经济带，南连海上丝绸之路，协同衔接长江经济带，将成渝的综合交通枢纽作用进一步提档升级。2020 年，重庆西部陆海新通道总运输货值达 133.15 亿元，物流网络辐射 96 个国家和地区的 260 个港口[1]，成渝共开通国际（地区）航线 230 条，国际航线规模稳居全国第四、中西部第一，成渝地区已成为构建以国内大循环为主体、国内国际双循环相互促进新发展格局的西部枢纽和门户。

向内练好基本功。2012 年，成都双流国际机场 2 号航站楼投入使用，2018 年，旅客吞吐量超 5000 万人次，货邮吞吐量近 70 万吨，成为国内八大区域性枢纽机场之一；蓉（成都市别称）欧班列年开出量累计 4000 余列、渝新欧班列年开出量达 2600 列，货源辐射长三角、珠三角、环渤海等经济区、港澳台地区，乃至日韩；成渝在国家交通中心城市排名中，仅次于广州、北京、上海、西安、武汉，成为拉动中国开放发展的火车头之一，成渝已成为内陆开放高地中最亮眼的明星。2020 年，世界 500 强企业在蓉 301 家、在渝 296 家，成渝利用外

---

[1] 数据来源：《2020 年重庆国民经济与社会发展统计公报》。

资规模超 1000 亿元以上，（重庆、成都）自由贸易试验区在册企业突破 5 万户等[1]。

大步迈进协同发展、共同开放新征程。成渝携手发展始于 21 世纪之初，2007 年，四川省、重庆市政府签署《关于推进川渝合作共建成渝经济区的协议》，提出以成都、重庆为龙头，共同将成渝经济区建成国家新的增长极。2011 年，国务院正式批复《成渝经济区区域规划》，首次在国家战略层面将成渝地区作为一个整体进行规划。2016 年，成渝一体化发展在国家顶层设计层面再次升级，国务院常务会议通过《成渝城市群发展规划》，发挥其沟通西南西北、连接国内国外的独特优势，推动“一带一路”和长江经济带战略契合互动。2020 年 10 月，中共中央政治局审议《成渝地区双城经济圈建设规划纲要》，会议要求成渝地区打造区域协作的高水平样板。2020 年，成都、重庆两市生产总值再创新高，超 4.2 万亿元，仅次于沪宁苏杭、广深、京津组合，成为区域经济总量名副其实的第四极。

站在新的历史时点上，成渝地区双城经济圈发展已上升为国家区域协调发展的重要内容之一。在构建新发展格局背景下，成渝及周边地区将走向更高质量、更高水平的协同发展、开放发展。

众诚智库案例价值品鉴

- **开放提速，交通先行，积极对接国家交通大动脉。**结合当地实际，积极申请接入省市及国家战略大动脉支线，一张蓝图干到底，坚持不懈，突破区位天花板，有效降低市场流通成本，走得出去、引得进来，为当地外贸经济的发展创造条件。

- **根植开放发展理念，敢于战天斗地，突破发展局限。**充分认

[1] 数据来源：《2020 年成都市国民经济与社会发展统计公报》和《2020 年重庆市国民经济与社会发展统计公报》。

识阻碍当地开放发展的因素，树立勇于突破极限的精神，发扬艰苦奋斗精神，开先河、补短板、创条件，提高区域物流、人流、商品流等流通效率，结合自身优势，接入国家大战略，有步骤、有计划地实施对外开放。

❖ **凝心聚力练好内功，锻造高质量产业集群**。打造质量足够硬、实力足够强、有国际竞争力的产业集群和特色产品，以企业为主导，根据企业在国内外市场的布局，完善基础设施配套，构建起外向型交通物流网络。

城市协调发展

取人之长，固己之益

长沙：从内生外引到联动协调发展

长沙，作为“工程机械之都”，聚集了三一重工、中联重科、铁建重工、山河智能等全球工程机械制造龙头企业，起重机、挖掘机、盾构机等行销全球；作为国家历史文化名城，是四羊方尊、马王堆汉墓、岳麓书院所在地，传媒、娱乐、美食和动漫产业发达；作为创新明星城市，以袁隆平为代表的70余名两院院士扎根长沙，杂交水稻、天河一号超级计算机等科技成果世界领先。

今日的长沙，宜居宜业、宜学宜创、宜游宜商，以它自有的方式将这座城市的内在精神演绎得极具现代气息，这一切都是与长沙世代传承的“心忧天下、经世致用”的精神分不开的。

内生：从七里小城到中部第二大城市的蜕变

“文夕大火”[1]后，留给长沙的仅是方圆不足 7 平方千米、满目疮痍的小城，依畔于湘江东岸，以长沙古城及边缘外扩区为主城区，南北略长，犹如镶嵌在湘江沿岸的一块“和氏玉”，拙朴而黯淡。如今，长沙已发展为 11819 平方千米、建成区面积 567.32 平方千米、人口过千万、生产总值超 1.2 万亿元的大都市。

中华人民共和国成立后，长沙的发展从内生长开始，按照“扩张—融合—新生”循环的模式，经历了工业区拓展、城市功能区拓展、基础设施延伸三阶段。

以工业区拓展为主导的内生发展阶段：20 世纪 50 年代，长沙响应全国优先发展重工业的战略，以主城区为圆心、以同心圆布局模式开发六大工业区和生活配套区，分别开发以冶金、机械、电子为主的东郊、以轻化为主的北郊、以化工为主的西南坪塘、以冶炼为主的湘江西岸三汊矶、以机械为主的南郊新开铺、以重机为主的东南树木岭工业区，在此期间，工业区的布局首次将长沙城区拓展到湘江西岸。

以城市功能区拓展为主导的内生发展阶段：1990 年，《长沙市城市总体规划（1990—2010）》发布，将“东翼—马泉、西翼—天望”东西两翼作为城市拓展的方向，将“一江两岸、西文东市”作为发展方向，打造长江中游地区重要的中心城市。自此，长沙西进东扩的步伐进一步加快，尤其是 1992 年启动长株潭区域一体化发展战略、1998 年敲定市政府西迁之后，长沙掀起了一轮西进东扩的开发建设浪潮。《长沙市城市总体规划（2003—2020 年）》将长沙市的规划范围扩大至

[1] 是抗日战争时期国民政府以“焦土抗战”为名火烧长沙的事件，发生于 1938 年 11 月 13 日，最终导致 2 万多人丧生，全城 90%以上的房屋被烧毁，该事件让长沙成为第二次世界大战中毁坏最严重的城市之一。

4960 平方千米，形成 1 个中心城市（长沙都市区）、2 个副中心城市（岳麓副中心、星马副中心）的超级大都市。

以基础设施延伸为主导的内生外延阶段：2012 年，跨湘江大桥由原来的一座橘子洲大桥（原湘江一桥）扩充为八大桥并立，带动了沿线区域的开发建设。2013 年，长沙绕城高速建成，将城市的外延拓展到跨市接壤边界。2010 年 6 月 30 日，长株潭城际铁路正式开工，全面建成半小时交通圈，有效加快了人才、资本、技术等要素与周边地区的流通。

外引：织密外向型发展网络，成长为区域枢纽

经过高速内生长和承接东部产业转移扩充后的长沙，城区、产业、人口和技术空间急剧扩张，急需“走得出去、引得进来”的外向型综合通道。

于是，长沙向北连接岳阳，打通入江通道，连接世界。岳阳自古为“湘北门户”，是湖南省唯一的长江沿岸城市和临江口岸，地处洞庭湖与长江的交汇点上，是长江中游仅次于武汉的“金十字架”水上枢纽，拥有长江八大深水良港之一的城陵矶港。随着 107 国道、许广高速、京珠高速、京广复线贯通长沙与岳阳，以及洞庭湖大桥、临长高速公路的全面竣工，长沙与岳阳南北交流的纵向优势更加突出，长岳承东联西的横向通道形成水陆并进之势。2020 年，长沙与岳阳联合发布《长岳交通一体化规划研究》，两市将构建高铁半小时交通圈、高速公路与城际列车 1 小时交通圈、2 小时时空圈，进一步提升人、财、物、技术等要素的流通效率，通过长江黄金水道源源不断地为两市输入动能。

同时，长沙向南连接株洲、湘潭，并进一步向南努力连接粤港澳。长沙作为省会城市是湖南省的政治、经济、文化中心，而株洲重工业

基础雄厚，湘潭教育资源丰富，三地之间地缘相接、优势互补。但起初，长株潭在产业布局上均追求“大而全”，产业同质性高，协同发展推进困难。直到 1998 年，湖南省委再次组织召开“长株潭座谈会”，在省政府牵头、规划引领、协调专班主抓的大力度推动下，实施交通同环、电力同网、金融同城、信息共享、环境共治“五同治”策略，长株潭城市群以其雄厚的工业技术基础、完善的职业教育体系、规模庞大的高级技术工人等完备的生产要素，为长株潭城市群承载长三角、珠三角产业转移营造了良好的发展环境，尤其在 2015 年国务院下发《关于同意支持长株潭国家高新区建设国家自主创新示范区的批复》后，长株潭的一体化发展在国家战略赋能下向更加纵深、更加高阶的方向迈进。

联动：在战略升级背景下，领跑都市圈与城市群

长沙作为长江流域、京广沿线、沪昆沿线重要的节点城市，以及中部六省第二大城市，在我国“东—中—西”梯度转移的过程中起着至关重要的作用，也在多个区域合作中扮演着重要角色，包括经济增长极、重要先进制造业基地、关键领域自主创新能力、建设内陆地区开放高地、巩固生态绿色发展格局等。为此，长沙主要从五个方面奋力崛起。

一是依托国防科技大学的核心技术打造北斗新兴产业增长极，以三一重工等龙头企业带动促进工程机械制造业升级，从“工程机械之都”向“智造之城”快速转变，以北斗产业、工程机械制造业为两核延伸上下游产业，发展软件与信息服务业和电子制造业，汽车产业和新材料产业，依托湘雅医疗资源培育生物医药产业，巩固延伸光电传媒产业，形成支撑长沙现代产业体系图景。

二是积极打造长株潭国家自主创新示范区、湘江新区、自贸试验区三大国家级科技创新平台，大力培育高新技术产业，以创新核心驱

动力打造先进制造与自动化、新材料、电子信息、生物与新医药四大千亿级产业链。

三是全力打造全国性综合交通枢纽，建设集“公、铁、空、港、管”五位一体的交通大动脉，打造长株潭城际铁路，提升港口、航空运输能级，实现通航全国、通联世界的快捷联动效应，全力打造内陆开放高度。

四是在生态环保方面，与岳、株、潭等市共同启动湘江保护和治理“一号重点工程”，推进岳麓山及周边山区生态修复与保护、长善垸等污水处理、机动车污染防治、窑炉污染治理、土壤污染治理与修复、工业企业噪声污染防治等工程，全面治矿、治砂、治污。

当下的长沙，可充分联动三大区域发展战略平台，以长沙为首的长株潭城市群东接长三角直通海上丝绸之路、南接粤港澳大湾区出海口、西连成渝地区双城经济圈中欧班列、北接中原城市群、对接京津冀，引领湖南省及中部地区走向更加开放、协调的发展之路。

众诚智库案例价值品鉴

- **城市建设与产业扩张相匹配。**长沙从七里之城到万余平方千米的大都市，其城市的扩张始终以产业功能区建设需要与规划相得益彰，清晰地经历了“江东主城—江西开发—东西共进—分功能区开发”的历程。科学的城市规划与产业布局是城市健康、良性扩张的前提。

- **整合周边资源形成互补优势、发展合力。**长沙虽然作为省会城市有其虹吸周边资源的优势，但在充分发挥自身优势的同时，也充分结合利用周边城市的资源优势，形成错位发展、协同共进的发展态势，极大地促进了区域一体化的发展。

- **外通内优是承载产业转移的基础。**在积极承接长三角、珠三角等地区的产业转移时，做好准备，练好内功，尤其要打造有利于物流、人流、技术流外通的顺畅的交通体系，以及开放、包容、便利、公正有序的发展环境。

❖ **生产要素合理配置、有序流动**。产业的扩张必须有足够的生产要素相匹配，包括集约化的产业承载空间、完善的基础设施、丰富的高技术人力资源、一定规模的上下产业链集群、良好的营商环境和市场环境等，长沙市通过区域协同发展，加速当地及周边的生产要素流动与有效配置。

佛山：在主动承接辐射带动中比肩广深

佛山，作为广东省辖地级市之一，出身不凡。其曾因手工业发达与河南朱仙镇、湖北汉口镇、江西景德镇并称明清四大名镇，又因商贸发达与华北的北京、华东的苏州、华中的武汉并称为“天下四聚”。

如果城市如人，那么佛山就是一位低调而谦逊、勤奋而又人缘极佳的模范青年，不争不抢，70余年兢兢业业，与“大哥”广州兄弟情深，又与周边城市和谐共处。

从地理空间上看，佛山与广州市中心的直线距离不足20千米，用“鸡犬相闻”来形容毫不为过！**从经济总量上看，**2019年佛山GDP突破万亿大关，成为广东省第三个GDP破万亿的大城市，也成功跻身全国新一线城市阵营。**从城市建设上看，**以广州为主导、两市共同规划建设的广佛新城，开启了“一市规划两地”的城市规划设计新理念。**从交通设施上看，**广州绕城高速环佛山于怀抱，佛山则乐见其成；自2010年广佛地铁一期首通段运营、2018年全线通车后，未来将有10条地铁接入广州，据《2020年广州市交通发展年报》，广佛之间每日的出行需求为176.3万人次，高居广东城市间出行第一位，广佛同城绝非虚言！

在自我发展中积蓄力量

中华人民共和国成立后，佛山开始自主自发建设现代工业城市，但自给自足式的自我发展方式致使经济增长缓慢，产业结构水平较低。

改革开放后，因毗邻香港的地缘优势，佛山与珠三角其他城市同步成为承接香港制造业的代加工基地。但经历了短暂的“三来一补”

发展阶段后，佛山市政府积极主动作为，大力发展乡镇企业，实施了一系列的改革措施，比如，向市场要效率，对企业减税、多予、少取，又通过改组、出租、出售、嫁接、兼并等方式，激发民营资本的积极性；向基层要绩效，按照权责一致、重心下移、减少层次、能放则放原则，将行政管理事权及相应的财权逐级下放至镇级政府，激发基层政府的主动性；向社会要成效，改革“大政府”“全能政府”职能，主动向社会组织转移服务职能，积极推动社会组织发展。

经过 20 余年的坚持，佛山的民营企业实力大幅提升，创新创业十分活跃，初步建立了以自主设计、自主生产、自主营销为主，且门类相对齐全、产业链基本完整、以劳动密集型和资本密集型为主的工业基础，并涌现出一大批全国乃至世界知名企业，如美的、海天、碧桂园、格兰仕、东鹏瓷砖、万和新电、联塑、箭牌卫浴、小熊等，这些企业成为推动佛山经济增长的主要动力。到 2000 年，佛山的 GDP 超 1000 亿元，人均 GDP 突破 2 万元，分别是 1978 年的 80 倍、36 倍，但佛山的制造业结构比较传统，具有终端化的特点。与之不同的是，广州的工业结构则具有现代、中间化的特点，两地工业部门之间前后关联性很强，这为两地之间的产业链协同发展提供了前提。

在同城化中自立自强

同城化是广佛两市始创的、具有中国特色的城市化建设新模式。其出发点是打破两个城市之间的行政分割和保护主义限制，促进再规划、基础设施、环境保护、产业发展、公共服务及管理等一体化，以达到资源共享、统筹协作，提高区域经济整体竞争力的目的。其本质上是强调经济要素资源的市场化配置，以及在社会、环境、空间等全方位的一体化建设。广佛同城化既要实现一体化发展，又要保持各自的特色，是一体化的高级形式。

20世纪90年代末，珠三角成为我国经济实力最强、最活跃的地区之一，尤其在经济全球化进程不断推进的大背景下，区域经济合作日益紧密，广佛之间的往来日趋频繁，上下游产业链之间的协作日趋密切。佛山的汽车配件、有色金属冶炼及压延业等能为广州提供工业制造的中间件，家电、食品加工、陶瓷、纺织业等能为广州提供最终消费品，而广东的钢铁、石化、化学原料及化学制品业等能为佛山提供工业原材料，而科技服务、研发设计、金融服务等能为佛山的工业提供高价值服务。同时，广州的城市功能被定位为“国际商贸中心和综合交通枢纽”，也面临着空间发展限制、产业优化调整、城市管理压力等问题，其先进制造业急需转移承载地，而佛山则面临传统产业升级、自主创新能力待提高、基础设施不完善等问题。因此，两地之间彼此需要、互为补充、互为市场，发展亲密的合作互助关系对广佛两市而言是“双向奔赴”的必然选择。

1997年，广州市政府首次提出“广佛同城”的构想。

2000年，广州提出“西联”战略，要与佛山联合发展“广佛都市圈”，得到了佛山市的积极响应，并明确提出“东承”战略，要主动承接广州的辐射和带动，彼此错位发展。

2005年，“广州·佛山区域合作发展论坛”在广州召开，由前两次的理论探索变为围绕建立产业链、基础设施等实质问题的合作。

2008年年底，国务院出台《珠江三角洲地区改革发展规划纲要》，正式把广佛同城化提升到国家战略层面。

2009年，广佛两市签署《广州市佛山市同城化建设合作框架协议》及两市城市规划、交通基础设施、产业协作、环境保护等4个对接协议，广佛同城化战略正式启动。

2010年，广佛两市共同发布《广佛同城化发展规划（2009—2020年）》，广佛同城化在具体实施上有了执行的依据。

此后，两市联通的交通枢纽广州南站、“广佛之心”白鹅潭、东平新城等基于广佛同城的重大项目陆续建设，加速消除在城市建设和产业融合发展方面的边界。此外，共同推进基础设施建设，如天然气同网、年票互通、客运同城化线路改造、西江饮水工程、广佛地铁等，加快了两市之间的互联互通与资源共享；在公共服务方面加快互认，如联手治安、公务员互相兼职、养老金互认、设置定点医保互认医院等，不断打造两市市民同城化生活新样板。

在广佛同城化过程中，最难疏通和构建合作模式的环节是政府职能合作、金融同城化和新增收益分配。在政府职能合作与新增收益分配方面，主要通过打造制度平台和行政服务平台，政府撤出市场，将市场让渡给产业主体和生产要素，以市场化的手段来分配广佛同城化的新增利益，而不直接去获取地方利益，广泛促进两城之间要素的无障碍流通。同时改革绩效考核体系，以软硬指标相结合的方式，建立全面体现经济、社会公共服务、生态等方面共同发展的政绩考核体系。在金融同城化方面，主要通过横向转移支付，明确产权制度，并成立独立的组织机构对转移支付资金进行监管；同时建立金融流通平台，整合银行、金融机构等探索市场化的投融资模式，开发同城化的金融产品和服务，建立客户信息系统，建立金融合作的协调机制等，逐步实现金融的同城化服务。

佛山市在广佛同城化过程中受益良多，获得大量扶持资金“开展制造业转移升级综合改革试点”建设，到2019年，佛山先进制造业增加值达2229亿元，是广州的4.7倍，形成了医药制造、设备制造、汽车制造、装备制造、计算机、通信和其他电子设备制造、仪器仪表制造等为主的先进制造业结构。当年广州市服务业地区生产总值达

16923.23亿元[1]，至此，广州与佛山之间的产业结构优化已经取得了显著的成效，广州市以现代服务业为主导、佛山市以先进制造业为主导的发展格局已然形成。

在并跑中从“受益者”到“授益者”

在广佛同城化取得初步成效时，数据显示，从2003年至2009年，肇庆承接珠三角产业转移企业投资总额600多亿元，其中有近八成企业来自广州、佛山。2009年，广州、佛山、肇庆三地党政一把手郑重签署了《广佛肇经济圈合作框架协议》，由“广佛同城化”催生的“广佛肇一体化经济圈”拓展了广东经济发展的新实践。

2019年，在广佛同城化进入第二个十年之际，中共中央国务院发布《粤港澳大湾区发展规划纲要)》，规划构建“极点带动”的网络化空间格局，广佛同城作为粤港澳大湾区的“极点”，将带动粤港澳大湾区其他七市及周边地区的发展，这标志着广佛同城化2.0版本正式启动，佛山的角色也将从区域协调发展中的“受益者”逐渐向“授益者”转变，为粤港澳大湾区及周边地区的发展做出应有的贡献，担当起核心功能区应有的责任和使命，成为区域协调发展的“新型模范”。

众诚智库案例价值品鉴

❖ **主动链接周边首位城市。**充分分析周边首位城市的产业结构及产业链，认清其优势环节，把握其短板和缺失环节，围绕其产业链短板和缺失环节布局本地产业链，形成与首位城市优势互补的产业格局，提高与首位城市的协同发展效应。

[1] 数据来源：广州市、佛山市2020年统计年鉴。

- **推动与首位城市的协调发展。**主动对接首位城市，争取省级支持，签订两地协同发展对接协议，以基础设施对接工程建设为突破点、以大型项目为抓手、以市场一体化建设为目标、以公共服务均等化为支撑，全面提升当地发展能级。

- **承接首位城市产业转移并促进当地落后产业外移。**发挥当地资源成本相对较低的优势，积极承接首位城市的产业转移，有效组织当地落后产业向周边转移，将当地从区域协调发展的“受益者”转变为“授益者”。

厦门：引领海峡西岸协同发展的“极核”

自 2017 年金砖国家峰会在厦门成功举办后，金鸡百花电影节、中国国际广告节长期在此落户，全世界的目光频繁地被厦门吸引。

扼守东南开放之门户，居台湾海峡要塞之畔，与东南亚遥遥相对，与欧美澳通海相连，历史上的“五口通商口岸”之一，当今的“海上丝绸之路”重要节点，年集装箱吞吐量逾千万标箱，居全球 14 位、国内第 7 位，是我国国际化枢纽城市之一。

虽说区位特点造就了厦门的国际化优势，促进了厦门的经济发展，但厦门对区域、海外资源的利用也是其经济实力不断提升的重要因素。

起始于对外开放的借力发展

改革开放前的厦门，长期处于战备状态，是一个封闭的海防小城，交通闭塞、经济落后、工业基础薄弱、科技不发达，孤悬海上。

改革开放后，因厦门对外开放门户的区位优势，国家十分重视厦门市的战略先导作用，1979 年，中共中央、国务院允许厦门和深圳、珠海、汕头划出一部分地区试办出口特区；1980 年 10 月，国务院批准在厦门湖里划出 2.5 平方千米设立厦门经济特区；1984 年，邓小平视察厦门，并为厦门经济特区题词——“把经济特区办得更快些更好些”。随后，经中共中央、国务院批准，厦门经济特区范围扩大至厦门全岛；1988 年 4 月，国务院批准厦门为计划单列市；1994 年 2 月，国务院批准厦门市行政级别升格为副省级。

改革开放之初的厦门拥有丰富的劳动力资源、低廉的土地、便利廉价的海上运输通道，以及产业聚集区，为厦门承接国际，尤其是港澳台工业制造业转移提供了前提条件。

吸引外资来厦投资是实行对外开放、发展经济特区的首要任务，厦门从软硬环境建设入手，打造有利于外资企业在厦门投资兴办企业的良好条件。

在硬环境方面，打造火炬高技术产业开发区、厦门象屿保税区、厦门国际会议展览中心等，形成经济特区、台商投资区、出口加工区、保税区、高新技术园区等多层次、全方位承接国际投资的载体；同时，加快经济特区的开发建设，完善城市配套，建成东渡码头一号、二号泊位，开通厦门—高崎国际机场等。

在软环境方面，出台地方性法规，如《厦门经济特区关于改善外商投资环境的规定》《厦门市象屿保税区条例》《厦门市台湾同胞投资保障条例》等；创办职业大学，成立集美大学，提高人才供给能力；组建“厦门市招商中心”和“厦门市工程建设项目审批协调中心”，提高招商服务能力。

此外，厦门通过举办外商投资贸易洽谈会、“台交会”，以及各种大中型商品交易会、展销会、博览会等，为承接外商投资，尤其是台商投资搭建对接平台。

自 1983 年，厦门第一家大型中外合资企业——厦门华侨电子有限公司成立后，到 2002 年，主营业务营收 500 万元以上的港澳台企业达 431 家、外商投资企业 199 家，“三资企业”占总体营收 500 万元以上工业企业的 70%，工业产值占 85%。形成了以食品饮料加工、纺织、石化工业、交通运输及电气设备制造为主的工业结构，电子及通信设备制造业已占到工业总产值的约一半，初露高新技术产业引领发展的态势。

扩大开放，做大平台，实现转型

进入21世纪的厦门，通过一系列的“调、转、改、培”等举措，成功书写了一段跌宕起伏、自强不息的传奇。

一是调结构、促转型，厦门在积累了坚实的工业发展基础后，努力打造以旅游会展、商贸、运输、金融为主体的发展格局，跑步进入现代化大都市建设的新阶段；促进台商对厦门的投资由低端的工业制造转向高附加值、技术含量高、技术溢出效应大的产业；抓住机遇，布局电子、集成电路、生物医药和科技服务四大新兴产业，成功打造千亿级光电产业。

二是改旧制、育新机，厦门进一步放开核准投资项目目录，率先实行土地“收储让”改革，率先实行项目投资备案制，全面整合国有企业资产，打造中外资金融机构并存与法人及非法人金融机构并举的金融体系，基础设施与公共事业等行业和领域向民营资本开放，批量向民营企业开放重大项目投资，激活市场投资活力。

同时，厦门全面提升港口及“空中丝绸之路”的能级，升级打造东南沿海重要铁路枢纽，有效提升市内交通能级，快速成长为国际商贸中心、国家物流枢纽、东南国际航运中心、两岸区域性金融服务中心和两岸贸易中心，其城市平台的“核能”作用及在区域平台中的“辐射”作用将进一步释放。

在共享区域一体化发展红利中引领发展

闽南文化与西欧风情融合交汇、富有热带风情的山海林田湖将厦门装点成海上花园，成为人们心目中最具幸福感的城市之一，吸引了海内外大量的高端人才来厦定居。同时，厦门大学、集美大学、厦门理工大学、厦门医学院等10余所高校使厦门拥有了发展总部经济的人力资源。加上良好的区位、交通和信息网络设施、开放环境等，厦门具备发展总部经济的内外部条件。

为了做大总部经济，厦门一方面加大科研资源的聚集，引进华侨大学分校、哈工大分校、中科院和省部科研院所，以及外企研发中心、10余位两院院士、上千名海外博士及中青年专家学者；另一方面，规划建设总部经济带，以高端商务中心建设为重要载体，加大对企业总部的培育和招引力度，并于2012年发布《关于印发厦门市鼓励总部经济发展若干规定的通知》，除注重吸引外资企业总部外，鼓励国内大型企业集团到厦门设立总部，并放宽了对中介服务、研发机构、软件、动漫创意、文化产业等企业总部的落户，吸引了泉州、漳州、莆田、龙岩等周边地区的工业企业将总部设到厦门，在深度融入国际产业链价值链的同时，与周边地区形成了“总部—制造/服务市场”发展模式。

除了工业企业总部，厦门还大力培育、汇集国际物流航运总部企业，厦门国贸、建发、象屿物流及厦门航空物流等世界500强企业齐聚厦门港。同时，围绕泉州湾、厦门湾、东山湾构成的福建西海岸“半壁河山”，打造以港口引领、国际航线与机场群为先导、高铁网和高速公路网为支撑的“内贸配送三级网络体系”，织密厦门、漳州、泉州三地交通末梢。构建“国际化湾区经济”新范本。

厦门的文化创意产业同样在区域一体化中发挥着核心引领作用，利用“天然摄影棚”的优势，聚焦影视产业，全力打造影视之都；依托天翼爱动漫等龙头企业，聚力发展动漫游戏产业。厦门成功创建国家级文化和科技融合示范基地。2020年，厦门规上文化企业实现营收1163.6亿元，形成了“产业园区+头部企业+投资基金+链式集群”的发展模式，并呈现出与周边地区连片发展态势。厦门依托其高颜值、高素质的城市和文化影响力，发挥其“流量密码”的优势，与泉州的世界文化遗产、漳州的民俗文化资源共同打造“闽南文化生态圈”，以现代的文化创意为手段，通过影视、网络视听、设计创新、高端艺术等方式，在现代文化的光影里诠释传统文化的内涵与灵魂。

国家“十四五”规划纲要提出推动城市群一体化发展，粤闽浙沿海城市群将迎来新一轮的换挡提速，厦门市以打造“岛内2.0版本”、国际游轮母港、金砖创新基地为引擎，在区域联动、城市互动、城乡联动、陆海联动发展方面将扮演更重要的角色、发挥更大的作用，全力打造高能量、高集聚、高颜值、强辐射、强带动、强引领的“极核”轴心。

众诚智库案例价值品鉴

❖ **建设高颜值城市，全力提高城市吸引力。**厦门绝佳的城市区位、生态环境、海滨花园颜值，成为全国最美、最宜居宜业、最具幸福感的城市之一，不仅为厦门吸引来国内外高端人才、资本、文化、地区总部企业等资源，也为厦门攀上全球产业链高端环节提供了条件。

❖ **打造高能级平台，全力融入全球供应链。**一体化整合港口群，集中打造国际化港区，联合、并入周边港口，做大对外开放平台，全力开拓对外航线、提升运力、构建内贸三级网络，做大内外贸体量，在融入全球供应链中提高发展能级和国际影响力。

❖ **凝聚高引领能量，构建协同发展新格局。**不断优化产业结构，历经工业经济—新兴产业—现代服务业—文化产业轮换主导、多样并进的不同阶段，与周边地区形成总部+制造、高端+中低端、服务+市场的发展格局，形成产业链不同环节协同发展的态势。

园区协调发展

取人之长，固己之益

中关村科技园：以创新为纽带牵引多圈层协同发展

中关村科技园被称为“中国硅谷”，作为中国第一个国家级高新区、第一个国家自主创新示范区、第一个国家级人才特区，是中国科技创新的一面旗帜。

以“硅谷模式”为起点，开启产业化与科技创新之路

1949 年中华人民共和国刚成立，海淀区被规划为首都的“文教区”。清华、北大、中科院等科教领域的排头兵开始在“中官屯”[1]的旷野里落地生根。

[1]“中官屯”是“中关村”之前的名称，中华人民共和国成立后，在北京师范大学校长陈垣先生的提议下改名为“中关村”。

1953 年，以中科院近代物理所科研楼（原子能楼）竣工为标志，中关村开启了“科学城”时代。之后，钱三强、王淦昌、邓稼先、于敏等顶尖精英汇聚于此，成就了“两弹一星”的旷世伟业。

一批科研院所围绕此地开枝散叶，涌现出一大群新中国现代科学的奠基人。到 20 世纪 70 年代末，中关村已聚集了一流高校 30 多所、科研院所 130 多家，成为中国真正的“科技心脏”，人才密集度不逊于硅谷。

而美国硅谷是依托周边斯坦福大学、加利福尼亚大学伯克利分校及加州理工等世界名校，以高新技术中小公司群为基础发展起来的，并迅速成长为世界顶级的电子工业基地、科技创新目的地，“硅谷模式”也成为世界各国仿效的样本。

北京市海淀区的中关村地区具备了与硅谷相当的科教资源，如果与“硅谷模式”相结合，中关村将爆发出怎样的威力？

20 世纪 80 年代初，中关村以“中关村电子一条街”为起点开启了“硅谷模式”探索之路。到 1987 年，中关村地区的科技企业已达 148 家，聚集了近 1800 名科技人员。

实行“一区多园”开发模式，打造北京市域共生系统

1988 年 5 月，国务院批准成立北京市高新技术产业开发试验区，这是中关村科技园的前身，范围是以中关村地区为中心、海淀区 100 平方千米的区域。1999 年 8 月，北京市高新技术产业开发试验区更名为中关村科技园。

在《北京市中关村科技园区总体规划》中，中关村首次将中心区海淀园外的丰台园、昌平园、电子城科技园和亦庄科技园纳入中关村科技园，中关村科技园正式进入“一区多园”发展模式，各园

区之间通过建立共生互助机制、合作联动机制、市场一体化机制协调发展。

2011 年，国务院批复《中关村国家自主创新示范区发展规划纲要（2011—2020 年）》，提出优化调整产业空间布局，加快建设中关村科学城、打造北部研发服务和高技术产业聚集区、构建南部技术制造业和战略性新兴产业聚集区、加强各园区的联动发展。2012 年，国务院批复同意调整中关村国家自主创新示范区空间规模和布局，中关村国家自主示范区完成了在北京全域范围内的布局，总面积达到 488 平方千米。

飞地园区布局津冀，服务京津冀协同发展重大战略

2014 年，京津冀协同发展战略落地实施，北京市启动疏解一般制造业、禁止和限制新增非高精尖产业的措施和举动。同时，北京市也面临空间资源紧张、创新成果转化腹地不足的难题，急需构建“北京技术创新—周边制造”“北京研发—周边孵化”的产业协同发展体系，与津冀产业链高效对接的需求十分迫切。大战略呼唤大担当，中关村作为北京市最大的科技创新集中承载区，与津冀多地协同发展势在必行。

2016 年，《中关村国家自主创新示范区京津冀协同创新共同体建设行动计划（2016—2018 年）》发布实施截至 2020 年年底，中关村在津冀共合作共建飞地园区 20 余个，集中导入中关村创新资源、高新技术产业主体、延伸制造环节等，为京津冀区域协同发展开新局、谱新篇。中关村企业已在天津、河北设立 8800 余家分支机构，达成技术合同成交额 1410 亿元，年技术合同成交额由 2014 年的 83.1 亿元增至 2020 年的 347 亿元，初步形成了政府引导型、企业主导型、高校院所成果转移型、多主体协同型等区域创新合作模式，成功跨

区域布局产业链、创新链、资金链，打造产学研结合的跨区域科技创新园区链。

中关村科技园跨行政区布局津冀面临着诸多行政鸿沟、利益分享机制问题，如园区建设成本分摊、资源导入方式、运营合作模式、税收划分标准、GDP 核算方式等。为此，中关村科技园进行了多方位的机制创新，在利益分享方面，推动各分园与津冀地区共建专业特色园区，探索建立产业转移、科技成果落地、产值分计、税收分享、节能减排等利益分配和责任分担机制，推动产业有序转移承接；在成本分摊方面，产业输出方提供产业资源和园区运营方式，承接方提供产业空间和服务配套，以长期服务合作的方式延长产业输出方的利益共享时限；在运营方式方面，以渗透投资、增加动态成本投入的方式拓展利益共享的期限和领域，2015 年中关村发展集团联合天津宝坻，河北保定、承德、张家口等 14 地政府及金融机构设立总规模 100 亿元的“中关村协同创新投资基金”，为区域重点产业化项目、创客空间、共建园区提供融资支持。

“一个京津冀、*N* 个中关村”的发展方式在津冀全面铺开，中关村科技园在建设京津冀协同创新共同体等方面发挥着主力军作用。

面向全国、奔向世界

中关村科技园不仅从北京扩展到津冀，也陆续走向全国、奔向世界。

2013 年，“北京来的书记”陈刚将中关村带到了贵阳，上任两个月后，贵阳市人民政府与中关村科技园区管理委员会便签订战略合作框架协议，中关村贵阳科技园诞生。截至 2021 年 9 月，中关村在津冀以外的飞地园区达到近 30 个。中关村在扩大创新协同范围的同时，中关村模式也引起全国各地竞相模仿。

不仅如此，跟随着国家“一带一路”倡议推进，中关村科技园已经走出国门。中关村的海外孵化器直接走进了美国硅谷、德国柏林、加拿大渥太华、以色列等创新中心，直接串连起全球资源，实现了海外项目就地考察、就地孵化。

从首都的“文教区”到“科学城”，到“中关村电子一条街”，到北京市高新技术产业开发试验区，到中关村科技园，再到北京市、京津冀、全国乃至全球不同范畴的“一区多园”，70 多年来，中关村早已超越了地理概念，成为一个符号、一个品牌。创新、创业、追求卓越、科学报国凝聚成中关村精神，也正因为这样的精神，让中关村在协同发展中不断探索、创新，走出一条泛空间的协同发展之路。

众诚智库案例价值品鉴

- **把握核心优势，始终以创新为发展核心。**中关村探索“硅谷模式”的前提是因为中关村地区与硅谷类似，有着丰富的科教资源条件，这是全国绝无仅有的巨大的创新源。中关村把握全球第五次科技革命（电子和信息革命）机遇，不仅利用本地的科教资源的创新能力，还吸引大量海外创新创业人才，打造良好的创新创业环境，塑造了园区强有力的竞争内核。

- **创新“一区多园”模式，以飞地模式将创新力辐射到其他地区。**通过“一区多园”模式，统分结合，在“统”的方面，统筹解决跨层级、跨部门资源整合问题，同时，为将中关村建设成为我国自主创新的重要源头、具有全球影响力的科技创新中心这样的宏伟目标，能够凝聚北京市各分园的力量。在“分”的方面，各分园根据功能定位分工发展，各有特色。

- **以互利共赢为原则，以飞地模式将创新力辐射到其他地区。**中关村面临空间资源紧张、创新成果转化腹地不足的难题，北京周边及全国其他很多地区空间资源相对丰富，缺乏好的制造或产业化项目，中关村科技园构建“北京技术创新—周边制造”“北京研发—周边孵化”的产业协同发展体系，在利益分配、成本分配、运营方式等各方面进行模式创新，成功跨区域布局产业链、创新链、资金链，实现与合作地区的互利共赢。

徐圩新区：举全省之力托起国家东中西区域合作示范区

新亚欧大陆桥作为当今连通亚欧的“陆上丝绸之路”，改变了我国外向型经济严重依赖沿海地区的格局，一趟趟班列犹如一条条钢铁游龙穿梭在亚欧大地上，也是我国协调东西部发展差距的经脉。

众所周知，新亚欧大陆桥东起于连云港，而具体在哪里却少有人知道，那便是国家东中西区域合作示范区，坐落于黄海之滨的连云港市徐圩新区，一个“出可通四海、入可达亚欧内陆”的名副其实的“桥头堡”。

起于盐碱荒滩，在黄海之滨绘新城蓝图

连云港徐圩新区本是连云港高新技术产业开发区中的徐圩片区和徐圩港区，位于连云港市南部的黄海之滨。虽然连云港高新区在1997 年就得到省政府批复，但在 2008 年之前，这两大片区还是一片荒芜的盐碱地，植被贫瘠、人迹罕至。2009 年 2 月，连云港市委、市政府印发《关于加快连云港港口发展全力推进徐圩片区开发的意见》，成立了中共连云港市徐圩开发建设指挥部，徐圩新区的前身正式迈入大干快上的开发建设期。同年 6 月，国务院常务会议通过《江苏沿海地区发展规划》，连云港市迅速反应，撤销中共连云港市徐圩开发建设指挥部，成立中共连云港市徐圩新区（筹），徐圩新区正式宣告成立。

港口引航，高标准建设里程碑项目徐圩港。2009 年，连云港市决定在徐圩建设新的大港口，打造连云港与徐圩港“一体两翼”组合大港的战略蓝图。徐圩港拥有自然岸线 16.8 千米，以原油、散杂货、件杂货和集装箱等的运输为主要功能。自 2013 年年底开港通航以来，涂

圩港与连云港共同成为江苏最大海港、新亚欧大陆桥东桥头堡、国际枢纽海港，在带动我国西北内陆地区参与国际化发展方面贡献突出。

战略赋能，高水平建设国家级区域协调示范区。2011年，为贯彻落实《长江三角洲地区区域规划》《江苏沿海地区发展规划》，加强东中西地区合作、促进区域协调发展，国务院批准在江苏省连云港市设立“国家东中西区域合作示范区”，并以徐圩新区为先导，系统性建设区域合作服务平台，依托大陆桥，服务中西部，面向东北亚，推动东中西地区良性互动，全方位拓展开放合作的广度和深度。国家东中西区域合作示范区在推动东部与中西部地区在更宽领域、更高层次上开展交流与合作，提高整体对外开放水平，以及区域协调发展方面提供了先进的示范经验。

龙头引领，高标准建设世界一流石化产业基地。2009年6月10日，国务院常务会议通过的《江苏沿海地区发展规划》提出，在连云港南翼布局钢铁、石化项目，建设江苏沿海新型工业基地。徐圩新区积极谋划建设石化产业园，并与中石化签订了炼化一体化项目战略合作协议。2013年，江苏斯尔邦石化与石化产业园签订园区合作共建年产8万吨高吸水性树脂项目合作协议。同年，国家发展改革委批复连云港石化产业基地规划编制及一期工程前期工作，要求按照“一体化、大型化、园区化、高端化、清洁化”的思路，逐步建成世界一流石化产业基地。次年，行业龙头企业盛虹炼化一体化项目入驻石化产业基地。2015年，国家发展改革委发布《中国石油和化工行业“十三五规划”》，提出重点建设七大石化产业基地，将徐圩新区石化产业基地纳入其中，正式升级为国家级石化产业基地之一，规划面积约61.34平方千米，建设总规模为4000万吨级炼油、600万吨级乙烯、700万吨级芳烃。此后，一大批企业纷至沓来，逐渐形成盛虹系、中化系、东华系、卫星系等多个石化产业标杆项目。斯尔邦石化240万吨甲醇制烯烃装置世界最大；盛虹炼化1600万吨常减压装置世界最大；卫星石化单罐造价约 5 亿元的 16 万立方米低温罐区中国最大，9.8 万立方米低温乙烷运输船世界最大。

十余年磨一剑，黄海新明珠华彩绽放

重视科技创新的核心驱动作用。徐圩新区为推进各项事业高质量建设与发展，从创建之初就重视科技创新的支撑作用，先后搭建高科技产业服务平台、技术服务平台、信息交流平台和产业投融资服务平台等，在高科技企业落地服务、新技术研究实验、产品中试研究、成熟产品转化配套、孵化项目投资和园区科技信息交流方面提供全面的科技创新促进服务；与苏州大学签订技术转移中心合作协议，双方依托技术转移中心和公共技术服务平台建设，在加快高校科研成果转化、增强企业自主创新能力、促进产业转型升级方面展开合作；与中国矿业大学成立连云港徐圩新区高新技术研究院；与南京师范大学开展联合办学活动；与南京工业大学共建石化产业研究院；与南京大学开展产学研对接活动，创建徐圩新区洁净技术研发中心等，为徐圩新区的开发建设和产业发展提供强有力的技术和人才支撑。

重视基础设施与配套设施建设。在铁路方面，徐圩新区全面接入连云港市 1 小时、2 小时、3 小时和 5 小时高铁圈，建设等级为国铁Ⅲ级、输送能力约 4000 万吨/年的铁路支线，通过陇海线、连盐线与沿海城市及中西部 10 个省区相联通；建设 13.55 千米产业区专用铁道，引入产业区、石化基地。在公路方面，徐圩新区建成徐圩大道、港前大道等主干道，徐新公路、连宿公路、228 国道、242 省道穿区而过，沈海高速、宁连高速、连霍高速等高速公路环绕。在内河航运方面，徐圩新区先后规划烧香河、善后河等多条内河三级航道，通达长江、京杭运河，发挥内河集疏运功能，实现海河联运；江苏省第三大国际机场——花果山机场距徐圩新区仅 15 分钟路程。在其他基础设施方面，徐圩新区建设石化产业基地公用工程岛，提供水电气等，以及物流仓储、固废、管廊、工业气体等配套设施和高级人才公寓，全面保障各项事业的安全稳定发展。

坚持生态环保的科学发展路径。徐圩新区从建设之初就杜绝“先发展后治理”的老路子，坚持“宁留空间，不留遗憾”新路子，坚持“宁可慢些，但要好些”的科学发展原则，坚持以大生态格局构筑徐圩新区大发展蓝图。一是规划引领，通过一系列规划的编制，明确资源利用的上限、环境质量的底线，打造适合马拉松“跑圈”的绿色园区。二是加强治污基础设施建设，东港污水处理厂“精细做派”的污水处理工艺，实现了废水回用率 84%、污水回用率 70%的循环利用模式，远优于国家标准。三是构建完善的环境监测系统，搭建园区环境信息管理平台，将空气、水质、颗粒物等动态监测站接入平台，实现实时分析、即时报警、及时发展薄弱环节的科学管理；建设环境监测实验室，为环境精准监测、精准溯源、精准治理提供了强有力的技术支撑。2019 年，生态环境部批准徐圩新区等园区为“国家生态工业示范园区”。另外，徐圩新区实施“湾长制”“河长制”“断面长制”等管理机制，推进云湖水环境整治、烧香支河和埒子口综合整治及香河生态园环境整治，让徐圩新区绿色风景如画如诗。

今日的徐圩新区，已形成石化、高端装备制造、临港物流贸易加工和高性能新材料等产业聚集发展，科技创新活跃、配套设施完善、生态环境优美的现代化新区。徐徐海风中，千万艘大小船舶来回穿梭；绿色围栏后，千百座高温锅炉安稳运行；静谧夜色下，徐圩不夜城灯光璀璨……十年前，徐圩新区勾勒的宏伟蓝图正在被徐圩人用发展的精笔写在广袤的盐田上。

众诚智库案例价值品鉴

- **坚持科学发展原则**，高起点、高标准开发建设产业基地、科创平台、基础设施、环境治理配套等，对标国际一流，建设全国最先进的智慧新区。

- **积极上位国家战略**，充分利用连云港的区位和资源优势，主动争取设立全国唯一一个国家东中西区域合作示范区，发展以远洋贸易为依托的临港制造业，争取石化行业国家级项目落地。
- **大型项目建设牵引**，建设港口及港区产业基地、石化产业基地、东中西区域合作平台、高端装备制造基地等多个百亿级项目，以及上下游配套项目集群，快速架起支撑新区发展的框架体系。
- **引进高端科创资源**，与江苏省各大院校建立多个合作项目，与各大龙头企业共建产业发展实验室、技术创新中心和管理学院，与周边科技创新组织积极对接，开展产学研合作活动，成为支撑徐圩新区各项事业科学发展的底层保障。

反侵权盗版声明